Leo Lührs lebt mit ihrer fünfköpfigen Familie in Hamburg und ist Finanzberaterin wider Willen. Nach ihrem Studium der Ethnologie und des Staatsrechts arbeitet sie bis heute als Sozialarbeiterin mit finanziell benachteiligten Menschen. Durch eigene schlechte Erfahrungen mit der männlich dominierten Finanzwelt beschloss sie, Finanzdinge selbst in die Hand zu nehmen, und gründete Family Finanzen. Als Börsen-Addict und zertifizierte Finanzanlagenfachfrau gibt Leo Lührs Onlinekurse und Workshops rund um das Thema Geldanlage und schreibt auf ihrem Blog und bei Instagram über sozialkritische und feministische Finanzthemen. Sie ermutigt Frauen, die Möglichkeiten des DIY-Investierens an der Börse zu nutzen, um sich finanziell von Partner und Staat unabhängig zu machen und sich vor Altersarmut zu schützen.

LEO LÜHRS

Feministische Finanzen

Dein Masterplan für finanzielle Unabhängigkeit

Rowohlt Taschenbuch Verlag

1. Auflage

Originalausgabe
Veröffentlicht im Rowohlt Taschenbuch Verlag,
Kirchenallee 19, 20099 Hamburg, Dezember 2025

Covergestaltung zero-media.net, München
Coverabbildung FinePic®, München
Satz aus der Tundra Pro bei Dörlemann Satz, Lemförde
Druck und Bindung GGP Media GmbH, Pößneck
ISBN 978-3-499-01786-5

Kontaktadresse nach EU-Produktsicherheitsverordnung:
produktsicherheit@rowohlt.de

FSC www.fsc.org
MIX
Papier | Fördert gute Waldnutzung
FSC® C014496

Für Billie

INHALT

Intro

Wer bin ich eigentlich, dass *ich* dir was über Feminismus und Finanzen erzählen will?! Mein Name ist Leo, und ich lebe mit meiner fünfköpfigen Familie in Hamburg. Ich bin seit 25 Jahren Antikapitalistin und seit fünf Jahren Finanzberaterin. «Wie konnte es nur so weit kommen?», fragen meine Freund:innen oft – und meinen damit nicht mein politisches Engagement.

In der Finanzwelt bin ich eher ein Underdog. Wie es so weit kam, will ich dir kurz erzählen, um dir zu zeigen, dass ich deine Geldsorgen, Zukunftsängste und auch deine Genervtheit gegenüber drögen Finanzthemen teile: Geld war in meiner Familie – bestehend aus Bäuer:innen und Arbeiter:innen – immer ein Thema: Es war negativ besetzt und stets zu knapp. Auf die Frage, welchen Weg ich nach der Schule einschlagen sollte, gaben mir meine Eltern als einzigen Rat zum Start ins Erwachsenenleben mit: «Hauptsache, es kostet nichts.» Die Hoffnung auf finanzielle Unterstützung war somit früh verpufft und der von mir gewählte Weg, als Erste in meiner Familie zu studieren, von Anfang an geldtechnisch holprig. Ich habe schon im Studium durch den Bezug von Arbeitslosengeld die Erfahrung gemacht, dass staatliche Unterstützung nicht zum Leben reicht und auch nicht reichen soll. Dass man sozial ausgegrenzt wird, wenn man wenig Geld hat.

Als ich Mutter wurde, kamen dann ganz neue Sorgen dazu, denn ich wollte die Zukunft meiner Kinder – anders als ich es in meinem Elternhaus erfahren hatte – finanziell unbedingt mitgestalten.

Weil man mit einem Gehalt im sozialen Bereich trotz gesellschaftlich so wichtiger Arbeit nicht weit kommt, habe ich mich also in das Thema Geldanlage reingekniet. In Kombination mit Hintergrundwissen aus Politdebatten und Kapitallesekreisen über kritische Ökonomie, die ich seit meiner Studienzeit besucht und mitorganisiert habe, konnte ich mich auf dem Finanzmarkt überraschend gut zurechtfinden und habe – trotz Fails und finanzieller Knappheit – vorgesorgt, was das Zeug hält.

Geld ist Macht

Frauen[1] spielen Fußball in der Bundesliga, erobern die Führungsetagen und sitzen in der Politik. Mädchen haben heute – anders als noch vor wenigen Jahrzehnten – die gleichen Chancen, das zu werden, was sie werden möchten, und die Ziele zu erreichen, die sie sich erträumen. Die Gleichberechtigung und Gleichbehandlung der Geschlechter sind seit Jahrzehnten im Grundgesetz verankert. Wieso braucht es also noch Feminismus? Und dann noch «feministische Finanzen»? Ganz einfach: Weil einerseits fast nur Männer diese Fragen stellen. Und andererseits fast nur Frauen sich für ihre rechtliche Gleichstellung interessieren (müssen). Dabei geht es beim Thema Feminismus gar nicht um «Frauenthemen», sondern um Aktivismus, der sich für die Gleichstellung der Geschlechter einsetzt und der uns damit alle betrifft. Leider müssen die Betroffenen ihre Rechte in der Regel selbst erkämpfen, ohne Verbündete auf der privilegierteren Seite.

Feminismus bedeutet, dass patriarchale Strukturen und die mit ihnen verbundenen Ungerechtigkeiten erkannt, kritisiert und überwunden werden. Männer besitzen bestimmte Rechte, Chancen und Freiheiten aufgrund des patriarchalen Gesellschaftssystems, die Frauen nicht haben. Wichtig: Ich kritisiere die gesellschaftlichen und politischen Strukturen und nicht die Spezies Mann an sich. Feministischen Forderungen wird oft eine Bevorzugung von Frauen oder eine Diskriminierung von Männern unterstellt, dabei geht es um eine soziale und wirtschaftliche Gleichstellung aller. Denn wir sind doch in Wirklichkeit alle eher ungleich: behindert, Schwarz, reich, normschön, queer, alt, armutsbetroffen und vieles mehr. Die Beschäftigung mit der Lebensrealität von Menschen muss also über ein binäres (Mann – Frau) Geschlechtsspektrum hinausgehen und intersektional stattfinden, d.h. mit Blick auf verschiedene Formen von Diskriminierung. Ein globaler Feminismus betrachtet daher patriarchale Strukturen immer auch im Zusammenhang mit unserem sozioökonomischen System.

Geld ist alles

Geld ist Macht. Wer Geld hat, hat Entscheidungsmöglichkeiten in Bezug auf Bildung, Versorgung und Freizeit. Geld ermöglicht Unabhängigkeit und Freiheit, also wichtige Grundlagen für ein gutes Leben. Frauen sind aber durch diverse ökonomische Lücken u.a. im Bereich Einkommen, Vermögen und Altersabsicherung und durch die Verantwortung ungesehener Care-Arbeit[2] benachteiligt oder deutlicher gesagt: diskriminiert und unterdrückt. Dazu kommen über Generationen tradierte Rollenbilder (Mann = Ernährer/Hauptverdiener, Frau = Haushalt/Familie) und Ressentiments in Bezug auf Geld oder sogar staatliche oder partnerschaftliche finanzielle Gewalt, die die finanziellen Abhängigkeiten eher aufrechterhalten, anstatt sie abzubauen.

Theoretisch haben zwar alle die gleichen Chancen. Praktisch ist das in unserem Wirtschaftssystem aber keine Realität. Es gibt keinen Bereich des alltäglichen Lebens, in dem Frauen Männern gleichgestellt sind – und das gilt eben auch für Finanzdinge. Entgegen den Darstellungen mancher Finanzcoaches ist Geld nicht neutral und fließt einfach zu dir, wenn du es nur «richtig willst». Denn die Individualisierung der ökonomischen Situation («Jeder ist seines Glückes Schmied») blendet Privilegien, Ressourcen und strukturelle Diskriminierungen aus.

Der Frust, der aus dieser Erkenntnis gewachsen ist, hat bei mir zwei positive Dinge bewirkt: Erstens bin ich eine Sparfüchsin geworden, die gut haushalten und sparen kann. Wenn ich Geld übrig hatte, habe ich es zurückgelegt oder investiert. Und zweitens habe ich mich mit den Themen Kapitalismus, soziale Ungerechtigkeit und Klassismus beschäftigt. Ich habe mich in Marx-Lesekreisen organisiert und mich auf vielen antikapitalistischen Demos einkesseln und mit Pfefferspray benebeln lassen; immer mit dem Wissen, dass es in der Realität keine Gleichberechtigung in Bezug auf Geschlecht und Herkunft gibt und sich daran etwas ändern muss. Und in dem festen Glauben, dass das gelingen kann.

Wir brauchen feministische Finanzen

2023 habe ich eine Fortbildung zur Anlageberaterin gemacht, auf der Bescheinigung stand «Finanzanlagenfachmann». Für mich war das keine Kleinigkeit, denn Zeit und Geld für Fortbildung und Zertifikatsprüfung waren hart erarbeitet, und so bat ich freundlich um Anpassung des Titels. Leider ohne Erfolg. Der Seminaranbieter antwortete auf meine Bitte, man wolle niemanden diskriminieren. Es seien wirklich *alle* damit gemeint und der Titel diene schlichtweg der Lesbarkeit. Man werde es nicht ändern. Was umgekehrt die ganzen Finanz-Larries sagen würden, wenn sie bei dem Titel Finanzanlagenfach*frau* «mitgemeint» wären? Ich fragte schließlich sogar bei der Antidiskriminierungsstelle des Bundes nach. Die Antwort war ähnlich ernüchternd: «Leider sehen wir keine Möglichkeit, sich anhand des Allgemeinen Gleichbehandlungsgesetzes (AGG) dagegen zu wehren.» Heute denke ich: *Fuck this shit!*

Immerhin bin ich auf meinem Zertifikat als «Finanzanlagenfachfrau» betitelt. Das ist wichtiger als die Seminarbescheinigung. Aber auch hier gibt es eben nur die beiden Optionen. Warum heißt es nicht einfach «Fachkraft»?!

Dies ist nur eine von vielen Anekdoten aus einer männlich dominierten Finanzwelt. Die politische Beschäftigung mit den Themen Kapitalismus, Patriarchat und Feminismus kann schlechte Laune verursachen und extrem deprimierend sein (lies bitte trotzdem weiter!). Wer aber verstanden hat, warum die eigene wirtschaftliche Situation nicht mit einem destruktiven Mindset, einer zu lang geratenen Elternzeit oder einem notorisch schlechten Umgang mit Geld zusammenhängt, sondern mit strukturellen und politischen Faktoren, kann die eigene Position in der Welt bestimmen und aktiv ändern – persönlich und gesellschaftlich.

Die Finanzbranche ist ein unwirtlicher und künstlicher Lebensraum. Weit davon entfernt, repräsentativ für den Durchschnitt der Bevölkerung zu sein, beschäftigen sich in der Regel weiße, privilegierte Männer mit ihrer Position und dem eigenen Vorankommen in der Welt.

Who run the world (of finance)? Boys!

Dabei kann man sich den Umgang mit Geld nicht aussuchen: Geld bestimmt unser Leben in allen Facetten. Warum überlassen wir Papa, Schatzi, Sparkassen-Stefan oder unseriösen Großinvestoren unsere finanzielle Zukunft? Die Antwort auf diese Frage zu geben, aber wichtiger noch, eine empowernde Roadmap zu mehr finanzieller Unabhängigkeit für Frauen zu skizzieren, ist meine Mission und Ziel dieses Buches. Denn in meinen Beratungen oder Workshops werde ich besonders von einer Personengruppe angesprochen: von (frisch) getrennten Frauen, vor allem Müttern[3], die relativ plötzlich mit einer ganz neuen Situation zu kämpfen haben: emotional, sozial und eben auch finanziell. Die besprochenen Themen ähneln sich und drehen sich um die Fragen: Wie kann ich meine Finanzen, um die sich sonst mein Partner gekümmert hat, jetzt selbst überblicken? Wie kann ich für mich und meine Kinder vorsorgen? Wie bestreite ich allein meine Altersvorsorge? Wie werde ich finanziell unabhängig?

Meine Oma hatte mir schon als junges Mädchen eindringlich geraten, ich solle mich nicht von einem Mann abhängig machen. Sie selbst hatte sich in einer Zeit, in der sie kein eigenes Konto haben und nur mit Erlaubnis ihres Mannes arbeiten durfte, von meinem Opa getrennt und dadurch gesellschaftliche Ausgrenzung erlebt. Für mich war finanzielle Unabhängigkeit immer ein selbstverständliches Ziel. Normalerweise werden Mädchen und junge Frauen diesbezüglich aber weder in der Erziehung noch durch schulische oder mediale Bildung aufgeklärt. Ganz im Gegenteil: Vor allem Frauen vernachlässigen finanzielle und wirtschaftliche Themen und erkennen auch ihre in verschiedenen familiären Lebenssituationen etablierte Abhängigkeit erst, wenn sich die sie vermeintlich absichernde Partnerschaft auflöst. Warum sollten sie auch im Vorfeld anders darüber denken? Durch gendertypische Rollenklischees werden sie früh auf ihre Rolle festgelegt: verliebt, verlobt, verheiratet. Frauen wird immer noch die Suche nach dem einen Traumprinzen, die Gründung einer Familie im Mutter-Vater-Kind-Format und ein genormtes Glück bis ans Ende aller Tage als idealer Lebenslauf suggeriert. So kümmert sich die eine um die Kinder, während der andere Karriere macht, Vermögen aufbaut, Rentenansprüche sammelt und im Trennungsfall abgesichert ist.

Durch meine Erfahrungen ist mein Wunsch nach finanzieller Unabhängigkeit (oder die Angst vor Abhängigkeit oder Armut?) noch ausgeprägter geworden. Dabei sind Aufklärungsarbeit und Solidarität mit anderen – mit Gleichgesinnten und -betroffenen – meine Mission. Daher will ich dich an meinem Wissen teilhaben lassen.

Das Buch habe ich in zwei Bereiche unterteilt. Im ersten, theoretischen Teil möchte ich dir politisches und ökonomisches Wissen mit dem Fokus auf die wirtschaftliche Situation von Frauen in einer patriarchalen Welt mitgeben. Der zweite Teil des Buches gibt dir eine praktische Anleitung, welche Schritte du selbst unternehmen kannst, um deine finanzielle Situation zu ordnen, für die Zukunft vorzusorgen und finanzielle Abhängigkeit zu vermeiden. Von der Theorie zur Praxis.

Dieses Buch ist für alle, die gesellschaftliche Einschränkungen und Diskriminierung überwinden, die Gleichstellung der Geschlechter wirklich erreichen und ihre finanzielle Zukunft selbst gestalten wollen.

TEIL I

Feministische Ökonomie

Für Finanzen und Wirtschaft habe ich mich während meines Studiums nur im Rahmen von Aktivismus in politischen Gruppen interessiert. Ich habe Ethnologie und Rechtswissenschaft studiert, weil ich früher gern in der Entwicklungshilfe arbeiten wollte, und wurde an der Universität oft mit der Diskriminierung von Frauen in Geschichte und Gegenwart konfrontiert. Ein Fall in einer Juravorlesung ist mir in besonderer Erinnerung geblieben: Ein Mann brachte seine Ehefrau um und stand wegen Mordes vor Gericht. Die Verteidigung führte ins Feld, dass der Mann am Tatabend die Niederlage seines absoluten Lieblingsfußballteams angesehen hatte, die zum Abstieg in der Liga führte. Die Ehefrau habe sich über den Mann lustig und verächtliche Kommentare über «seinen» Club gemacht. Das Gericht akzeptierte das «provozierende» Verhalten der Frau als mildernde Umstände für den Mann und verhängte eine niedrigere Strafe wegen Totschlags.

Was zeigt sich in diesem Fall (und vielen weiteren dieser Art, die ich im Studium kennenlernte)? Bei der Besprechung männlicher Gewalttaten und von Femiziden (der Tötung einer Frau aufgrund ihres Geschlechtes) spielen Behauptungen wie «Männer sind von Natur aus so» und Täter-Opfer-Umkehr eine wichtige Rolle und münden in eine misogyne, also frauenfeindliche, Rechtsprechung.

Im Ethnologiestudium war wiederum die Entwicklung von Gesellschaften im Laufe der Zeit das elementare Thema. Für mich war es ein Ritt durch die Geschichte von Frauenunterdrückung, -entführung, -vergewaltigung und -mord. Aber nicht nur thematisch ist ein Ethnologiestudium eine Reise durch die Geschichte des Patriarchats, sondern auch in der Forschungsmethodik: Wenn die Situation von Frauen beleuchtet wird, heißen Fachbücher und Seminare oft *Frauen im Islam*, *Frauen im Mittelalter* oder *Weiblichkeit & Ethnologie*. Frauen repräsentieren also nicht etwa die Hälfte der Gesellschaft und prägen sie gleichberechtigt, sondern sind ein exotisches Spezialthema ... und zwar nicht mit einem kritischen, antipatriarchalen Ansatz als über Jahrtausende unterdrücktes Geschlecht wie bei diesem Buch.

Diese Perspektive und das Gefühl, unsichtbar und nicht gleichwertig zu sein, prägen mich bis heute. Und ich bin mir sicher, dass du diese Gefühle auch kennst. Mich haben meine Erfahrungen jedenfalls darin bestärkt, unsere Situation nicht als gegeben zu akzeptieren.

Eine kleine Reise durch die Geschichte des Patriarchats

In diesem Kapitel soll es darum gehen, was dieses Patriarchat ist, von dem alle reden, und warum es nur in Kombination mit unserem kapitalistischen Wirtschaftssystem so florieren konnte. Denn sozioökonomische Bedingungen wie Einkommen, Vermögen, familiärer Background, Beruf und Bildung bestimmen unser Leben. Durch sie entstehen Klassenzugehörigkeit und die damit verbundenen Chancen oder Begrenzungen. On top haben wir Frauen noch mit den historisch gewachsenen ökonomischen Folgen in Bezug auf unser Geschlecht zu kämpfen: Männer haben mehr Geld zur Verfügung, sie werden privat und beruflich strukturell begünstigt, und sie leisten weniger unbezahlte Arbeit. Frauen übernehmen dagegen diejenige Arbeit, die als unproduktiv angesehen wird – und das zusätzlich zu schlechter bezahlter Lohnarbeit. Sie haben weniger finanzielle Möglichkeiten und befinden sich häufiger in Abhängigkeitsverhältnissen.

Woher kommt der Zusammenhang von Geschlecht, Klasse und den daraus resultierenden unterschiedlichen sozialen und ökonomischen Lebensbedingungen?

Das Patriarchat ist ein soziales System, in dem Männer die dominanten Rollen in politischen, wirtschaftlichen, sozialen und familiären Strukturen einnehmen. Es existiert eine Hierarchie, in der männliche Macht und Autorität über weiblichen oder nicht-männlichen Positionen stehen. Aus diesen Hierarchien und der Machtverteilung entstanden Geschlechterrollen, die Männern zuschreiben, das «starke», Frauen dagegen, das «schwache» Geschlecht zu sein. Diese Zuschreibungen existieren seit Tausenden von Jahren und werden von uns allen, aber insbesondere vom privilegierten Geschlecht, aktiv oder unbewusst verstärkt und aufrechterhalten.

Einige *unfunny facts* über das Leben im Patriarchat:

- **Politische Macht:** Männer dominieren oft politische Institutionen und Entscheidungsprozesse.
- **Wirtschaftliche Kontrolle:** Männer halten überproportional viele Führungspositionen und besitzen den Großteil des Vermögens.
- **Soziale Normen:** Geschlechterrollen und -erwartungen bevorzugen Männer und benachteiligen Frauen.
- **Familienstrukturen:** Männer haben oft die Hauptautorität in Familien, Haushalten und deren Einkommen.

Die Verteilung von Geld spiegelt die Machtverhältnisse unserer Gesellschaft wider. Traditionell liegt die Verfügungsgewalt des Geldes in der Familie in den meisten Kulturen bei den Männern. In politischen Machtpositionen und mithilfe etablierter Netzwerke haben Männer bessere Möglichkeiten, für sie günstige Rahmenbedingungen aufzustellen, z. B. in Bezug auf Ressourcenverteilung oder Gesetzgebung. Oder eben die Macht, diese zu ändern oder abzuschaffen. Das Patriarchat wird aber meist nur von feministischen oder queeren Bewegungen und Theorien kritisiert und bekämpft, weil es ihnen existenziell schadet.

Das Geschlecht, mit dem du auf die Welt kommst, hat also einen entscheidenden Einfluss auf deinen sozialen und finanziellen Status. Frauen werden in der Regel unterbezahlt, gar nicht bezahlt, arbeiten mehr, erben weniger und leben in finanziellen

Abhängigkeitsverhältnissen. Wie konnte es so weit kommen, dass wir noch heute, in vermeintlich modernen und emanzipativen Zeiten, wirtschaftlich so schlecht dastehen?

Queens of the Stone Age – Von der Höhle zum Kapitalismus

In der Schule wurde uns immer erzählt, dass Männer in prähistorischen Gesellschaften die aktiven Jäger und Versorger, Frauen dagegen die passiven Sammlerinnen und Kinderbetreuerinnen waren. Es gibt daher oft die Vorstellung, dass frühe Gesellschaften von Natur aus patriarchal geprägt waren. In Jäger-und-Sammler-Gemeinschaften gab es zwar eine tendenziell geschlechtsspezifische Arbeitsteilung, das bedeutete aber nicht, dass Frauen eine untergeordnete Rolle spielten. Stattdessen hatten beide Geschlechter wichtige Funktionen, die das Überleben der Gruppe sicherten und dementsprechend gewertschätzt wurden. Viele archäologische Funde und ethnologische Studien belegen heute, dass Frauen auch an der Jagd teilgenommen haben. Die Tätigkeit des Sammelns hat ca. 75 %, die des Jagens nur 25 % zu der Nahrungsversorgung beigetragen, somit mussten Männer sich wiederum auch am Sammeln beteiligen. Die Menschen waren darauf angewiesen, dass jede:r sich an der Versorgung und Verteidigung beteiligt, statt nur eine spezielle Aufgabe zu übernehmen. Auch Beobachtungen bei modernen Jäger-und-Sammler-Gruppen mit keinem oder nur eingeschränkten Kontakt zum «fortschrittlichen» Leben der Moderne zeigen, dass die angenommene strenge Arbeits- und Rollenverteilung nicht der Realität entspricht.

Durch den *Research Bias* beeinflussten zeitgenössische Werte und Normen viele Jahre die wissenschaftliche Arbeit: Die (damals vorrangig männlichen) Wissenschaftler interpretierten z. B. archäologische Funde gemäß dieser Werte. So wurden Grabbeigaben von Frauen eher als Nutzgegenstände und die von Männern eher als Waffen gedeutet.

Diese Deutungen haben unser Bild von der care-arbeitenden Frau, die sich um das Private kümmert, im Gegensatz zum männlichen Hauptversorger so stark geprägt, dass sie als etwas biologisch und genetisch Gegebenes angenommen wurden. Das hat Auswirkungen auf alle Geschlechter. Während Männer vor Tausenden von Jahren höchstwahrscheinlich noch in der gemeinschaftlichen Höhle Beeren sortierten und Kinder erzogen, wurden sie durch eine männlich dominierte Wissenschaft und gesellschaftliche Konventionen mit der Rolle des immer starken Versorgers überfrachtet.

Auch wenn es dir manchmal so vorkommt: Es war nicht immer Patriarchat! Ganz im Gegenteil, in prähistorischen Gesellschaften besaßen Frauen einen höheren sozialen Status und Autonomie, weil sie im wahrsten Sinne des Wortes Leben spendeten und erhielten. Während Schwangerschaft und Geburt heute eher selbstverständlich scheinen, galt es damals als Magie, ein Kind zu gebären und damit den Clan zu erhalten oder zu vergrößern. Durch ihre zentrale, für die Gemeinschaft lebenserhaltende Rolle bei der Kontrolle und Fähigkeit von Reproduktion sowie ihr naturkundliches Wissen und die Anwendung von Heilpflanzen waren Frauen verehrt und angesehen.[1] Gemeinschaften lebten in großen, wahrscheinlich matrilinearen Strukturen zusammen, d. h., kulturelle Praktiken und Besitz wurden von Müttern an Töchter weitergegeben. Das macht schon deshalb Sinn, weil Frauen damals – und wir sprechen hier wohlgemerkt von einem Zeitraum von Tausenden von Jahren – noch nicht als Besitz von Männern galten und entscheiden konnten, wann und mit wem sie sich zum Zwecke der Fortpflanzung zusammentaten. Das Leben im Rahmen von Partnerschaft und Kleinfamilie – im Gegensatz zum sich gemeinschaftlich versorgenden Clan – ist in der Menschheitsgeschichte erst vor ein paar Hundert Jahren entstanden und hätte im Steinzeitalter wohl für das Aussterben der Menschheit gesorgt, weil die Abhängigkeit der Kinder von nur zwei versorgenden Personen unnatürlich und dysfunktional war. Und das ist sie im Grunde genommen auch noch heute.

Früher war also alles besser? Die Kindersterblichkeit war hoch, die durchschnittliche Lebenserwartung betrug 25–35 Jahre, der Alltag war entbehrungsreich, man konnte Krankheiten erliegen, für die es heute Heilung gibt, und an Hygienemangel, Hunger oder Kälte zu sterben, war keine Seltenheit. Die steinzeitliche Gleichberechtigung sollte also auch nicht romantisiert werden.

Ein Buch, dem ich während meines Ethnologie-Studiums begegnete, hat mich in diesem Zusammenhang im besonderen Maße politisch geprägt: Die Entstehung des Patriarchats (*The Creation of Patriarchy*) der Historikerin Gerda Lerner, einer Vorreiterin der *Women's History*.[2] Es ist ein einflussreiches feministisches Buch, das untersucht, wie und warum patriarchale Strukturen global entstanden sind und sich bis heute festigen konnten. Lerner zeigt darin sehr anschaulich, wie Frauen systematisch von politischer Macht und Wissen ausgeschlossen und in ihre Rolle als schwaches, abhängiges Geschlecht gedrängt wurden.

Während also Jäger:innen- und Sammler:innen-Gemeinschaften noch eine relativ egalitäre Aufgabenverteilung zwischen den Geschlechtern hatten, änderte sich das mit der

Sesshaftwerdung und dem Beginn der Landwirtschaft. Eigentum und Besitzverhältnisse wurden jetzt wichtiger, weil die Menschen anfingen, Land dauerhaft zu bewirtschaften. Männer übernahmen dabei immer stärker die Kontrolle über Ressourcen und Produktionsmittel, während Frauen in ihrer wirtschaftlichen Position geschwächt und zunehmend auf ihre Rolle in der familiären Reproduktion und häuslichen Arbeit reduziert wurden. Diese Veränderungen legten den Grundstein für Geschlechterrollen und eine bis heute anhaltende Form der systematischen Unterordnung von Frauen.

Ein zentrales Element patriarchaler Gesellschaften war (und ist es noch heute) die Kontrolle über die weibliche Sexualität. Ehe und Jungfräulichkeit wurden streng überwacht, um sicherzustellen, dass männliche Erblinien eingehalten wurden und das Familienoberhaupt auch wirklich der Erzeuger der Kinder war.

Gleichzeitig wurden Institutionen wie Prostitution und Konkubinat geschaffen – allerdings nicht, um weibliche Sexualität zu regulieren, sondern um der männlichen mehr Raum zu geben. Durch die Kontrolle über Ehe und Sexualität entstanden Familienstrukturen, in denen Männer die Entscheidungsgewalt haben. Die Einführung von Heiratsregeln, Brautpreisen und eine strenge Sexualmoral zementierten diese Strukturen.

Mit der Entstehung erster Stadtstaaten (z.B. Sumer, Babylon, Ägypten in den antiken Hochkulturen des Nahen Ostens, ca. 3000–500 v. Chr.) wurde das Patriarchat rechtlich und religiös verankert. Gesetze und Kodizes schrieben die Kontrolle von Männern über Frauen fest, z.B. galten Frauen jetzt rechtlich als Besitz ihrer Väter und Ehemänner. Es wurden außerdem strenge Regelungen zu Ehe, Keuschheit und Treue geschaffen. Männer konnten so ihre Macht über Frauen durch soziale Normen institutionalisieren.

Gerda Lerner stellt in diesem Zusammenhang die These auf, dass die Versklavung von Frauen zu einer Normalisierung anderer Unterdrückungsformen führte. Frauen wurden in dieser Zeit oft als Kriegsbeute betrachtet und versklavt. Sie wurden sexuell dominiert und ausgebeutet oder mussten als Arbeitskräfte dienen, in der Regel im Haushalt gesellschaftlich höhergestellter Familien.

Auch Religion und Ideologie spielten eine entscheidende Rolle dabei, das Patriarchat zu legitimieren. Göttinnen, die noch in frühen Kulturen verehrt wurden, wurden nach und nach verdrängt und durch männliche Gottheiten ersetzt, die zunehmend Religion und Weltbild der Menschen dominierten. Jüdisch-christliche Lehren verankerten das Patriarchat als göttlich gewollt. Christliche Theologen wie Paulus oder Augustinus verstärkten die Vorstellung, dass Frauen dem Mann untertan sein sollten. Populäre religiöse Texte – z.B. das Alte Testament und andere wirkmächtige Texte –, aber auch einflussreiche Philosophen und Wissenschaftler festigten die Vorstellung von der Frau als einem dem Mann untergeordneten Wesen. Es folgte somit die erste systematische Verschriftlichung männlicher Herrschaft über Frauen, die (anders als heute) ideologisch und unkritisiert verbreitet wurde. Frauen wurden aus religiösen Ämtern ausgeschlossen. Die Ehe wurde als heilig und unauflösbar definiert, eine Scheidung war für Frauen kaum möglich; Keuschheit und Jungfräulichkeit wurden überhöht, und Frauen wurde durch das religiöse Framing der Rest an (sexueller) Selbstbestimmung genommen.

Bildung und Schriftkultur waren also über Jahrtausende reine Männersache, was verhinderte, dass Frauen an intellektuellen oder politischen Diskursen teilhaben und sie in ihrem Sinne prägen konnten. Dieses Ungleichgewicht wurde über Generationen weitergegeben und vertieft.

Frauen wurde der Zugang zu Bildung, Schrift oder politischer Macht verwehrt, sodass sie über Jahrtausende nicht aktiv an der Definition von Geschichte teilnehmen konnten.

Im antiken Griechenland (ca. 700–500 v. Chr.), das oft als geniale Wiege der Demokratie gefeiert wird, waren Frauen systematisch von politischen Prozessen ausgeschlossen. Philosophen wie Aristoteles argumentierten, dass Frauen von Natur aus minderwertig seien. Im «fortschrittlichen» Rom hatten Frauen aus privilegierten Schichten zwar etwas mehr rechtliche Freiheiten, blieben aber unter männlicher Vormundschaft und wurden rechtlich als Minderjährige betrachtet.

Gesetze und soziale Normen sicherten auch hier die männliche Vormachtstellung und reduzierten Frauen und ihre Lebensgestaltung auf ihre Rolle als idealisierte «gute Ehefrau» und «heilige Mutter». Weil Frauen durch fehlende Bildung, wirtschaftliche Abhängigkeit und soziale Kontrolle keine eigenen politischen oder kulturellen Alternativen hatten, hatten sie kaum eine andere Wahl, als sich in das bestehende System einzufügen.

Als die Hausfrau erfunden wurde

Angesichts dieser jahrtausendealten Unterdrückung von Frauenrechten erscheint uns das Bild der umsorgenden Frau und Mutter, mit dem wir in unserer Gesellschaft aufwachsen, manchmal als etwas Naturgegebenes oder zumindest uralt Etabliertes. Diese gesellschaftliche Norm der bürgerlichen[3] Hausfrau, die heute wieder mit dem Social-Media-Phänomen der *Tradwives* (mehr dazu in Kapitel *Tradwives und Clean Girls*), aber auch mit dem Erstarken von rechten Bewegungen ein Revival erlebt, gibt es aber tatsächlich erst seit relativ kurzer Zeit, also seit 200–300 Jahren.

Das Konzept der care-arbeitenden Frau, die sich um das Private kümmert, im Gegensatz zum lohnarbeitenden, in der Öffentlichkeit stehenden Mann, fußt auf einem jahrhundertealtem Marketing: Diese Rolleneinteilung wurde medial, politisch und ideologisch z. B. durch Werbung, in Büchern, in Bildungseinrichtungen und durch konservative politische Entscheidungen gefördert.

Die Etablierung des Modells der «perfekten Hausfrau» war für das Patriarchat ein unglaublicher Booster. Für die Optimierung der geschlechtsspezifischen Arbeitsteilung als normales oder sogar wünschenswertes Lebensmodell gehörte neben der Ehe auch das Leben in der Kleinfamilie. In der vorindustriellen Zeit lebten Familien in Europa noch mit mehreren Generationen zusammen. Die Familie war eine wichtige Versorgungseinheit im landwirtschaftlichen oder handwerklichen Sektor, in der alle gleich mitarbeiteten: Frauen, Männer und Kinder. Im 18. Jahrhundert, mit Beginn der industriellen Revolution, änderte sich das Modell der Großfamilie. Vorrangig Männer gingen nun ihrer Lohnarbeit in den Fabriken nach, wodurch Wohnort und Arbeitsplatz getrennt wurden. Die Familie entwickelte sich zu einem Ort, an dem Regeneration für die Arbeit stattfinden musste: ein Ort für die leibliche Versorgung, Erholung und Erziehung der Arbeiterklasse. Die Kleinfamilie wurde immer mehr zum Ideal einer emotional geschlossenen Einheit, die hierarchisch organisiert und wirtschaftlich abhängig vom (männlichen) Einkommen war.

Wie schon im historischen Kapitel beleuchtet wurde, gab es zwar schon in vorkapitalistischen Zeiten patriarchale Strukturen, Frauen haben aber immer gearbeitet und waren in fast allen Berufen oder Zünften vertreten. Die sogenannte *Hausfrauenehe* – also das bürgerliche Familienmodell, in dem der Mann als Alleinverdiener gilt und die Frau unbezahlt die Haus- und Sorgearbeit übernimmt – hat sich erst im 19. Jahrhundert herausgebildet, vor allem im Verlauf der Industrialisierung und des Aufstiegs des Bürgertums. Diese binäre familiäre Organisationsform wurde im 20. Jahrhundert durch politische, rechtliche und wirtschaftliche Rahmenbedingungen weiter verfestigt, in Deutschland besonders in der Nachkriegszeit der 1950er-Jahre. Bis heute werden z. B. berufstätige Frauen so schlecht bezahlt, dass es sich einfach nicht lohnt bzw. Familien es sich nicht leisten können, vom Lohn der Frau abhängig zu sein.

> ***Wieso sollte man ausgerechnet einen Mann, der seine Frau zu Hause arbeiten lässt, damit er selbst frei erwerbsarbeiten kann, als Versorger bezeichnen?***

Die Hausfrauenehe ist immer noch ein gängiges Lebensmodell. Schau dich einfach mal in deinem Umfeld um: Wie viele teilzeitarbeitende Mütter kennst du? Und wie viele Väter?

Ich möchte dir verdeutlichen, dass wir nicht so leben, weil Frauen einen gottgegebenen Mutterinstinkt haben, fürsorglicher sind oder ein besseres Talent haben, mehrere Dinge gleichzeitig zu tun, sondern weil systematisch viel dafür getan wurde, sie von der produktiven in die *re*produktive Rolle zu drängen.

Die Industrialisierung im 19. Jahrhundert brachte also tiefgreifende gesellschaftliche Veränderungen für die Stellung von Frauen. Ein wichtiger Grund für die *Hausfrauisierung* war die in dieser Zeit entstehende Verlagerung von zuvor bezahlter Arbeit in den privaten, unbezahlten Raum. Viele Familien zogen vom Land in die Städte, wo es wenig Geld und Platz gab. Ehemalige Dienstbot:innen fanden Arbeit in den Fabriken, was dazu führte, dass Familien aus der bürgerlichen Mittelschicht in diesen Zeiten kein Personal mehr finden oder es sich nicht mehr leisten konnten. Um dennoch ihren Lebensstil aufrechtzuerhalten, übernahmen jetzt die Ehefrauen unbezahlt die Arbeit im Haus. Arbeiterinnen der Unterschicht erging es nicht besser, sie befanden sich sowieso bereits in ausbeuterischen Arbeitsverhältnissen. In den Fabriken arbeiteten sie für deutlich weniger Lohn als Männer und hatten die doppelte Belastung von häuslicher und Erwerbsarbeit in den Fabriken. Hausarbeit wurde also in der Mittel- und Oberschicht von einem ehemals entlohnten ökonomischen Bereich in das Private verlagert und damit entwertet. In der bürgerlichen Schicht, wo damals wie heute quasi Trends gesetzt wurden und neuer Zeitgeist entstand, entwickelte sich durch diese Änderungen in der Arbeitswelt das Ideal der *Hausfrau und Mutter*. Durch die Industrialisierung wurde damit nicht nur die wirtschaftliche Entwicklung in Lichtgeschwindigkeit gefördert, sondern auch die geschlechtsspezifische Arbeitsteilung und damit einhergehenden Abhängigkeiten wurden verfestigt, wie die soziale und rechtliche Einteilung in «sorgende Hausfrau» und «*ver*sorgenden Lohnarbeiter».

Im frühen 20. Jahrhundert wurde die sogenannte *Hausfrauenehe* sogar gesetzlich verankert und damit gesellschaftlich final verbreitet. Das deutsche Bürgerliche Gesetzbuch (BGB) von 1900 schrieb vor, dass der Mann das gesetzliche Familienoberhaupt sein und die Frau ihm im Haushalt diene solle. Er hat das Recht, über die familiären Finanzen und damit auch über das Vermögen der Frau zu bestimmen. Frauen durften jetzt u.a. keine Verträge mehr unterschreiben, keine eigenen Bankkonten führen und nur mit Erlaubnis ihres Ehemannes lohnarbeiten. Im Umkehrschluss bedeutete das, dass der Ehemann über den Lohn der Frau verfügte und den Arbeitsvertrag jederzeit nach eigenem Gutdünken auflösen konnte. Das machte sie finanziell völlig abhängig und führte zu einer quasi rechtlosen Existenz.

Während des Nationalsozialismus wurde das Bild der «idealen Frau» weiter gesellschaftlich zementiert. Im sogenannten *Dritten Reich* hatte die Frau selbstlos, opferbereit und leidensfähig sein. Für die «Stärkung des deutschen Volkes» sollte sie möglichst viele Kinder bekommen. Nicht verheiratete und/oder kinderlose Frauen galten als «unnormal».[4]

Erst nach dem Zweiten Weltkrieg wurden Bestrebungen nach Gleichberechtigung langsam auf die Agenda gesetzt. Immerhin garantierte das Grundgesetz 1949 Männern und Frauen die gleichen Rechte, allerdings – genau wie heute – nur in der Theorie. In der Praxis wurde die perfekte Hausfrau in der Nachkriegszeit, während des westdeutschen Wirtschaftswunders, von der gesellschaftlichen Norm zu einem wünschenswerten Idealbild stilisiert. Frauen wurden erneut durch Werbung, Bildung und gesellschaftlichen Druck aktiv aus dem Erwerbsleben in die häusliche Sphäre und damit in die traditionelle Rolle gedrängt. Der Mann hatte außerdem in dieser Zeit immer noch das alleinige Bestimmungsrecht über die Haushaltsfinanzen, und es war üblich, der Frau nur ein Taschengeld zu zahlen. Selbst über Geld verfügen zu können oder für jede Ausgabe darum bitten zu müssen, entscheidet aber über *hop* oder *top* der eigenen Unabhängigkeit.

1958 kam in Westdeutschland das *Gleichberechtigungsgesetz*, das Frauen zumindest offiziell die Entscheidungsfreiheit darüber gab, ob sie arbeiten wollten. Allerdings nur, solange die Arbeit «mit den Pflichten von Ehe und Familie vereinbar» sei. Frauen durften jetzt ein eigenes Konto haben und ihr Geld selbst verwalten. Ihre weiterhin bestehende finanzielle Abhängigkeit im Fall einer Trennung verhinderte aber eine echte Veränderung der Verhältnisse. Erst nach 1969 wurde eine verheiratete Frau als geschäftsfähig angesehen.

Die rechtlichen Überreste der *Hausfrauenehe* wurden schließlich erst 1977 komplett abgeschafft. Es lohnt sich übrigens, an dieser Stelle West und Ost zu unterscheiden, da in der DDR schon 1949 die gesetzliche Grundlage für Gleichberechtigung geschaffen wurde. Frauen konnten selbstständig Verträge abschließen, sich scheiden lassen und arbeiten. Der Staat sorgte für ausreichend Kitaplätze, um Mütter zu entlasten, und es gab ein liberales Abtreibungsrecht. Eine echte Gleichstellung war aber hier wie dort nicht vorhanden, denn die meisten Frauen hatten auch nach den gesetzlichen Veränderungen die doppelte Belastung durch Arbeit und zusätzlich Haushalt und Kinderbetreuung zu tragen.[5]

Erst seit 1997 ist eine Vergewaltigung in der Ehe strafbar. Verheiratete Männer durften also ihre Frauen bis vor ca. 25 Jahren noch straffrei zum Sex zwingen. Selbst heute ist die Rechtslage im Sexualstrafrecht noch defizitär, denn in Deutschland gilt im Gegensatz zu 14 anderen europäischen Ländern noch nicht das «Nur ja heißt ja»-Prinzip, also eine Zustimmung aller Beteiligten zum Schutz vor sexuellen Übergriffen.

Zwei wichtige Ereignisse hatten dagegen große Wirkung auf die Selbstbestimmung von Frauen: Nach der Einführung der Pille in den Sechzigerjahren konnten Frauen selbst über Fruchtbarkeit und damit Lebensplanung und Erwerbsleben entscheiden. Während Frauen zuvor nur gefährliche oder sogar tödliche Wege beschreiten konnten, um eine Schwangerschaft zu verhindern, war es plötzlich möglich, sich präventiv gegen Mutterschaft zu entscheiden oder die Kinderplanung zugunsten von Ausbildung und Partnersuche zu verschieben.

1977 kam der nächste wichtige Schritt, indem das sogenannte *Verschuldensprinzip* abgeschafft wurde. Vorher konnte sich ein Mann scheiden lassen, ohne Unterhalt zahlen oder das Vermögen teilen zu müssen, falls seine Frau sich ihm «sexuell verweigert» hatte. Mit dem neuen Gesetz konnte die Frau nun nicht mehr allein für das Scheitern einer Ehe verantwortlich gemacht werden: Stattdessen muss seitdem der wirtschaftlich Bessergestellte dem wirtschaftlich Benachteiligten Unterhalt zahlen. Außerdem wurde der Versorgungsausgleich in Form eines Rentenanspruches geregelt. Durch die Reform dieses Eherechts wurde schließlich auch die Hausfrauenehe abgeschafft und durch das *Partnerschaftsprinzip* ersetzt – das bedeutet, dass während der Ehe aufgebautes Vermögen nach einer Scheidung aufgeteilt wird. Dies hatte enorme Auswirkung auf die Scheidungsraten: Sie stiegen in den Siebzigerjahren rasant, während die Geburtenrate durch die Pille stark einbrach.

We Care Too Much

Aller rechtlichen Verbesserungen zum Trotz: Die Rollen der *für*sorgenden Hausfrau und des *ver*sorgenden Hauptverdieners sind für uns so normal geworden, dass alternative oder Misch-Modelle kaum existent scheinen.

Pro Tag wenden Frauen im Durchschnitt 43,4 % mehr Zeit für Care-Arbeit auf als Männer.[6] Uns wird erzählt, das sei ein Liebesdienst, der doch sowieso ausgeübt werden müsse, unabhängig davon, ob wir im Kapitalismus, Sozialismus oder in der Steinzeit leben. Aus diesem Grund müsse diese Arbeit auch nicht entlohnt werden, weil wir sie schließlich für uns selbst und unsere Familien machten. Interessanterweise wäre dieselbe Arbeit, wenn man sie für einen *anderen* Haushalt als Putzkraft, Gärtnerin, Pflegekraft oder Nanny erledigen würde, entlohnt und sozialversichert. Wenn du Bürgergeld-Leistungen beziehst, dürftest du z. B. nicht argumentieren, dass du dem Arbeitsmarkt nicht vollständig zur Verfügung stehen kannst, weil du Kinder und Haushalt versorgen musst. Gleichzeitig gäbe es für dich aber die Verpflichtung, ggf. einen Job im Bereich Care annehmen zu müssen. Ja, was denn nun: Ist Care-Arbeit nun Arbeit oder nicht?

Wie sehr wir die tradierten Rollenbilder verinnerlicht haben, zeigt die Aussage «Früher haben das die Mütter doch auch geschafft!». Das hast du bestimmt mal von Onkel Uwe auf der Familienfeier gehört, oder vielleicht flüstert es dir auch deine innere Kritikerin zu, wenn dir zu Hause der unbezwingbare Mount Washmore oder das Kindergeschrei über den Kopf wachsen. Aber lass dir sagen: Sie haben es früher genauso wenig geschafft. Sie konnten und mussten nur besser verdrängen, schweigen und ertragen – auf Kosten ihrer seelischen und körperlichen Gesundheit. Begriffe *wie Care-Arbeit*, *Mental Health* oder *Regretting Motherhood* und ein Bewusstsein für die dahinterliegenden Phänomene und ihre Folgen gab es damals noch nicht. Außerdem war es für Frauen in Offline-Zeiten viel schwieriger, sich auszutauschen und zu vernetzen.

> ***«Früher haben die Frauen das doch auch geschafft!» Nein, haben sie nicht. Es gab nur gesellschaftliches Bashing und Mom-Shaming, wenn man sich beschwert hat.***

Das Bild der gebenden statt nehmenden Superhausfrau war ein kapitalistisches Ideal, mit dem Frauen unter Druck gesetzt wurden, alles für andere zu erledigen, während sie selbst keine Ansprüche formulierten und nichts für sich selbst einforderten.

Im Laufe der Zeit litten immer mehr Frauen an Burn-out, Depressionen oder anderen psychischen Erkrankungen. Anstatt die Überlastung und Ausbeutung von Frauen anzuerkennen und von Grund auf anzugehen, wurde stattdessen die Verwendung von rezeptfreien stimmungsaufhellenden Hausmittelchen populär. *Frauengold* wurde seit 1953 als Herz-Kreislauf-Tonikum mit angeblich beruhigender und stimmungshebender Wirkung beworben. Es wurde 1981 verboten, weil es Wirkstoffe enthielt, die als krebsfördernd und nierenschädigend gelten und Depressionen oder Wahnvorstellungen verursachen können. Bereits 1938 war das Aufputschmittel namens *Pervitin* freiverkäuflich in den Handel gekommen. Mit Methamphetamin bzw. Pervitin versetzte Pralinen wurden jetzt als sogenannte *Hausfrauenschokolade* verkauft. Bis heute gibt es alkoholhaltige Hausmittel wie *Klosterfrau Melissengeist*, die das Wohlbefinden von Frauen steigern sollen – auch das «Gläschen Vino zwischendurch» gehört dazu. Die Idee, Frauen regulieren und ihnen die rechtlose, eintönige Care-Arbeit durch Drogen leichter machen zu müssen, gibt es immer noch, jedoch finden diese Regulierungsversuche heute subtiler und häufig sogar als Empowerment verschleiert statt. Social-Media-Influencer:innen propagieren Nahrungsergänzungsmittel oder CBD-Produkte (pflanzliche Präparate auf Cannabis-Basis) für «Frauenbeschwerden» wie Stress, Anspannung, Schlafprobleme, Übergewicht oder einfach um – ganz traditionell – durch schöne Haut und volles Haar einem gesellschaftlichen Schönheitsideal zu entsprechen. Es gibt Onlinekurse zu innerer Balance, zur Kraft der Geldanziehung oder Mindset-Training, um erfolgreicher, attraktiver, sportlicher, begehrenswerter zu werden. Schuldgefühle, psychische Probleme, aber auch die immer lauter erklingende Wut von Frauen werden mit individuellen Schönheitstipps und Rabattcodes beantwortet. Das Paradoxe dabei: Einerseits werden Frauen ständig Makel eingeredet, anderseits werden sie als «Supermoms» oder «Alltagsheldinnen» abgefeiert. So oder so: Beides ist einfacher, als etwas an ihren Lebensbedingungen zu ändern.

Die Feminisierung von Arbeit

Während auf der einen Seite das Hausfrauendasein gefördert und romantisiert wurde, gab es auf der anderen Seite vor allem in Arbeiter:innenhaushalten die Notwendigkeit, erwerbszuarbeiten, um den Familienunterhalt zu sichern. Durch die Doppelbelastung haben Frauen eher diejenigen Arbeiten ausgeführt, die ihnen für die Care-Arbeit eine größere Flexibilität ermöglichten. Sie wurden daher vermehrt für Arbeiten eingesetzt, für die ein niedrigeres Bildungs- und Qualifizierungsniveau nötig war.

So entstanden weiblich dominierte Berufsfelder, auch *Frauenberufe* genannt, wie z. B. die Textilindustrie, Reinigungsarbeit, Büroassistenz, Pädagogik im Elementar- oder Grundschulbereich oder eben Care-Berufe wie Pflegearbeit. Typische Merkmale dieser Berufe, die nicht selten Teil des Niedriglohnsektors sind, sind bis heute geblieben bzw. haben sich materiell verfestigt:

- häufig geringere Qualifikation als in «Männerberufen» notwendig,
- Vereinbarkeit mit familiären Verpflichtungen,
- Verbindung mit angeblich «weiblichen» Eigenschaften wie Fürsorglichkeit und Genauigkeit,
- strukturelle Abwertung durch schlechtere Bezahlung, kaum Karrieremöglichkeiten und geringerer gesellschaftlicher Status.

Lange bevor es das Wort *Gender-Pay-Gap* gab, also die Gehaltsdiskriminierung von Frauen, erklärte die Ökonomin Claudia Goldin schon dessen strukturelle Bedingungen. Sie forscht bereits seit Jahrzehnten in ihrem Wirtschaftsbereich, ohne auf großes Interesse in der patriarchalen Wissenschaftswelt zu stoßen. Wohl deshalb bekam Goldin auch erst mit 77 Jahren den Nobelpreis für Wirtschaftswissenschaften für ihre Forschungen zur Rolle der Frau auf dem Arbeitsmarkt. Goldin sagt, dass Männer anders als Frauen übermäßig «*greedy*» Jobs mit hoher Arbeitsbelastung angenommen haben, wodurch ein Teufelskreis entstehe: Je öfter Männer in Top-Jobs arbeiten, umso häufiger werden Frauen in die Verantwortung gedrängt, zu Hause zu bleiben und die Kinder zu versorgen.

Dabei seien weniger die Unternehmer, sondern vielmehr die Ehemänner für niedrige Einkommen der Frauen verantwortlich. Sie verhinderten oft – aktiv oder unterbewusst patriarchal geprägt –, dass Frauen hochkarätige Jobs annehmen und gut verdienen. Gleichzeitig haben sie weniger oder kein Interesse, für die Rechte von Frauen einzustehen. Obwohl der Anteil von Frauen am Arbeitsmarkt generell, aber auch in vormals männerdominierten Berufen wächst, verringert das kaum die Einkommensunterschiede zu den Männern. Dabei können kürzere Arbeitszeiten oder die «falsche» Berufswahl nicht mehr als Grund für die ungerechte Bezahlung herhalten.[7]

Gesellschaftlich werden armutsbetroffene Menschen oder diejenigen, die eine Arbeit verrichten, die weniger Geld bringt, immer noch als weniger wert angesehen. Vor dem gleichen Hintergrund werden unbezahlte Tätigkeiten in den Bereichen Hausarbeit, Familienarbeit, Pflegearbeit und Kindererziehung oft nicht als «richtige» Arbeit anerkannt, obwohl sie einen wesentlichen, vielleicht sogar *den* wichtigsten Beitrag für die kapitalistische Gesellschaft leistet. Schließlich ermöglicht sie es oft erst, dass eine andere Person – der Mann – einer Erwerbsarbeit nachgehen kann. Care-Arbeit wird indes als unproduktiv angesehen: einfach, weil sie nicht als Teil von wirtschaftlicher Produktivität in Form von Dienstleistung oder Warenproduktion einen Mehrwert bringt und dementsprechend entlohnt wird. Dass Lohnarbeit ohne Sorge nicht möglich wäre, weil die Versorgung heutiger Arbeitskräfte sowie die Erziehung der Arbeitskräfte von morgen die Voraussetzungen für eine funktionierende Arbeitswelt sind, ist dabei aus kapitalistischer Sicht uninteressant und wird als selbstverständlich vorausgesetzt. Lohnarbeit wird dabei der Sorgearbeit durch die Einteilung in die Bereiche *Arbeit vs. Leben* ökonomisch gegenübergestellt. So entsteht der Eindruck, dass sich beide in einem Konkurrenzverhältnis befinden, statt eine Gesamtheit zu bilden.

Immerhin wurden vor dem Hintergrund einer besseren ökonomischen Funktionalität staatliche Maßnahmen getroffen, wie z.B. der Ausbau von Kinderbetreuung, um möglichst vielen Frauen den Einstieg in die Erwerbsarbeit zu erlauben. Das Ziel ist dabei allerdings selten, Gleichstellung zu fördern oder Frauen in ihrer finanziellen Unabhängigkeit zu unterstützen, sondern die Wirtschaft zu stärken. Und vor diesem Hintergrund ist es einfach praktischer, wenn die Hälfte der Bevölkerung für die Erwerbsarbeit schlechter und für die Care-Arbeit gar nicht entlohnt wird.

Moderne Zeiten – Endlich alle gleichberechtigt?

Durch den Blick in die Geschichte wollte ich dir zeigen, dass die Situation von Frauen nicht mit individuellen Fehlentscheidungen, falschem Mindset oder «weiblichen» Eigenschaften zusammenhängt, sondern das Ergebnis jahrhundertelanger Unterdrückung und Ausgrenzung ist. Erst seit Kurzem ist das Thema ökonomische Ungerechtigkeiten Teil der gesellschaftlichen Debatte geworden. Sind wir also heute weiter und alle endlich gleichberechtigt oder zumindest auf dem besten Wege? Gleich*berechtigt* im Sinne einer gesetzlichen Grundlage, nach der niemand diskriminiert werden darf, vielleicht schon, aber im echten Leben gleich*gestellt* noch lange nicht. Auf der Website der Bundesregierung heißt es zu dem Thema: «In Deutschland ist die rechtliche Gleichstellung von Frauen und Männern erreicht.»[8] Wenn aber die gesetzgebende Regierung davon ausgeht, dass eine rechtliche Gleichstellung mit den Formulierungen «Alle Menschen sind vor dem Gesetz gleich», «Männer und Frauen sind gleichberechtigt» oder «Niemand darf wegen seines

Geschlechtes [...] benachteiligt oder bevorzugt werden» aus dem Artikel 3 des Grundgesetzes erledigt ist, sind das keine guten Nachrichten für die Besserstellung von Frauen.

Im «modernen» westlichen Deutschland steht die theoretische Gleichstellung einer praktischen Benachteiligung von Frauen gegenüber, die sich im Gender-Pay-Gap, in finanziellen Abhängigkeitssituationen, strukturbedingter Bildungsdiskriminierung, Teilzeitarbeitsdruck, Care-Arbeits-Overload, Altersarmut oder geringerer Finanzkompetenz äußert. Für Frauen ist es fast unmöglich, diese strukturellen Hürden zu überwinden und sich nachhaltig zu emanzipieren. Als Folge leben wir die eigentlich unnatürliche Rollenverteilung aus dem 18. und 19. Jahrhundert in Form von Ehe und Kleinfamilie als autonome, aber gleichzeitig voneinander abhängige Einheit heute immer noch.

2023 gingen 50 % aller Frauen bzw. 67 % aller Mütter einer Teilzeitbeschäftigung nach, aber nur 9 % der Väter bzw. 13 % der Männer.[9] Die Forderung an Teilzeitbeschäftigte aka Mütter, mehr zu arbeiten, soll zusätzliche Arbeitskraft erschließen und dem Fachkräftemangel entgegenwirken. Es ist dann oft von «Arbeitsanreizen» die Rede – als ob bei den Betroffenen einfach eine Unlust herrsche, mehr zu arbeiten. Die Soziologin Uta Meier-Gräwe macht den Reality-Check für Mütter:

> ***«40 Stunden Arbeit für alle heißt 80 Stunden Arbeit für Frauen.»[10]***

Die Aufforderung, Vollzeit zu arbeiten, richtet sich also vor allem an Mütter, wie die Zahlen zeigen. Denn knapp 90 % der Männer arbeiten ja bereits Vollzeit, dazu kommen noch Überstunden. Im Schnitt leisten Frauen ca. 39 Stunden Care-Arbeit pro Woche, was in Deutschland jährlich 72 Milliarden Stunden unbezahlte Arbeit bedeutet, und damit mehr als die Summe der Arbeitsstunden von Erwerbstätigen.[11] Sie sind doppelte Arbeiterinnen, nur ohne Feiertage, Absicherung im Krankheitsfall oder anderen Schutz. Durch Sorgearbeit wie Kinderbetreuung oder die Pflege von Familienmitgliedern haben viele Mütter in der Realität noch nicht mal die Möglichkeit, einer Teilzeitbeschäftigung nachzugehen, selbst wenn sie das gern tun würden.

Durch all diese Faktoren wird es Frauen fast unmöglich gemacht, selbstständig ihre Existenz zu bestreiten. Über Teilzeitarbeit ist es weder möglich, den eigenen Lebensunterhalt unabhängig abzusichern, noch, den Aufstieg in höhere Einkommensstufen zu schaffen. Mehr als jede zweite erwerbstätige Frau in Deutschland kann langfristig nicht von ihrem Einkommen leben. Bei Frauen, die ein Kind versorgen müssen, sind es sogar 70 %.[12] Sie sind damit spätestens in Zeiten, in denen sie nicht erwerbstätig sind, also bei Arbeitsunfähigkeit, Arbeitslosigkeit oder im Ruhestand, finanziell nicht abgesichert.

Dazu kommt, dass 19 % der Familien in Deutschland alleinerziehend sind, das sind immerhin 1,5 Millionen Menschen. Mehr als 40 % dieser Haushalte gelten als einkommensarm.[13] In den meisten Fällen übernehmen die getrennten Frauen die Kinderfürsorge und damit nicht nur die organisatorischen Verantwortungen in der Familie, sondern tragen auch die ökonomischen Einschränkungen bei der Erwerbsarbeit. Tatsächlich kann man in den meisten Fällen daher eher von *doppelbelastet* statt von alleinerziehend sprechen.

Wenn Sorgearbeit von Frauen wegfallen würde, müssten unsere gesamten Sozial- und Familienstrukturen neu organisiert sowie Machtverhältnisse und Privilegienverteilung elementar verändert werden. Tatsächlich wird uns mit einem Vereinbarkeitsnarrativ aber immer mehr Arbeitszeit abverlangt, anstatt von Männern einen gerechten Anteil an Engagement im sozialen, familiären oder romantischen Bereich einzufordern.

Das System der Gender-Gaps

Der aus den USA übernommene Begriff *Gender-Gap* klingt, wie so häufig bei Anglizismen, erst mal etwas harmlos, hat aber brutale Auswirkungen auf das Leben von Frauen. Es handelt sich hier nicht um kleine Unterschiede innerhalb der Lebensrealitäten von Männern und Frauen, sondern um strukturelle Diskriminierungen mit existenziellen Folgen. Gaps sind dabei kein unglückliches Ungleichgewicht oder vereinzelte Phänomene, sondern logische Symptome innerhalb unserer patriarchalen Ordnung. Gender-Gaps fallen fast ausschließlich zu Ungunsten von Frauen aus, nur sehr selten sind Männer betroffen. Sie wirken sich auf ihre Chancen im Leben, ihre ökonomische Situation und sogar Psyche und Gesundheit aus:

Gender-Care-Gap
So much more than a gap! Frauen wird die Hauptverantwortung der Care-Arbeit angelastet. Zu diesem Gap gehört aber auch, dass über 3 Millionen Pflegebedürftige von Angehörigen betreut werden, wovon wiederum über 70 % Frauen sind. Der Care-Gap ist die Mutter aller Gaps und hat Einfluss auf alle anderen.

Gender-Pay-Gap
Du kennst ihn, aber hier sind noch ein paar Hard Facts: Frauen verdienen im Jahr 2022 im Schnitt 18 % weniger pro Stunde als Männer. Der durchschnittliche Stundenlohn beträgt bei Frauen 20,04 Euro und bei Männern 24,36 Euro.[14] Hierbei wird jedoch

nicht berücksichtigt, dass Frauen viel häufiger in schlechter bezahlten Berufen arbeiten. Der *bereinigte* Gender-Pay-Gap bildet den Verdienst von Frauen bei vergleichbarer Tätigkeit, Erwerbsbiografie oder Qualifikation ab. So betrachtet verdienen Frauen immer noch 7 % weniger als Männer in derselben Branche.

Gender-Wealth-Gap / Lifetime-Earning-Gap
Durch Einkommensunterschiede, geringes Selbstvertrauen in Finanzdingen und berufliche Unterbrechungen zugunsten der Familienplanung haben Frauen weniger Möglichkeiten, Vermögen aufzubauen oder sich finanziell abzusichern.

Gender-Pension-Gap
2022 bekamen Frauen in Deutschland im Durchschnitt 903 Euro Rente, Männer dagegen mit 1346 Euro deutlich mehr.[15] 2023 ist jede fünfte Frau altersarmutsgefährdet.[16]

Gender-Data-Gap
Frauen werden bei Datenerhebungen und Statistiken im gesellschaftlichen, wirtschaftlichen oder medizinischen Bereich weniger berücksichtigt. Daher besteht eine klare Diskrepanz zu ihren Ungunsten.

Durch die Schlechterstellung in fast allen Lebensbereichen sind Frauen in besonderem Maße armutsgefährdet oder -betroffen. Es ist wichtig, das System hinter den Gender-Gaps zu verstehen und strukturell anzugehen, um die Gleichstellung grundsätzlich und nicht nur auf individueller Ebene zu verbessern.

Viele vermeintlich kleine Gender-Gaps ergeben eine komplette Struktur an Unterdrückung und Diskriminierung von Frauen in fast jedem Lebensbereich.

#financialawareness

Gender, Klasse, Herkunft – sie könnten eine Superkraft sein, sind in unserer Gesellschaft aber häufig ein Diskriminierungsgrund. Anders als der Name vermuten lässt, findet man die Gründe für Gender-Gaps nicht allein in der Geschichte des Patriarchats oder geschlechtsspezifischer Diskriminierungen. Ökonomische Ungleichstellung ist auch Rassismus, Kolonialismus, Homophobie, Ableismus oder Islamophobie geschuldet. Der Migration Gender-Pay-Gap zugewanderter Frauen liegt z. B. im Vergleich bei 27 %, und geflüchtete Frauen in Deutschland verbringen doppelt so viel Zeit mit Kinderbetreuung und Haushalt wie Männer.[17] Fast alle sozialen und ökonomischen Verhältnisse lassen sich auf kapitalistische Strukturen zurückführen, durch die Menschen individuell, kulturell und institutionell in Klassen eingeteilt werden. Daher ist ein intersektionaler Blick wichtig. Intersektionalität bedeutet, dass Personen in Bezug auf ihre verschiedenen individuellen Lebensbereiche, Merkmale und Hintergründe gesehen werden, wie z. B. Geschlecht, Hautfarbe, Behinderung oder ökonomischer Hintergrund. So kann eine Person z. B. von Rassismus und gleichzeitig von Sexismus betroffen sein.

Da dies alles schon lange bekannt ist, meint man, dass sich langsam mal was ändern müsste. Doch wir haben uns an unsere Lebensumstände gewöhnt, Protest und Revolution sind anstrengend, und der aktuelle Zustand ist für Politik und

Wirtschaft, die eigentlich die Game Changer sein könnten, einfach zu praktisch. Toxische Traditionen scheinen nicht totzukriegen zu sein und erleben derzeit durch die Popularisierung rechter Ressentiments sogar ein Re-Boost. Laut einer Studie der Heinrich-Böll-Stiftung weist ein Viertel aller Deutschen (jeder dritte Mann und jede fünfte Frau) ein geschlossen antifeministisches oder sexistisches Weltbild auf.[18] In Deutschland ist die Zahl frauenfeindlicher Straftaten um 56 % gestiegen, alle drei Minuten erlebt eine Frau oder ein Mädchen häusliche Gewalt, täglich werden mehr als 140 Frauen und Mädchen Opfer einer Sexualstraftat und fast jeden Tag gibt es einen Femizid.[19]

Finanzielle Abhängigkeiten

Die in den vorangegangenen Kapiteln beschriebenen Entwicklungen führen zu vielfacher Benachteiligung von Frauen. Hinzu kommen oft noch eine geringere Vorbildung in Finanzdingen und mangelnder Zugang zu Informationen, was zu schlechteren finanziellen Absicherungsbedingungen führt. Frauen fühlen sich deshalb oft weniger kompetent, finanzielle Entscheidungen zu treffen, haben geringere finanzielle Ressourcen und können sich schwerer aus Abhängigkeiten befreien. Das hat Auswirkungen auf unsere Partnerschaftsfinanzen, denn wir wirtschaften nicht autonom oder im unterstützenden Gruppen- oder Familienzusammenhang, sondern in Abhängigkeit voneinander.

Finanzielle Benachteiligung in der Partnerschaft

Finanzielle Abhängigkeit in der Partnerschaft hat mehr Aspekte, als man oft denkt. Im Prinzip bist du schon von Abhängigkeit betroffen, wenn du im Trennungs- oder Krankheitsfall deinen Lebensstandard nicht aufrechterhalten kannst. Der Hauptgrund dafür ist meist, dass die Familie nur über ein einziges Einkommen verfügt, das typischerweise vom Ehemann oder Partner stammt. Wenn das bei dir der Fall ist, bist du kein Sonderling: Eine Studie zeigt, dass in mehr als der Hälfte der Partnerschaften oder Familien der Mann die Haupteinkommensperson ist und nur bei 10 % die Frau. Aber immerhin wirtschaften bereits mehr als 30 % gleichberechtigt.[20]

> ***«Wenn Frauen Lebenspartner finden und eine Familie gründen, müssen sie sich de facto zwischen einer Ehe von Gleichgesinnten und einer Ehe mit mehr Geld entscheiden.»***[21]

Die finanzielle Abhängigkeit wird dabei bereits durch ein gemeinsames Konto begünstigt, das manchmal sogar nur auf den Namen des Mannes läuft. Über das Geld auf diesem Konto hat meist nur der Kontoführende Auskunft- und Verfügungsrechte. Ein gemeinsames Konto bedeutet also nicht, dass auch ein gleichberechtigter Zugang besteht.

Als mein Vater gestorben war, hatte meine Mutter z. B. keinen Zugriff auf das Geld vom gemeinsamen Konto, weil es auf seinen Namen lief. Ich war dabei, als sie ihrem langjährigen Bankberater erklärte, dass sie seit mehreren Jahrzehnten in diese Bank komme und immer Geld mit der Kontokarte abgehoben und Überweisungen vorgenommen habe. Der Bankmensch entgegnete, dass das nur stillschweigend akzeptiert worden sei, durch den Tod ihres Mannes habe sich die Ausgangslage geändert. Meine Mutter musste sich also – so wie viele andere in ihrer Generation – mit all diesen Sch*** dingen auseinandersetzen; in einer Situation, in der sie wirklich andere Sorgen hatte. So könnte es für viele auch im Trennungs-, Krankheits- oder Streitfall laufen.

Selbst wenn ihr euch einig seid: Je größer der Einkommensanteil einer Person, desto eher kann sie ihre Wünsche und Interessen durchsetzen. Wer mehr verdient, der entscheidet oft auch mehr.[22] Die Person, die weniger verdient, kann bei Konflikten um das Thema Geld unter Druck gesetzt werden oder befindet sich während oder nach der Beziehung in einer Bittstellerposition.

Die gesetzliche Unterhaltspflicht

Oft hat der Mann das höhere Gehalt, während die Frau nichts oder nur wenig verdient. Der Mann übernimmt entsprechend den Großteil der gemeinsamen Kosten, während die Frau neben der unentlohnten Care-Arbeit etwas durch einen Nebenjob, Elterngeld o.Ä. beisteuert, meist für Lebensmittel oder Kinderkleidung. Auch Investitionen und Rücklagenbildung sind in dieser Dynamik oft Sache der Männer. Obwohl das Paar, von außen betrachtet, zusammen wirtschaftet, hat die Frau rechtlich ohne Ehe- oder Partnerschaftsvertrag und diverse Vollmachten keinen gleichberechtigten Zugriff oder Anspruch auf das gemeinsame Geld. Der misogyne Diskurs, der Mann gehe ja arbeiten, während die Frau «nur» zu Hause sei, was seine finanzielle Besserstellung rechtfertige, wird nur langsam umgedeutet. Interessanterweise gibt es sogar eine gesetzliche Regelung dafür, die die care-arbeitende Person schützen und dafür sorgen soll, dass beide einander unterstützen müssen – zwar lediglich im Rahmen eines Ehebündnisses, aber hey, immerhin. Der genaue Wortlaut der entsprechenden Gesetzesgrundlage des § 1360 BGB lautet: «**Unterhaltspflicht:** Die Ehegatten sind einander verpflichtet, durch ihre Arbeit und mit ihrem Vermögen die Familie angemessen zu unterhalten. Ist einem Ehegatten die Haushaltsführung überlassen, so erfüllt er seine Verpflichtung, durch Arbeit zum Unterhalt der Familie beizutragen, in der Regel durch die Führung des Haushalts.»[23] Es wird erwartet, dass beide ihren Beitrag leisten, sei es durch Erwerbsarbeit, Haushaltsführung oder Care-Arbeit, und diese Beiträge stehen gleichberechtigt als Versorgung der Familie nebeneinander. In diesem Zusammenhang finde ich es schade, dass Care-Arbeit eigentlich immer im Kleinfamilienzusammenhang gedacht wird, anstatt *jede* Form von Arbeit gesellschaftlich, kollektiv und solidarisch zu betrachten und ganzheitlich zu verändern.

Frauen können mit Verweis auf diese Regelung ihre finanzielle Unabhängigkeit zwar theoretisch einfordern oder wenigstens gegenüber Bankberater Bernd als Argumentationshilfe nutzen, in der Realität kostet es aber oft große Überwindung, diese Ansprüche tatsächlich geltend zu machen. Es mangelt an gesellschaftlicher Akzeptanz sowie Unterstützung oder Änderungswillen von Nicht-Betroffenen, meistens Männern. Mit dem Ergebnis, dass Frauen nicht nur, aber auch aus finanziellen Gründen in Beziehungen bleiben, in denen sie Gewalt erleben oder unglücklich sind.

Finanzielle Abhängigkeit hat also neben den wirtschaftlichen Folgen im Hier und Jetzt und für die Altersvorsorge auch soziale und emotionale Folgen. Beziehungen, Entwicklungsmöglichkeiten und das eigene Selbstwertgefühl können darunter leiden.

Trennung als finanzielles Desaster

Männer verdienen auch heute in den meisten Partnerschaften/Ehen immer noch im Durchschnitt deutlich mehr als Frauen. Oft gilt die stillschweigende Übereinkunft: «Ich gehe lohnarbeiten; du kümmerst dich um die Kinder.» Die care-arbeitende Person baut aber keine oder zu wenig Rentenansprüche oder eigenes Vermögen auf, erhält keine Entlohnung und verpasst wichtige Aufstiegs- und Bildungschancen. Wenn eine Frau nach einer Scheidung/Trennung nicht über ein existenzsicherndes Gehalt verfügt, kann dies zu finanziellen Schwierigkeiten führen und weiteren Abhängigkeiten (ggf. vom Staat) führen.

> ***Verliebt, verlobt, verheiratet ... getrennt: nur Teilzeitgehalt, keine eigenen Ersparnisse, Mini-Rente, Unterhalt ein Witz, Wohnung zu teuer, Auto ist seins. Ehe- und Partnerschaftsverträge sind nicht unromantisch, sondern ein Liebesbeweis.***

Die Art und Weise, wie Vermögen und Schulden während einer Scheidung aufgeteilt werden, kann erhebliche Auswirkungen auf die finanzielle Situation haben – und bei Unverheirateten gibt es noch nicht mal einen gesetzlichen Rahmen für diese Aufteilung. Das Geld bleibt (oder fehlt) beim Einzelnen. Oft vertraut die Partnerin darauf, dass der Partner sich um die Finanzen und den Vermögensaufbau und damit die gemeinsame Vorsorge kümmert. Das kann ihre finanzielle Situation destabilisieren, oder es geht ihr im schlimmsten Fall nach der Trennung wieder so wie am Anfang der Beziehung.

Eine Scheidung oder Trennung beeinflusst auch langfristig die finanzielle Sicherheit, insbesondere wenn es um die Aufteilung von Rentenkonten und Altersvorsorgeplänen geht. Sie bezieht sich nur auf die Ehejahre. Viele Paare sind aber gar nicht verheiratet, somit findet noch nicht mal dieser Mindest-Versorgungsausgleich statt. Auch den Anspruch auf die Hinterbliebenenrente nach einem Todesfall haben nur Verheiratete, und das auch nur anteilig. Die Personen, die sich auf die Care- oder Pflegearbeit konzentriert haben, müssen im Alter mit existenziellen Finanzsorgen rechnen.

> ***Nach einer Trennung verschlechtert sich meist die finanzielle Situation der Frau, während sich die des Mannes verbessert.***

Wenn Kinder im Spiel sind, kann die alleinige oder hauptsächliche Verantwortung für die Kinderbetreuung die beruflichen Möglichkeiten einer Frau einschränken und sie finanziell belasten. Unterhalt muss nur noch für Kinder unter drei Jahren gezahlt werden. In 85 % der Trennungsfälle bleiben die Kinder bei der/einer Frau. Während man bisher die o.g. Übereinkunft aus Liebesgründen hatte, sich gemeinsam um die Familie zu kümmern, muss plötzlich alles neu/allein gedacht und organisiert werden.

Trennung sollte aber nicht immer nur passiv gedacht werden und als Drohszenario für Frauen, die verlassen werden könnten. Immer mehr Frauen lassen sich Ü50 scheiden, wenn die Kinder aus dem Haus sind und sie nicht weiterhin die Versorgung des Mannes, vielleicht später auch die Pflege, übernehmen wollen.[24]

Finanzielle Benachteiligung am Arbeitsplatz

Wenn du Mutter bist, wirst du mit großer Wahrscheinlichkeit schlechter entlohnt als deine männlichen Kollegen und bekommst für die gleiche Arbeit weniger Anerkennung. Warum? Das liegt u.a. an der sogenannten *motherhood lifetime penalty*. Der Effekt der «Bestrafung durch Mutterschaft», auch «Mutterschaftsnachteil» genannt, spiegelt gut wider, wie die ökonomische Bewertung der vermeintlichen Unproduktivität von Müttern bzw. Care-Verantwortlichen lautet: Du bist weniger leistungsfähig und daran selbst schuld! Wenn du dich für Familiengründung und Elternzeit entscheidest, musst du eben bei Gehalt, Auftragsvergabe, im Arbeitsalltag oder bei deinen Aufstiegschancen Benachteiligung in Kauf nehmen.

Weniger Aufstiegschancen bedeuten dann wiederum weniger Gehalt und weniger Rente. Bei der Arbeit dreht sich also alles um dein Alter, die biologistische Kennzeichnung deiner Reproduktionsfähigkeit und deine familiäre Situation. Bei Männern ist das selten der Fall, und wenn, wird derselbe Umstand eher ins Positive verkehrt (siehe doppelte Standards im Kapitel *Reclaim Your Money*).

Sexistische Ressentiments und Übergriffe sind eine weitere strukturelle Diskriminierung, die dich in deinem Arbeitsumfeld an Verbesserungen deines Gehalts oder Karrierelevels hindern können. Sexismus ist eine Gewaltform, die im Arbeitsumfeld dafür sorgt, dass du nicht gewertschätzt wirst, dich nicht weiterentwickeln kannst oder dich sogar nicht sicher fühlst. Neben dem persönlichen Leid der Betroffenen geht damit eine existenzielle finanzielle Benachteiligung einher, die akut (z.B. Angst vor Jobverlust und Mobbing) und langfristig wirkt (z.B. Renteneinbußen). Hierbei geht es auch um intrinsischen Sexismus, wie die von den Kolleg:innen tolerierte Grenzüberschreitung, Verhalten, das Veränderungen verweigert, oder wenn dir deine Leitung z. B. keine Fortbildungen ermöglicht oder Schutzkonzepte gegen Übergriffe entwickelt.

Finanzielle Benachteiligung durch den Staat

Im Deutschen Bundestag sitzen aktuell immerhin 32 % Frauen, während es in den 1980er-Jahren noch unter 10 % waren. Auf der kommunalen Ebene sind es unter 30 %.[25] Repräsentativ ist das also nicht, zumal, wenn man sich andere Bereiche anschaut, die jenseits von Geschlecht wichtig sind. So sitzen im Bundestag überwiegend Akademiker:innen, das Durchschnittsalter liegt bei 47 Jahren: «Aufgeschlüsselt nach Berufsbereichen zeigt sich, dass 532 von 735 Abgeordneten dem Bereich ‹Unternehmensorganisation, Recht, Verwaltung› zuzuordnen sind [...] Neun Abgeordnete gelten als ‹Schüler/-innen, Auszubildende, Studierende›, vier als ‹Rentner/-innen und Pensionäre/-innen›.»[26] Eine überwiegend privilegierte und homogene Delegation fungiert also als Volksvertretung und trifft dementsprechend vorgeprägt Entscheidungen bei Gleichstellungsfragen.

In Deutschland gibt es einerseits eine konservative Familienideologie, die teils noch aus dem 19. Jahrhundert stammt, und gleichzeitig das wirtschaftliche Erfordernis, möglichst viele Arbeitskräfte in den Arbeitsmarkt zu integrieren. Wenn an den richtigen Stellen die falschen Politiker sitzen, die selbst nie Care-Arbeit oder Pflege leisten mussten, geschweige denn (Alters-)Armutsangst kennen, wird von staatlicher Seite nicht viel gegen die finanzielle Schlechterstellung von Frauen getan werden. Bundeskanzler Friedrich Merz erklärte z. B., er gehöre zur gehobenen Mittelschicht.[27] Merz ist wohlgemerkt mehrfacher

Millionär und besitzt zwei Privatjets. In seiner Position hat er Zugriff auf börsenrelevante Informationen, während er nicht offenlegen muss, ob er aufgrund seiner beruflichen Tätigkeiten bei Blackrock, Axa, Commerzbank, BASF und weiteren Aktienunternehmen auch in diese investiert.[28] Durch sein Vermögen und eine üppige Abgeordnetenrente dürfte ihm die Angst vor Altersarmut fremd sein.

CDU-Generalsekretär Carsten Linnemann forderte mehr und längere Arbeitsleistung von Rentner:innen, obwohl aktuell bereits 1,1 Millionen Menschen im Ruhestand arbeiten (müssen).[29] Und sind nicht vielmehr die über 800 000 Rentiers, die von arbeitsfreiem Einkommen wie Dividenden leben, die eigentlich Faulen?

Der ehemalige Finanzminister Christian Lindner, der mit seiner Finanzpolitik konservative Familien- und Gleichberechtigungspolitik betrieben hat, sagte, er werde in seiner Elternzeit erst mal imkern, jagen und ein Buch schreiben.[30] Das sagt viel darüber aus, wie realitätsfern viele Politiker:innen leben und Entscheidungen treffen, deren Konsequenzen sie nicht überblicken oder die ausschließlich in Hinblick auf die wirtschaftliche Profitabilität getroffen werden. Es mangelt an Klassenbewusstsein und Berührungspunkten mit der Lebensrealität der Durchschnittsbevölkerung, von Kontakt zu ärmeren Bevölkerungsschichten ganz zu schweigen.

Ehe – Die staatlich geförderte Norm

Ich habe mit meinem Partner 15 Jahre glücklich in wilder Ehe gelebt, bevor wir klein beigegeben und geheiratet haben. Ja, genau so hat es sich angefühlt: wie eine Niederlage. Wir haben uns immer gesagt, das brauchen wir nicht, diesen staatlichen

Vertrag, der auf überholten heteronormativen Lebensmodellen beruht. Im Laufe der Zeit hatten wir einen ganzen Stapel von Dokumenten und Vollmachten unterschrieben, um so weit wie möglich die gleichen Rechte wie Ehepaare zu haben. Nach dem dritten Kind wurde uns aber bewusst, auf welche Sicherheiten und finanziellen Vorteile wir so verzichten, denn es ist schlichtweg nicht möglich, ohne Trauung die gleichen Rechte wie verheiratete Paare zu haben.

Die historische Betrachtung im ersten Teil des Buches und das Beispiel der Unterhaltspflicht machen noch einmal deutlich, dass die Ehe in Deutschland das primär geförderte Familienkonzept ist. Alle, die nicht heiraten können oder wollen, sind rechtlich, steuerlich und sozial benachteiligt. Das betrifft auch Single Mothers by Choice und Co-Parenting-Konstellationen. Nicht heiraten dürfen in Deutschland z.B. polyamore Beziehungspartner:innen und Menschen mit unklarer Identität oder ohne Papiere. Wer bereits verheiratet ist, sich aber nicht scheiden lassen kann, weil der Ex-Partner nicht kooperiert, kann die erste Ehe nicht durch eine neue Ehe aufheben. Unverheiratete erhalten außerdem keine Hinterbliebenenrente und haben im Falle einer Trennung keinen Anspruch auf das Familienvermögen, wenn dieses auf den Namen des Mannes eingetragen ist.

In der Ehe selbst fördert der Staat per Gesetz die finanzielle Abhängigkeit von Frauen in der Ehe:

- **Ehegattensplitting:** Steuerprivilegien wie das Ehegattensplitting begünstigen die ungleiche Verteilung von Care-Arbeit, indem sie große Lohnunterschiede zwischen Ehepartner:innen belohnen. Für den Besserverdienenden, in der Regel der Mann, fehlt der Anreiz, neben der Lohn- noch Care-Arbeit zu übernehmen, während die (häufig schlechter bezahlte) Frau in die Pflicht genommen wird. Frauen arbeiten durch den Fehlanreiz des Ehegattensplittings (noch) häufiger in Teilzeit.

- **Gemeinsame Veranlagung:** Einkommensunterschiede werden in Partnerschaften, besonders in Ehen, weder bei der Besteuerung noch beim Bezug von Sozialleistungen individuell berücksichtigt. Die «gemeinsame Veranlagung» im Steuersystem klingt nach einem finanziellen Vorteil und mag das auch in bestimmten Fällen sein. Im Grunde werden aber alle Einkommen in einen Topf geworfen. Es gilt die oft irrige Annahme, dass alle Personen in einem Haushalt ihr Einkommen gleich(berechtigt) aufteilen. So kann eine Frau armutsgefährdet oder -betroffen sein, auch wenn das Einkommen des gesamten Haushaltes über der Armutsgrenze liegt. Die klassischen Armutsstatistiken zeichnen weibliche Armutsrisiken oder -situationen somit nicht korrekt ab.
- **Zugewinngemeinschaft:** Die sogenannte *Zugewinngemeinschaft* gilt für alle Verheirateten, wenn sie nicht per Ehevertrag etwas anderes vereinbart haben. Beim Zugewinnausgleich wird im Scheidungsfall das Vermögen des Ehepartners, der mehr verdient hat, zu Beginn der Ehe mit dem Vermögen am Ende der Ehe verglichen und die Differenz ausgeglichen. Beim Zugewinnausgleich im Todesfall steht der hinterbliebenen Person ein Viertel des gesamten Nachlasses zu. In der Regel sind aber Erbschaften ausgenommen. Dann kann es sogar passieren, dass du keinen Anspruch auf das Haus hat, in dem du jahrelang gemeinsam mit deinem Partner gewohnt hast, falls dieser es geerbt hat – während du trotzdem deine Ersparnisse mit ihm teilen musst. Bei der Trennung eines unverheirateten Paa-

res gibt es keine gesetzliche Regelung über die Aufteilung des Hausrats oder über die Zuweisung der Wohnung.

- **Erben und Schenken:** Verheiratete haben ein Erbrecht, während ein:e unverheiratete:r Partner:in ohne Testament im Todesfall nicht in der Erbfolge auftaucht. Für Verheiratete gibt es zudem großzügige steuerliche Freibeträge (aktuell: 500 000 Euro) und niedrigere Erbschaftssteuersätze. Außerdem können sie sich alle zehn Jahre bis zu 500 000 Euro steuerfrei schenken, während Unverheiratete sich als «nichteheliche Lebensgefährten» nur 20 000 Euro übertragen dürfen.[31] Sogar Urenkel:innen oder Stiefkinder können beim Erben und Schenken bis zu 100 000 Euro steuerfrei erhalten und damit fünfmal so viel wie Beziehungspartner:innen, die mit der/dem Verstorbenen vielleicht jahrzehntelang zusammengelebt und gemeinsame Kinder haben.
- **Sozialversicherung:** Stirbt ein Ehepartner, gibt es für den/die überlebende/n Partner:in einen Anspruch auf Hinterbliebenenrente. Schon der umgangssprachliche Begriff *Witwen*rente zeigt, wen sie historisch gesehen absichern sollte: (Ehe-)Frauen.
- **Krankenversicherung:** In der gesetzlichen Krankenversicherung können Ehepartner:innen ohne eigenes Einkommen kostenlos mitversichert werden. Bei Unverheirateten ist dies nicht der Fall.
- **Familienrecht:** Verheiratete haben im Falle einer Trennung Anspruch auf *Ehegatten*unterhalt. Für unverheiratete Paare gilt dieser Rechtsanspruch nicht.
  Verheiratete Männer müssen eine Vaterschaft nicht anerkennen, da das deutsche Familienrecht eine gesetzliche Vaterschaftsvermutung vorsieht. Diese Regelung basiert

auf dem jahrhundertealten Prinzip der ehelichen Abstammung. Bei unverheirateten Paaren erhält die Mutter automatisch das alleinige Sorgerecht für das Kind, es sei denn, beide Elternteile erklären das gemeinsame Sorgerecht. Außerdem muss ein unverheirateter Vater die Vaterschaft offiziell anerkennen, was jeweils nur mit der Zustimmung der Mutter möglich ist.

Ohne Eheschließung müssen Paare, die ein Kind adoptieren wollen, mindestens vier Jahre in einer eheähnlichen Gemeinschaft leben oder ein gemeinsames Kind im selben Haushalt haben.

- **Aufenthaltsrecht:** Verheiratete Lebenspartner von deutschen Staatsbürger:innen oder EU-Bürger:innen haben leichteren Zugang zu Visa und Aufenthaltsgenehmigungen. Unverheiratete Paare müssen zusätzlich die Dauer und Ernsthaftigkeit ihrer Beziehung nachweisen.

Die Entscheidung für eine Ehe oder eine Lebenspartnerschaft sollte eigentlich nicht aus wirtschaftlichen Gründen oder zur Vermeidung finanzieller Abhängigkeiten getroffen werden. Familie könnte vielmehr jenseits der heterosexuellen Kleinfamilie als ein Ort verstanden werden, wo Menschen Verantwortung füreinander übernehmen.

Finanzielle Gewalt

Finanzielle Abhängigkeit kann schnell von der Armuts*gefährdung* in die Armuts*betroffenheit* führen. Wie du inzwischen weißt, sind in der Realität mehr Frauen davon betroffen, als die Statistik ausweist oder als es ihnen selbst bewusst ist. Sie hangeln sich von

Monatsende zu Monatsende und akzeptieren eine finanziell prekäre Lage, die jederzeit zu kippen droht. In dem Glauben, dass es normal sei zu knapsen, verzichten sie im Zweifelsfall auf Sozialleistungen. Diese Lebenssituation bedeutet für Frauen oft einen Mangel an Sicherheit und Entscheidungsmöglichkeiten.

Du denkst bei häuslicher Gewalt vielleicht zuerst an prügelnde Ehemänner, aber Frauen in armutsgefährdeten oder -betroffenen Familien sind auch von finanzieller Gewalt betroffen. Der Machtmissbrauch auf der finanziellen Ebene geht zwar oft, aber eben nicht ausschließlich mit körperlicher Gewalt einher. Betroffen sind häufig pflegebedürftige ältere Frauen oder Minderjährige. Täter können nicht nur Partner, sondern auch Eltern, Betreuer, Pflegepersonen oder Verwandte sein.

> ***«Die wirkmächtigste und zugleich unsichtbarste Form der Gewalt gegen Frauen ist die wirtschaftliche Gewalt. Sie durchdringt unsere Gesellschaft und unser Wirtschaftssystem. Im Grunde fußt beides auf der wirtschaftlichen Unterwerfung der Frau.»***[32]

Eine Frau finanziell abhängig zu machen und ihr dadurch Entscheidungsmöglichkeiten zu verwehren, gehört oft zur Vorgehensweise kontrollierender, gewalttätiger Partner, denn ohne Geld kann sich eine Frau nur sehr schwer aus der Beziehung lösen. Wie gehen die Männer in solchen Fällen vor?

- **Kontrolle über Einnahmen und Ausgaben:** Der Mann führt und überwacht die finanziellen Transaktionen.
- **Kontrolle über Eigentum und Vermögenswerte:** Der Mann führt und überwacht den Besitz und die Ersparnisse.
- **Zugang zu finanziellen Ressourcen wird verweigert:** Die

Frau hat keinen Zugang zu gemeinsamen Bankkonten oder anderen finanziellen Ressourcen.

- **Teilnahme an finanziellen Entscheidungen wird verwehrt:** Der Mann lässt die Frau nicht mitentscheiden, was Ausgaben oder Investitionen angeht. Er verweigert Informationen oder täuscht über die finanzielle Situation der Familie.
- **Erzwingen von wirtschaftlicher Abhängigkeit:** Die Frau darf keine Arbeit aufnehmen oder sich beruflich aus- bzw. weiterbilden. Unabhängigkeitsbestrebungen ihrerseits werden vom Mann verhindert.
- **Missbrauch von Krediten oder Schulden:** Im Namen der Frau werden ohne deren Zustimmung Käufe getätigt, Kredite aufgenommen oder Verträge abgeschlossen. Das ist zwar ohne ihre Genehmigung illegal, wird aber unter Umständen von Finanzdienstleister:innen oder der Betroffenen nicht überprüft.
- **Verweigerung von finanzieller Unterstützung:** Der Mann verweigert Unterhaltszahlungen oder eine Beteiligung an den Lebenshaltungskosten.

Warum ist es wichtig, sich über finanzielle Abhängigkeiten oder sogar Gewalt Gedanken zu machen? Um ein Bewusstsein dafür zu entwickeln und aufmerksam zu sein. Du bist schneller davon betroffen, als du denkst. Es geht dabei nicht nur ums Geld, sondern um die Möglichkeit, dein Leben nach deinen eigenen Regeln und Vorstellungen zu führen. Wenn du selbst Hilfe brauchst oder Unterstützung für eine Freundin suchst, gibt es verschiedene Hilfsangebote wie Nottelefone, Opfer- oder Schuldnerberatungen.[33]

Die wirtschaftlichen Ungleichgewichte zwischen den Geschlechtern beeinflussen also nicht nur die Lebensqualität von Frauen, sondern wirken sich negativ auf die Gesellschaft als Ganzes aus. Soziale Ungleichheit wird vergrößert, die Teilhabe am öffentlichen und kulturellen Leben eingeschränkt und die Selbstbestimmung von Frauen oder Armutsbetroffenen im Allgemeinen behindert. Eine radikale Umgestaltung des ökonomischen Systems, das auf patriarchalem Traditionalismus und kapitalistischer Verwertung beruht, wäre dringend nötig. Bis es aber so weit ist, müssen wir mit dem umgehen, was wir zur Verfügung haben, um uns zu schützen, abzusichern oder einfach ein schönes Leben zu haben. Jedoch ist das alles mehr oder weniger von unseren individuellen finanziellen Ressourcen abhängig, und wir müssen uns damit in einer Welt von Banken, Behörden und anderen Gatekeepern der Finanzwelt auseinandersetzen. Ich will dir eine kritische Perspektive mitgeben, mit der du deinen Weg durch den Finanzdschungel besser findest.

Gender & Geld

In einer Finanzwelt, die elitär und männlich codiert ist, ist für alle, die davon abweichen, kein Platz bzw. sind sie erst gar keine Zielgruppen. Mit finanzstarken Personen lässt sich schließlich mehr Geld verdienen. Dieses Kapitel beleuchtet, wie gesellschaftliche Narrative über Frauen und Geld und (berechtigte) Vorurteile über die Finanzwelt und ihre Akteur:innen entstehen und warum wir dringend eine feministische und kapitalismuskritische Auseinandersetzung mit dem Thema Finanzen brauchen.

Beratungs-Bullshit

Aufgrund historischer Ausschlüsse von Frauen aus finanziellen Entscheidungsprozessen und Bildung fühlen sich viele Frauen inkompetent, wenn es um Finanzen geht, selbst wenn sie es tatsächlich gar nicht sind.[34] Daher suchen wir häufig einen männlichen Beistand in Finanzfragen, sei es Papa, Partner, BWL-Justus oder Bankberater Bernd oder schließen Finanzverträge auf gutgläubiger, aber falscher Vertrauensbasis ab. Das wäre weniger problematisch, wenn die Finanzszene unabhängige Beratung und die Vermittlung von Verträgen anbieten würde, die zu deiner individuellen Lebenssituation passen. Stattdessen ist sie aber ein großer Umschlagplatz für profitorientierte Produktverkäufe, die den Fokus auf den eigenen Umsatz statt auf deine finanzielle Absicherung legen.

Eine Finanzberatung sollte transparent und rechtlich korrekt sein. Rate mal, wie das in der Realität ist! Vielleicht hattest du selbst schon mal ein Beratungs- oder Verkaufsgespräch bei einer Bank und kannst rückblickend prüfen, ob die folgende Vorgehensweise eingehalten wurde. Damit ein Beratungsgespräch rechtlich auf der sicheren Seite ist, gibt es ein paar Punkte, an die sich Banken und Finanzdienstleister:innen halten müss(t)en:

- Die Empfehlung, die einer Rat suchenden Person gegeben wird, muss zu ihren Anlagezielen und -wünschen passen. Wenn du für den Führerschein deines 13-jährigen Teenagers Geld zurücklegen willst, brauchst du keine langfristige Rentenversicherung, sondern ein schlichtes Festgeldkonto. Hier wird dir unter Umständen etwas aufgeschwatzt.
- Du musst sowohl zu deiner individuellen Risikotoleranz als auch der finanziellen Risikotragfähigkeit beraten werden. Anders gesagt: Es muss für dich sowohl gefühlt als auch tatsächlich machbar sein, mit den Risiken, z.B. potenzielle finanzielle Verluste, zu leben.
- Ein:e Finanzberater:in sollte sicherstellen, dass deine Kenntnisse und Erfahrungen ausreichen, um die Funktion und das Risiko des empfohlenen Finanzproduktes nachvollziehen zu können.
- Es sollte auch eine Kosten- und Komplexitätsprüfung stattfinden, um zu schauen, wie das empfohlene Produkt im Vergleich zu anderen dasteht. Ist es vielleicht unnötig teuer oder viel zu kompliziert?
- Am Ende solltest du ein Beratungsprotokoll bekommen, in dem alles Besprochene drinsteht.
- Am wichtigsten ist aber der Punkt, der oft «vergessen» wird: Du solltest eine transparente Darlegung der Vergütungen oder Provisionen erhalten, die die beratende

Person bekommt. Damit entscheidet sich, ob es sich wirklich um ein unabhängiges Beratungsgespräch oder nur ein Verkaufsgespräch handelt.

Frag dich immer: Ist es ein Beratungs- oder ein Verkaufsgespräch? Wenn es als kostenlos angepriesen wird, zahlst du über das Produkt.

Bei einer *Honorar*beratung zahlst du für eine unabhängige Beratung, bei der für dich eine Bandbreite an Angeboten verglichen werden sollte (auch hier gibt es aber ggf. Produktvermittlungen). *Provisionsbasierte* Finanzberatung ist dagegen selten unabhängig, weil die beratende Person von Produktprovisionen lebt, die sie für vermittelte Produkte einer Bank oder Versicherung bekommt. Diese Provisionen werden indirekt aus dem Investitionsbetrag der Kund:innen finanziert, was zu hohen Produktkosten führen kann. Infos zu den Kosten solltest du im Basisinformationsblatt des jeweiligen Finanzproduktes finden, mindestens aber von dem oder der Berater:in selbst erfahren.

Bei einer Bank kannst du in der Regel davon ausgehen, dass dort eine Vermittlung der hauseigenen Produkte stattfindet und du nicht zu vergleichbaren externen Produkten aufgeklärt wirst. Deine individuelle Situation und deine Anlagewünsche können dementsprechend schlecht berücksichtigt werden. Sparkassen-Stefan wird wohl kaum darauf hinweisen, dass der Sparvertrag von Volksbank-Volker vielleicht doch besser für dich wäre. Für Versicherungsmakler:innen gilt das Gleiche. Sie treten oft seriös und unabhängig auf, stellen dir aber oft nur diejenigen Versicherungen vor, an denen sie mitverdienen.

Bei meiner praktischen Prüfung als Finanzanlagenfachkraft sollte ich eine Beispielperson zu Geldanlagen beraten. Ich erklärte neben der von mir erwarteten Anlagenvermittlung, dass der Testkunde zusätzlich in einen Welt-ETF investieren solle. Für einen ETF braucht man weder Vermittlung noch Vertrag, und man kann ihn selbstbestimmt und flexibel besparen (mehr dazu im zweiten Teil des Buches im Kapitel *Do It Yourself*). Ich bestand die Prüfung, aber einer der Prüfer kam im Anschluss mit weit aufgerissenen Augen auf mich zu und raunte verständnislos: «Sie wissen aber schon, dass wir mit ETFs kein Geld verdienen, oder?!?»

Eine ganze Branche finanziert sich ganz legal über die Vermittlung von Produkten. Die gesetzliche Regulierung berücksichtigt bisher nicht ausreichend die Interessen von Verbraucher:innen. Und die können wiederum selbst schwer überprüfen, ob sie über den Tisch gezogen werden.

Du solltest im Zweifelsfall Geld für gute Beratung in die Hand nehmen und dir damit unabhängige Beratung garantieren. Die findest du bei verschiedenen Anlaufstellen:

- Honorarberater:innen
- Finanzcoaches
- Vereine und Anlaufstellen wie die Verbraucherzentrale
- Onlineplattformen (siehe Kapitel *Websites & Tools*)
- Steuerberater:innen oder Anwält:innen

Falsche Versprechen der Finanzbranche

Viele Vorurteile und Wahrnehmungen der Finanzbranche, wie z.B., dass Investieren unethisch und ihre Akteure geldgierig sind, haben wir dem Auftreten und den Aussagen überreicher Investoren und Finanzberater zu verdanken. Sie beschwören den nächsten Crash, feiern sich für ihre geschäftlichen Errungenschaften und blenden Menschen mit finanziellen Unsicherheiten oder Existenzängsten durch realitätsferne Erfolgsversprechen. So dominieren Gurus, Finanz-Bros und Krawattenidioten die Finanzwelt auf der Grundlage ihrer durch Reichtum erworbenen gesellschaftlichen oder medialen Reichweite. Oder sie genießen unser Vertrauen einfach, weil sie Poloshirt oder Anzug tragen – ein Dresscode, der schon unseren Eltern und Großeltern als seriös verkauft worden ist.

Der berühmte Großinvestor Warren Buffet ist ein Beispiel für einen allein aufgrund seines Vermögens hoch angesehenen, ja vergötterten Menschen. Dabei wäre er ohne seine reiche Familie (sein Vater war Kongressabgeordneter und Besitzer einer Investmentfirma) und das entsprechende Startkapital wohl kaum ein so erfolgreicher Börsenmogul geworden. Vielleicht schaffen es du oder ich, unser Geld genauso erfolgreich an der Börse zu vermehren, allerdings interessiert das niemanden, solange wir uns dabei in der Sphäre um die 10 000 € bewegen. Bis heute ist es also in der Finanzwelt etabliert, (oft traditionelle Werte vertretenden) reichen Menschen mehr Aufmerksamkeit zu schenken und ihren (zum Teil recht profanen) Aussagen mehr Gewicht zu geben: «Man kann kein Kind in einem Monat bekommen, indem man neun Frauen schwängert.»

Was will Warren Buffet uns (also der Hälfte von uns, nämlich den Männern) damit sagen? Börsenerfolg ist kein Sprint, sondern ein Marathon. Und Frauen sind in diesem sexistischen Beispiel einfach passive Objekte. *Unfunny fact* am Rande: Für seine Frau Astrid Menks hat Buffet testamentarisch verfügt, was sie mit ihrem Erbanteil nach seinem Tod machen soll und was nicht: Sie soll in ETF investieren (genauer gesagt den S&P 500, siehe Kapitel *Was sind ETFs?*).[35] Er traut ihr also nicht zu, mit dem Geld, das er auch durch ihre Unterstützung und Hintergrundarbeit im Bereich Haus und Familie erwirtschaften konnte, zu tun und zu lassen, was sie möchte.

Kommen wir zum nächsten reichen Mann, der uns die Welt erklärt, dem deutsch-britischen Bankier Nathan Mayer Rothschild, von dem das folgende Zitat überliefert ist: «Das Geheimnis der Spekulation: Kaufe, wenn das Blut durch die Straßen fließt.» Immer wenn Kriege und Konflikte die Welt beuteln und es daraufhin an den Börsen kracht, liest man auch heute noch (Rothschild lebte von 1777–1836) diesen «Motivationsspruch». Der Tipp, dass man ohne Rücksicht auf Verluste stets an die persönliche Bereicherung denken sollte, klingt in meinen Ohren elitär und menschenverachtend. Diese und ähnliche Äußerungen haben dazu beigetragen, dass viele Menschen noch heute Vorurteile gegenüber Börse und gierigen Aktionären haben.

Man könnte sagen, dass die Leute/Männer Kinder ihrer Zeit sind und man aufgrund anderer Lebensrealitäten anders gedacht, gesprochen und gehandelt hat. Warum aber müssen wir sie immer noch ungefiltert reproduzieren? Geniale, weil denkbar einfache Erkenntnisse kann jede:r durch gesunden Menschenverstand selbst erlangen und formulieren. Neulich habe ich von einer Bäckereifachverkäuferin den Satz gehört: «Geld machen mit 'nem ETF-Depot?! Scheiße, ist das genial!», und ich muss sagen, dass mich diese Börsenweisheit sehr abgeholt hat. Jenseits dieses Buches wird sie aber wohl nie zitiert werden.

Angeblich geniale Zitate von Finanzgurus sind oft nur Binsenweisheiten von altmodischen reichen Männern. Schau dir die Thematik selbst an, und du wirst deine eigenen genialen Schlüsse ziehen können.

Mittlerweile ist eine besondere Spezies stärker im Bereich Wirtschaft und Finanzen vertreten: Männer, die sich für ihren monetären Erfolg unreflektiert abfeiern. Wer sich im Hintergrund unsichtbar und monetär unter- oder gar nicht bezahlt um Kinder und Haushalt kümmert, bleibt unbeleuchtet. Bestimmt fallen dir ein paar Exemplare ein, spätestens, wenn du mal wieder Talkshows oder Sendungen wie *Die Höhle der Löwen* einschaltest und Frank Thelen oder Carsten Maschmeyer siehst. Beide bekommen aufgrund ihres finanziellen Status selbst zu politischen Themen mediale Redezeit und erhalten dementsprechend ausreichend Reichweite, um ihre Produkte, Investmentfonds oder Bücher zu verkaufen. Dabei wird kaum kritisch hinterfragt, dass Maschmeyers Finanzdienstleistung AWD viele ahnungslose Anleger:innen in finanzielle Not getrieben hat, während er ein Vermögen aus den Geschäften ziehen konnte.[36] Oder dass Frank Thelen mal in einem Podcast über Zwangssterilisierungen in Afrika als Gegenmaßnahme zur Überbevölkerung philosophiert hat.[37]

Trotzdem haben es Finanzsplainer heute glücklicherweise nicht mehr ganz so leicht wie früher, mit Plattitüden in die Geschichte einzugehen oder diskriminierenden Bullshit in der Öffentlichkeit zu sagen. Allerdings gibt es dafür eine neue Bewegung an Menschen, die im Internet fragwürdige Produkte oder Finanzberatungen verkaufen.

Fluch und Segen der Finanzfluencer:innen

Social-Media-Finanzcoaches, auch Finfluencer:innen genannt, haben sich durch regelmäßige Skandale rund um betrügerische Angebote von «Krypto-Bros» und «Immobilien-Yuppies» hervorgetan. Bei jedem Einzeleklat wird die gesamte Bandbreite der auf Social Media aktiven Finanzberater:innen als unprofessionelle Szene gekennzeichnet. Ich denke (nicht nur, weil ich auch so eine bin), dass das oft eher von den unseriösen Provisionsberatungen in der etablierten Finanzindustrie, also Banken und Finanzdienstleister:innen, ablenken soll. Denn auf YouTube, Instagram oder sogar TikTok findet man heutzutage gute, unabhängige und kostenlose Informationen.

Über ein seriöses Finanz-Onlinecoaching hast du außerdem die Möglichkeit, durch Kurse und Mentorings allein oder in der Gruppe etwas über DIY-Geldanlage oder Investitionen zu lernen. Leider ist es schwer, die Guten ausfindig zu machen, und oft klappt das besser über ein Ausschlussverfahren anhand von Red Flags, wie

- unrealistische Reichtumsversprechen mit Lockformulierungen wie *Millionen, Raus aus dem Hamsterrad, Cashflow,*
- luxuriöse Clickbait-Bilder von Prestigeobjekten,
- keine nachvollziehbare Expertise (Ausbildung o.Ä.), was aber hinter gut klingenden Begriffen wie «langjährige Erfahrung» verborgen wird,
- ein zu teures Angebot: Warum sollte jemand, der sich als Millionär:in preist, noch Onlinekurse verkaufen müssen oder «kostenlose» Tipps raushauen? Meiner Meinung nach ist ein Kurs oder Coaching im vierstelligen Bereich absurd, weil es sich oft um redundantes Wissen handelt, das du dir genauso gut autodidaktisch bei YouTube usw. holen kannst.
- Unaufgeforderte Kontaktaufnahme. Sogenannte Kaltakquise ist nicht erlaubt.
- Du wirst zeitlich oder persönlich unter Druck gesetzt.

Obwohl ich in der Welt der Finfluencer:innen also Bildungs- und Beratungspotenzial sehe, gibt es hier in Bezug auf Zielgruppe, Ansprache und Erfolgsversprechen häufig sehr unangenehme Ausprägungen. Hier ein paar Beispiele von Slogans und Buzzwords, die dich skeptisch machen sollten:

- **Finanzielle Freiheit:** Finanziell frei zu sein, heißt im Prinzip, dass man keiner Erwerbsarbeit mehr nachgeht, sondern von Renditen, Zinsen, Mieteinnahmen usw. in Form eines *passiven* Einkommens lebt. Diese Menschen nennt man *Rentier* (nicht zu verwechseln mit dem Hirsch oder jemandem, der Rente bezieht). Dafür ist jedoch ein riesiges Vermögen nötig, das Normalsterbliche in ihrem Leben nicht erreichen werden.
- **Reichtum durch Sparen:** Genug Statistiken zeigen, dass ein Großteil der vermögensstarken Menschen durch Vererbung oder Schenkung reich geworden sind. Mit einem Durchschnittseinkommen oder gar als Geringverdienende ist es schwierig, ein größeres Vermögen aufzubauen, da du selbst am Aktienmarkt, also mit risikoreicherer Geldanlage, nur im niedrigen zweistelligen Bereich Rendite bekommen kannst. 7 % von nichts sind immer noch nichts.
- **Reichtum durch Affirmationen, das Überwinden von Geldblockaden oder das richtige Mindset:** Angeblich müssten wir uns nur von limitierenden Gedanken verabschieden, dann fließt das Geld nur so zu uns. Esoterisch anmutende (V)erklärungen beziehen sich immer auf das Individuum und ignorieren strukturelle Bedingungen, die Einzelne nun mal nicht beeinflussen können, wie soziale Herkunft, Bildung, finanzielle und zeitliche Ressourcen.

#financialawareness

«Lass dein Geld für dich arbeiten!» ist ein gängiger Slogan, der suggeriert, dass du auf Bali sitzen kannst, während Kurssteigerungen, Dividendenausschüttungen oder der Zinseszinseffekt dein Geld wie von Zauberhand vermehren. Aber erstens brauchst du für passives Einkommen richtig viel Eigenkapital. Und zweitens ist die Vorstellung, der Aktienmarkt hätte ein Eigenleben, nicht korrekt, ignorant und blendet wichtige ökonomische Zusammenhänge aus. Denn arbeiten müssen in diesem Fall immer die anderen, also echte Menschen, um den Wert des Unternehmens zu steigern. Tesla-Besitzer Elon Musk wird wohl keine Autos schrauben und Amazon-Gründer Jeff Bezos keine Pakete ausliefern, sondern ihren Profit erhöhen, u.a. durch das Drücken von Lohnkosten, die Erhöhung der Arbeitsbelastung statt Stellenneuschaffung, Entlassungen oder auch Einschränkungen gewerkschaftlicher Arbeit und arbeitsrechtlicher Kämpfe. Unser Finanzsystem profitiert nicht nur von Ungleichheit, sondern könnte ohne diese gar nicht funktionieren.

Es gibt keine Selfmade-Millionär:innen

In unserer Gesellschaft wird Reichtum oft mit Erfolg, Fleiß, Intelligenz und harter Arbeit gleichgesetzt. Vermögende Menschen genießen in der Regel hohes Ansehen, Reichweite und Respekt. Auf der anderen Seite urteilen wir (und das Rechtssystem) strenger, wenn Normalverdienende Steuern hinterziehen oder bei der Arbeit Brötchen klauen, als wenn Banken und Investoren, wie z.B. im Rahmen des Cum-Ex-Betruges, Milliarden an Steuergeldern vom Staat stehlen. Der Vertrauensvorschuss an Menschen oder Institutionen mit Geld ist in Deutschland immens. Es gilt die Annahme, sie hätten mehr geleistet als andere und ihr Vermögen wirklich «verdient».

Der Begriff des Selfmade-Millionärs (selten auch: Millionärin) beinhaltet die alte Vom-Tellerwäscher-zum-Millionär-Erzählung, mit der Leistungsgedanken à la «Nur wer hart arbeitet, ist erfolgreich» oder «Du kannst alles erreichen, wenn du nur willst» reproduziert werden. Aber wie sieht der Weg zur monetären Spitze wirklich aus, und wer hat da tatsächlich im Hintergrund gearbeitet und etwas geleistet?

- **Erben:** Statistisch haben die meisten Millionär:innen ihr Vermögen geerbt. Selbst wenn du dadurch nur «Buch»-Millionärin bist, weil du z.B. eine Immobilie geerbt hast oder das Geld in Aktien angelegt ist, gehen mit so einem Erbe bestimmte finanzielle Privilegien einher, die es dir viel leichter ermöglichen, eigenes Vermögen anzuhäufen, z.B. durch die Verwirklichung von Projekten oder eine Unternehmensgründung. Geerbtes Geld ist leistungsloses Einkommen, das das familiäre Vermögen über Generationen weiterwachsen lässt, während jede sechste Person in Armut lebt.[38]
- **Gründen / Start-up:** Eine Unternehmensgründung erfordert Startkapital oder einen ordentlichen Kredit, eine Zeit lang ein monatliches Grundeinkommen, während man sich etwas aufbaut, und/oder finanzielle Absicherung, falls die Gründung nicht funktioniert. Mit finanziellen Mitteln hat man einen Vorsprung vor allen anderen und kann Ideen leichter verwirklichen oder einen Misserfolg aussitzen. Das erfordert zwar auch Umsetzungswillen, aber eben auf einer soliden Finanzbasis. Auf dem Weg zur Selfmade-Million ist es außerdem unabdingbar, dass dir

Freelancer:innen oder Angestellte möglichst viel Output (Mehrwert) durch möglichst wenig Input (Gehalt/Honorar) verschaffen, weshalb auf dem Weg zu einem lukrativen Business eben doch viel Arbeit von anderen gemacht wird, die am späteren finanziellen Erfolg aber nicht teilhaben.

- **Lotto- / Glücksspiel-Millionen:** Deine Teilnahme am Gewinnspiel hast du zwar selbst organisiert, die Millionengewinne setzen sich aber aus den Einzahlungen zigtausend anderer Verlierender zusammen.
- **Vermögensbildung am Aktienmarkt:** Dein Depotwert hat durch smarte Investitionen bereits die Millionenmarke geknackt? Herzlichen Glückwunsch! Das Kapital, das den Wert der Unternehmen, in die du investierst, erhöht, erarbeitet aber die Belegschaft. Und diese hat in der Regel nichts von steigenden Kursen. Warum du unbedingt trotzdem investieren solltest, steht weiter unten im Buch. ☺
- **Hart gearbeitet bzw. aufgestiegen:** Der typische (deutsche) Millionär ist im Schnitt relativ alt, männlich, hat keine Migrationserfahrung und lebt fast ausschließlich in Westdeutschland. Frauen sind stark unterrepräsentiert. Das kann natürlich Zufall sein. Wahrscheinlicher sind aber Privilegien und patriarchale Strukturen, die die Basis für erfolgreiches Wirtschaften geschaffen haben: Frauen tragen die Hauptlast von un- oder schlecht bezahlten Care-Arbeiten, die den lohnarbeitenden (Männern) den Rücken freihält.

Klassismus statt Diversity – Wir müssen leider draußen bleiben

Klassismus ist der Überbegriff für Vorurteile oder die Diskriminierung aufgrund der sozialen Herkunft oder der sozialen Position und richtet sich in der Regel von Menschen mit größeren finanziellen Mitteln gegen Angehörige einer «niedrigeren», weil ärmeren sozialen Klasse. Diskriminierungen sind dabei nicht immer direkt, sondern zeigen sich subtil in Äußerungen wie «Jede:r kann es schaffen» oder übertriebenen Aufrufen zur Selbstoptimierung. Um Diversität, also das Bewusstsein für die Vielfältigkeit der Menschen, steht es nicht besser, denn die kommt oft nur als verlogenes Lippenbekenntnis oder nützliches Marketingkonzept vor. Oder es wird aus akademischer Sicht darüber gesprochen, wie es Armutsbetroffenen geht.

> ***Richsplaining: Wenn jemand, der niemals Erfahrung mit Armut hatte, dir herablassende Ratschläge gibt, wie du der Armut entkommen kannst.***[39]

Manchmal versucht die Finanzbranche durchaus, etwas Diversität zu erreichen. Migrantisch gelesene Personen werden dann mit aufs Unternehmensfoto gedrängt oder Female-Finance-Akteurinnen ein Preis dafür verliehen, dass sie Frauen sind, die investieren. Jenseits davon wird die Branche aber von weißen älteren Männern der Mittel- und Oberschicht dominiert. Und das ist ein riesiges Problem. Denn schließlich vertraust du ihnen und ihrem Rat existenzielle Entscheidungen an. *No drama,* aber: Deine finanzielle Situation bestimmt dein Leben – nicht mehr und nicht weniger. Und es handelt sich hier um Institutionen,

Unternehmen und Menschen, die bezüglich deiner Finanzen Entscheidungen treffen, indem sie z.B. in der Politik lobbyieren und dir im Rahmen von Finanzberatung elementare Tipps geben oder ihre Produkte verkaufen. Es ist wie bei den Politiker:innen selbst: Finanz- und Wirtschaftsvertreter:innen, die keine finanziellen Existenzängste kennen, keiner Minderheit angehören, die nie bis selten care-arbeiten oder pflegen müssen und wie selbstverständlich gesellschaftliche Privilegien genießen, werden deine Interessen nicht verstehen und sie dementsprechend auch nicht sinnvoll vertreten können.

In der Finanzbranche lassen sich traditionell häufiger klassistische Denkmuster finden. Es herrscht vielfach die Annahme, dass «finanzschwache» Menschen lediglich einen anderen Umgang mit Geld lernen müssen, einfach nicht ausreichend gebildet sind und schlicht mehr arbeiten müssten. Die Betroffenen werden dann mit Sätzen wie diesen konfrontiert: «Du bist der Durchschnitt der fünf Menschen, mit denen du die meiste Zeit verbringst.» Oder: «Investieren ist *die* Lösung und hilft dir, Armut zu verhindern.» Oder: «Reich wird man nicht durch Geld, das man verdient, sondern durch Geld, das man nicht ausgibt.»

Was hinter solchen Sätzen steckt, ist mal wieder die Auffassung, dass jede:r sich optimieren, dass jede:r es schaffen kann, solange du nur früh all dein Geld investierst. Das ist für viele aber gar nicht möglich, weil sie am Monatsende kaum was übrig haben. Sätze wie die obigen suggerieren: Du sollst heute immer in alles investieren. Am besten auch in dich selbst und dein Umfeld, denn du bist schließlich nur Humankapital, das man noch weiter optimieren könnte. Das führt zu einem Finanzshaming, das Menschen glauben lässt, ihre ökonomische Schlechterstellung sei nicht das Ergebnis eines diskriminierenden Finanzsystems, sondern liege an ihrer eigenen Unfähigkeit: An deiner Armut oder Geldknappheit bist du selbst schuld. Wie reich du wohl wärst, wenn du nicht immer so viel shoppen und konsumieren würdest?! Dazu fällt mir nur noch ein:

> ***Ich wünschte, ich hätte genug Geld, um sagen zu können: Geld allein macht nicht glücklich!***

Wenn dir jemand sagt oder du selbst das Gefühl hast, dass du einen schlechten Umgang mit Geld hast, erinnere dich daran, dass du vielleicht

- viel care-arbeitest und kaum Zeit für dich hast,
- Angst und Sorgen in Bezug auf Geld im Elternhaus erfahren hast,
- versuchst, in einem kapitalistischen System zu überleben,
- mit deiner mentalen Gesundheit kämpfst oder
- einfach mit den ganzen Infos überfordert bist und nicht weißt, wo du anfangen sollst.

Mythbusting: Aktienmarkt

Früher, vor Zeiten des Internets als Massenmedium, haben Broker und Börsenmakler im Auftrag von Anleger:innen das Handeln von Wertpapieren übernommen. Das war teuer, exklusiv und oft erst ab einem hohen Investitionsvolumen interessant. Während heute alles digital läuft, war im 20. Jahrhundert der Handel an der Börse ein manueller Prozess mit Zwischenhändlern. Zuerst wurde der Börsenmakler kontaktiert, der sich dann telefonisch mit der Handelshalle in Verbindung setzte, um den Auftrag zu platzieren. In der Handelshalle führten Händler die Transaktion aus, indem sie den Auftrag mit einem anderen Käufer oder Verkäufer zusammenführten. Die Börsen der Welt liefen zu dieser Zeit über den sogenannten *Parketthandel* und waren laut und hektisch.

Überteuerte Vermögensberatungen, die Vorliebe für vermögensstarke Kundschaft und eine geldgierige arrogante Attitüde der Branche gibt es heute zwar immer noch, aber es existieren bessere Kontrollmechanismen, und immerhin kann mittlerweile theoretisch jede:r mitmachen. Heute ist das System Börse niedrigschwellig nutzbar und damit viel demokratischer. Broker sind jetzt Depotbanken, die Aufträge ihrer Kund:innen über die Börse abwickeln. Das funktioniert meist online und mit nur wenigen Klicks. Die Gebühren für die Abwicklung und Kontoführung sind zwar von Broker zu Broker unterschiedlich, beschränken sich aber (ggf. abhängig vom sogenannten *Auftragsvolumen*) auf wenige Cents bis wenige Euros. Börseninvestitionen sind also jetzt auch für Anleger:innen mit wenig Vermögen interessant, weil schon mit kleinen Beträgen ab 1 € gehandelt werden kann.

Welche gängigen Vorurteile begegnen dir immer wieder zum Thema Börse, Aktien und ETFs? In Oliver Stones Film *Wallstreet* aus dem Jahr 1987 spielt Michael Douglas den New Yorker Börsenmakler und Finanzhai Gordon Gekko. Der Film gibt Einblick in das skrupellose Vorgehen von Börsenfinanzdienstleister:innen, Brokern, erzählt von Geldgier und kriminellem Insiderhandel und prägt bis heute unser Bild von den Protagonist:innen an der Börse. Wenn du eine KI danach befragst, erhältst du Bilder von konzentriert dreinblickenden weißen Männern in Anzügen, denen man auf einen Blick ansieht, dass sie sich nie Gedanken über Armut oder Care-Arbeit machen mussten. Jede von uns stellt sich jemanden vor, der seelenlos seinen Reichtum vermehren will und eher zu risikoreichen Anlagen neigt. Investieren wirkt auf uns oft wie ein Glücksspiel, bei dem große Summen hin- und hergeschoben werden, die man ja schließlich erst mal übrig haben muss. Als der US-amerikanische Schauspieler Robert Downey Jr. 1992 zur Recherche für einen Dokumentarfilm an der Wall Street[40] unterwegs war, berichtete er entsetzt von den «geldhungrigen, dummen Motherfuckern» und stellte fest:

«If money is evil, then that building is hell.»[41]

Doch selbst wer nicht dieses klassische Bild vor Augen hat, scheut sich vielleicht, an der Börse aktiv zu werden, weil Aktien kompliziert, teuer und für Privatpersonen ungeeignet wirken. Da aber schon mit kleinen Summen und ein bisschen Computererfahrung investiert werden kann, sorgt das immerhin für etwas mehr finanzielle Gleichstellung. Vor allem Frauen bekommen leichter Zugang zum Finanzsystem und können sich unabhängiger von staatlichen und gesellschaftlichen Systemen machen. So jedenfalls die Theorie. Was hält uns aber noch ab? Mir begegnen eigentlich immer die gleichen Vorstellungen. Und nicht alle davon sind falsch. Hier kommt ein Faktencheck:

- **Investieren ist Glücksspiel:** Nope. Ich wüsste das, denn ich zocke gern! Aber das Vorurteil, der Aktienmarkt hätte mehr mit Glücksspiel als mit strategischen Überlegungen zu tun, trifft es einfach nicht. Natürlich gibt es hochrisikoreiche Investitionsmöglichkeiten – lassen wir diese aber außer Acht und konzentrieren uns auf breit gestreute ETFs (mehr dazu später), minimieren wir die Risiken und schließen Totalverluste nahezu aus. Schließlich muss die (kapitalistische) Weltwirtschaft wachsen, um zu funktionieren. Das Risiko rund um eine Aktie hängt mit der wirtschaftlichen Situation des Unternehmens, der Branche und des Gesamtmarktes zusammen. Außerdem gibt es noch länderspezifische Risiken. Bei einer Einzelaktie hast du immer die Möglichkeit, diese Faktoren durch eine Aktienanalyse zu überschauen; bei einem ETF kannst du sie durch hohe Diversifikation des Aktientopfes einfach und ohne große Analyse minimieren. Woher kommt dann diese große Risikoangst, wenn es um den Aktienmarkt geht? Achte mal darauf: Die tägliche Berichterstattung über schwankende Börsenkurse in den Nachrichten lässt den Aktienmarkt dramatisch und kompliziert erscheinen, während die Verkündung der Lottozahlen – ein tatsächliches Glücksspiel! – als legitime Art der Geldvermehrung dargestellt wird.

- **Investieren ist was für Reiche:** Jein! Das Gute ist zwar, dass du schon (je nach Broker) ab einem Euro mit dem Investieren anfangen kannst. Einen 50€-Sparplan pro Monat können sich finanziell die meisten leisten. Allerdings kommt bei geringen Sparraten kaum ein vernünftiger Vermögensaufbau zustande. Klar ist, dass statistisch eher Menschen mit hohem Vermögen an der Börse investieren. Schwankende Kurse wirken sich hier nicht gleich existenzgefährdend aus, verfügbare Reserven für den Alltag sind ausreichend vorhanden, und das eigene Vermögen wird eher selten auf dem Konto gespart, sondern via Vermögensberatung gewinnbringend angelegt. Hohe Investitionen – egal ob als Sparrate oder Einmalzahlung – bringen durch den Zinseszinseffekt entsprechend schnellere und höhere Vermögenssteigerungen, ganz nach dem Prinzip *Wer hat, dem wird gegeben.*

Beispiel (bei einer jährlichen Rendite von 7 %)
Zeitraum und Sparrate, um 100 000 € zu erreichen:
50 € / Monat x 37 Jahre = 100 000 €
500 € / Monat x 11 Jahre = 100 000 €
Einmalzahlung:
5000 € x 44 Jahre = 100 000 €
50 000 € x 44 Jahre = 1 000 000 €

- **Die Börse ist ein Männerclub:** True! Bei Magazinen *wie Focus Money, Handelsblatt, Der Aktionär* usw. scheinen nur Männer Umgang mit Geld zu haben. Hier und da wird auch mal eine Ökonomin oder Finfluencerin erwähnt – vermutlich aber eher, weil eine weibliche Zielgruppe neue Umsatzmöglichkeiten bringt. Auf Covern und Beiträgen sind kaum Frauen oder queere Menschen zu finden. Auf der *Invest*, der Leitmesse für Börse und Finanzen in Stuttgart, sieht man, dass Investoren heute nicht mehr nur Schlips und Anzug, sondern Jeans und Sneaker tragen – dennoch gibt es fast ausschließlich männlich gelesenes Publikum, männliche Ansprache, kein Kinderbetreuungsangebot oder die Thematisierung von Low-Budget-Vorsorge. Dasselbe geschieht auf fast allen Websites und Social-Media-Auftritten im Finanzsektor. Die Statistik zeigt, dass fast doppelt so viele Männer wie Frauen in Aktien oder Aktienfonds/ETFs investieren.
- **Aktieninvestitionen sind unethisch:** Jein. Nur ein kleiner Teil der Gesellschaft profitiert vom Aktienmarkt – und das sind nicht gerade Privatleute, die ihre Rente aufbessern und sich vor Altersarmut schützen möchten. Gleichzeitig hat der Finanzkapitalmarkt durch die Notwendigkeit von stetigem Wachstum trotz begrenzter Ressourcen des Pla-

neten Einfluss auf unser aller Leben – in der Regel nicht zum Guten. Unter unbegrenztem Wirtschaftswachstum und Turbokapitalismus leidet vor allem der globale Süden. Aber auch bei uns vergrößert sich die Schere zwischen Arm und Reich. Sollte man den Aktienmarkt also boykottieren? Ich finde nicht! Denn erstens fällst du bei diesem Spiel als kleine Privatinvestorin nicht ins Gewicht, zweitens kaufst du Aktien secondhand von anderen Investierenden, nicht direkt von Unternehmen. Und drittens kannst du auf ethische, nachhaltige oder solidarische Investitionen achten (siehe Kapitel *Nachhaltig und solidarisch investieren*).

Bulle und Bär: Patriarchale Symbolik an der Börse

Dass viele Frauen (mich eingeschlossen) sich im Themenbereich Börse und Aktienmarkt so fremd und ungesehen fühlen, liegt nicht nur am geleckten Businesslook, sondern auch an der komplizierten und elitär anmutenden Sprache. Ich erwarte keine comfy Wellnessoase, aber bei so vielen Ausdrücken höre ich heraus: «Du musst leider draußen bleiben.» Sprache und Begriffe sind männlich, akademisch, perlweiß-deutsch und stark am Wortfeld *Profit* & *Performance* orientiert («Arbitrage-Geschäfte», «Vermögensaufbau mit Börsen-Deals», «Cashflow optimieren»). Dadurch fühlen sich vor allem weiblich gelesene, armutsbetroffene, junge, alte Menschen, Familien oder diejenigen, deren Muttersprache nicht Deutsch ist, oft nicht angesprochen oder denken, es handle sich um ein mystisches Wissen, das man sich selbst erarbeiten muss bzw. niemals erlernen kann.

An der Börse spricht man zum Beispiel vom *Bull Market* und

Bear Market. Damit sind die gegensätzlichen Markttrends und Aktienkursverläufe gemeint. Der Bulle stößt optimistisch die Hörner nach oben (= steigende Aktienkurse), während der Bär pessimistisch mit der Pranke nach unten schlägt (= sinkende Aktienkurse). Eine Interpretation für das Geschehen an der Börse, das einem Kampf gleicht und die Machtspielchen der Börsianer symbolisiert. Früher gab es nur Männer an der Börse, und sie werden bis heute durch solche linguistischen Phallussymbole repräsentiert. Andere Beispiele sind Begriffe wie *Dienstmädchenhausse, Putzfrauenhausse* und *Hausfrauenrallye*. Nicht nur, dass sie für Laien unverständlich sind: Sie sind auch sexistisch. Mit diesen Wörtern bezeichnet man steigende Börsenkurse, die vor allem durch Käufe von vielen (oft schlecht informierten) Kleinanleger:innen verursacht werden, die vermeintlich emotionsgesteuert handeln. Außerdem Phasen kurz vor einer Spekulationsblase. Tatsächlich haben Privatanleger:innen gar keinen großen Impact auf Aktienkurse.

Was sich hieran zeigt: Sprache repräsentiert Machtverhältnisse und kann ausschließen. Ich persönlich versuche, diese Begriffe und Inhalte nicht zu reproduzieren. Man braucht weder Tieranalogien noch sexistische Begriffe, um einfache Vorgänge am Aktienmarkt zu verstehen oder zu erklären.

Schlips und Anzug oder Kostüm und Perlohrring sind für uns immer noch ein Zeichen von Seriosität und lösen einen vorauseilenden Vertrauensvorschuss aus. Derartige «Seriosität» oder starkes dominierendes Auftreten, vor allem bei Finanz-Bros, kann aber sogar ein Deckmantel für rückwärtsgewandten Revisionismus oder männerbündischen Antifeminismus sein. Es gilt dabei eine Art Gatekeeping: Mamas und Care-Arbeitende, LGBTQI*, Menschen mit Behinderung, pflegende Menschen, Menschen mit Flucht- und Migrationsgeschichte, People of

Color, Geringverdienende und finanzkritische Aktivist:innen müssen leider draußen bleiben.

Und jetzt?

Die Finanzbranche und -politik ist also von Homogenität und Klassismus geprägt. Die Sprache zu ändern, ist ein kleiner erster Schritt, reicht aber nicht aus. Aufklärungsarbeit über männliche Dominanz, Sexismus und konservative Traditionen im Finanzbereich sind notwendig, nur leider komplett uninteressant für die Finanzbranche. Es sei denn, man kann damit Geld verdienen.

Der Finanzbereich braucht dringend einen Relaunch und sollte inklusiver, bunter, einfacher verständlich, aber auch weniger männlich und selbstoptimiert sein. Die Akteur:innen selbst hätten die Aufgabe, das anders zu gestalten. Das ist aber schwierig, wenn man verkaufsorientiert arbeitet, als Vorstand wiedergewählt werden möchte, nicht selbst von bestimmten Verhältnissen betroffen ist oder die Einstellung hat, dass jede ihres Glückes eigene Schmiedin ist. Vor meiner besagten Prüfung als Finanzanlagenfachfrau wurde uns von dem Fortbilder gesagt, wir sollten uns seriös kleiden oder wir würden gleich durchfallen. Ich habe das zum Anlass genommen und ein Shirt mit meinem Lieblingsaufdruck getragen:

The only good system is a sound system.

Feministische Finanzen

Feministische Finanzen sind der Versuch, bestehende Machtstrukturen zu hinterfragen und zu verändern, anstatt sie – jetzt mit weiblichen Akteurinnen – einfach fortzusetzen. Wo aber *Female* Finance draufsteht, ist nicht unbedingt *Feminist* Finance drin. Oft ist das Gegenteil der Fall. Das ist sogar logisch und verständlich, schließlich geht es hier nicht um unabhängige politische Aktivismusarbeit, sondern um einen Businessbereich, der monetarisiert werden will.

Ich selbst arbeite zwar auch mit dem Fokus auf die Zielgruppe Frauen bzw. Flinta*, an der Stelle fängt auch schon meine Kritik an *Female Finance* an. Die traditionelle binäre Unterteilung der Menschen in Frauen und Männer wird in der Finanzbranche eigentlich nie hinterfragt. Im Gegenteil werden häufig traditionelle Rollenklischees reproduziert. Frauen-Finanzkanäle und Websites schaffen eine *comfy atmosphere* und haben häufig eine weichgespülte Ästhetik. Die Ansprache ist verlockend freundschaftlich. Immerhin sind auch Themen wie Gewaltschutz, Gleichstellung, finanzielle Unabhängigkeit und Feminismus inzwischen häufiger präsent. Jedoch ist der Zweck eher, Reichweite und Umsatz zu generieren und Verkaufsdruck aufzubauen, als über politischen Aktivismus ein besseres Leben für alle zu bewirken.

Bevor wir uns damit näher auseinandersetzen, will ich mit ein paar Mythen aufräumen, die bei uns Frauen für Unsicherheit und Unlust in Bezug auf das Thema Finanzen sorgen.

Mythbusting: Frauen und Geld

Viele gesellschaftliche Narrative, die Frauen verunsichern und von finanzieller Selbstbestimmung abhalten wie «Ich kann kein Mathe» oder «Das kann mein Mann besser» sind Ausdruck tief verwurzelter Strukturen: Internalisierter Kapitalismus oder internalisierte Misogynie sorgen dafür, dass wir uns im ökonomischen Bereich oft abwerten. Diese ewiggestrigen Mythen sorgen bei uns für Unsicherheit und Unlust in Bezug auf das Thema Finanzen:

Frauen können nicht mit Geld umgehen.
Das stimmt einfach nicht. Was stimmt, ist, dass das Konsumverhalten von Frauen anders bewertet wird als das von Männern. Sie werden oft als Shopping-Queen, Schuh-Messie oder Lippenstift-Junkie dargestellt. Dabei werden Konsumgüter wie Kleidung, Bücher oder Ausstattung für die Kinder als minderwertig, Elektronikartikel, Outdoorjacken oder Autofelgen bei Männern als spannende Gimmicks und Investitionen bewertet. Na klar, ein unnachhaltiges Konsumverhalten sollte generell kritisch hinterfragt werden. Aber wenn es um Rollenklischees geht, werden Frauen strenger bewertet, anstatt zu reflektieren, dass Frauen gesellschaftlich aufgrund patriarchaler Erwartungen zu bestimmten Kaufentscheidungen gedrängt werden. Durch den an sie herangetragenen Anspruch, immer hübsch auszusehen oder Haushalt und Familie mit dem besten Equipment auszustatten, entsteht ein anderes Kaufverhalten als bei Männern, die unabhängiger von diesen Diskursen sind.

Frauen sind weniger begabt in technischen Dingen, Mathe, Physik oder Finanzen.
Lass mich raten: Das trifft auf dich zu, oder? Aber nicht, weil dein Hirn anders funktioniert oder du «dümmer» bist, weil du eine Frau bist. Studien zeigen, dass Mädchen und Frauen deshalb in diesen Bereichen weniger leisten und Spaß haben, weil sie mit Vorurteilen und weniger Förderung konfrontiert sind. Traditionell sind Männer in «Performer-Jobs» überrepräsentiert, Frauen müssen erst über Generationen wieder die Rolle der unbezahl-

ten Care-Arbeitskraft ablegen und sich ihre Gleichberechtigung erstreiten. Schlecht im Umgang mit Zahlen zu sein – also auch mit Finanzen –, ist keine Identität oder genetisch festgelegt, sondern eine veränderbare Situation.

Das Höchste im Leben einer Frau ist es, zu heiraten und Kinder zu bekommen.
Du weißt inzwischen: Die bürgerliche (Klein-)Familie gilt im Patriarchat als absolutes Ideal. Die meisten, die diese Norm nicht erfüllen (wollen), müssen sich rechtfertigen oder zweifeln an sich selbst. Vielleicht ist «Familie» für dich aber eine gute Freundin, dein:e Lebenspartner:in, ein Pflegekind oder .... Alternative Beziehungs- und Lebensformen sollten gleichberechtigt sein.

Frauen können besser mit Geld umgehen.
Seit Neuestem wird gern mit Statistiken geworben, die zeigen, dass Frauen besser Geld anlegen und Rendite generieren können. Was wie ein Kompliment klingt, dient in Wahrheit oft nur als Verkaufsargument im Bereich Finanzpinkwashing (s.u.): «Wie toll, bei uns werden jetzt auch Frauen berücksichtigt!» Die Ursachen dafür werden – wieder einmal – ausgeblendet: Frauen investieren deshalb besser, weil sie mehr zu verlieren haben und oft andere Familienmitglieder mitdenken. Das trifft genauso auf Armutsbetroffene zu. Sie sind daher auf sichere Geldanlagen angewiesen, müssen risikoärmer investieren und neigen deshalb – im Gegensatz zu vielen Männern – nur selten zum Spekulieren. Beim Vermögensgap haben sie trotzdem das Nachsehen.

#financialawareness

Wir haben in vielen finanziellen Bereichen das Nachsehen aufgrund des Geschlechts. Wir haben bereits darüber gesprochen: *Motherhood Penalty*, *Gender-Pay-Gap*, unsichtbare Care-Arbeit ... you name it. Zusätzlich gibt es aber auch im Alltag mehrere Bereiche, die Zeit, Nerven, vor allem aber Geld kosten und Frauen stärker belasten:

Höhere Kosten für die gleichen Produkte: Für Pflegeprodukte, Kleidung, Friseur usw. zahlen Frauen trotz identischer Produkte oder Dienstleistungen mehr als Männer – diesen Umstand nennt man auch *Pink Tax*.

Menstruation und Verhütung: Frauen oder menstruierende Personen geben in ihrem Leben durchschnittlich 7000 € für Menstruations- und Verhütungsprodukte aus.[42] Zu den Ausgaben für Menstruationsprodukte kommen ggf. Kosten für Schwangerschaftsabbrüche, den Bedarf an bestimmten Lebensmitteln, wie eisenhaltiges Essen oder Süßigkeiten, Schmerzmittel oder für Waschen und Reinigung.

Sicherheit: Weil sich viele Frauen allein oder abends in öffentlichen Räumen, abgelegenen und nicht ausreichend beleuchteten Wegen nicht sicher fühlen, nutzen sie weitere Umwege oder private Transportunternehmen statt öffentlicher Verkehrsmittel.

Pinkwashing in der Finanzwelt

Das Thema «Finanzen für Frauen» ist in den letzten Jahren sehr populär geworden. Es gibt immer mehr Bücher, mediale Beiträge und, speziell bei Instagram und TikTok, viele Frauen-Accounts. Frauen haben in der Finanzwelt einfach oft das Gefühl, nicht ernst genommen zu werden, kein Verständnis für ihre Situation als Careworker zu bekommen oder schlichtweg belabert und mansplained zu werden. Ist doch gut, dass es mittlerweile jede Menge *female Empowerment* für Frauen und ihr Geld gibt, oder?

Natürlich. Aber «Von Frauen für Frauen», «female Empowerment», die «weibliche Art des Investierens» – das alles findet immer noch selektiv solidarisch in einer elitären Bubble statt oder setzt Feminismus als Lifestyle um. Es geht dann um die Frage, ob frau ihr Vermögen lieber in Immobilien oder in den Aktienmarkt steckt oder wie man eine gute CEO wird. Anstatt feministischer Ansätze wird also das männliche Wording und Handeln als Vorbild genommen.

Spätestens über den hohen Verkaufspreis der *Premium*coachings und *Masterclasses* wird dann eine weniger finanzstarke Kundschaft herausgefiltert. Natascha Wegelin, aka Madame Moneypenny, spricht auf ihrem Instagram-Account davon, dass viele Frauen einfach ein falsches Mindset hätten, und blendet damit strukturelle Ursachen für die Vorbehalte oder fehlenden finanziellen Ressourcen von Frauen aus. Diana zur Löwen, die als schwerreiche feministische Content Creatorin und Role Model für junge Frauen gilt, scheint ihren Fokus mehr auf ihre eigenen Werbeeinnahmen zu setzen als auf politische Bildung.[43] Durch ihr Vermögen hat sie außerdem die Möglichkeit, als sogenannte *Angel-Investorin* von den Ideen anderer zu profitieren. Nach dem gleichen Verfahren anderer Multimillionär:innen bei der Start-up-Show *Die Höhle der Löwen* kauft sie sich in Erfolg versprechende, weiblich geführte Jungunternehmen ein – auf die feministische Art, versteht sich.

Female Finance ist oft eine Marketingmasche; Feminist Finance will echte strukturelle Gleichstellung.

Tradwives und Clean Girls

Einerseits wird durch Social Media also viel mehr auf feministische Themen oder soziale Ungerechtigkeit aufmerksam gemacht. Andererseits bekommen auch antifeministische Themen eine größere Bühne – manchmal mit der Begründung, dass ebenjene feministischen Forderungen Männer diskriminieren und nach rechts treiben. Dabei ist es eher so, dass Frauen durch patriarchale Verhältnisse und Unterdrückung quasi zu ihrem Aktivismus genötigt wurden, während es Männern schwerfällt, ihre Privilegien zu teilen oder loszulassen. Auch unter Frauen gibt es antifeministische Bewegungen, Trends und Lifestyles. Manchmal sind sie harmlos oder einfältig, oft aber sogar ein Deckmantel für rechte Ideologien: Glorifizierung von Mutterschaft, der Kleinfamilie, tradierten Rollenzuschreibungen oder Heteronormativität, oder sie teilen die Ängste vor Veränderungen von etablierten Traditionen.

Bei dem sogenannten *Tradwife-Trend* propagieren Influencer:innen ein altmodisches Hausfrauenideal, indem sie für ihren Ehemann alle «häuslichen Pflichten» lächelnd und topgestylt erledigen. Sie leben Stereotype von Weiblichkeit vor, bei denen Frauen nur Mutter, Geliebte, *love interest* oder Sidekick sind. Es ist problematisch, dass hier die Abhängigkeit vom Partner romantisiert wird, einerseits finanziell, andererseits in Bezug auf ein patriarchales Schönheitsideal. Die Tradwives glorifizieren ein Machtgefälle, das die Situation von Frauen um

Jahrhunderte zurückwirft und feministische Errungenschaften negiert.

> ***«Unsere gesamte Kulturgeschichte ist durchdrungen von Darstellungen idealtypischer Paarbeziehungen, die – direkt oder unterschwellig – eine weibliche Unterlegenheit inszenieren.»*[44]**

Was du in den Videos nicht siehst, aber anhand der eingebauten Werbung für Haushalts- und Beautyprodukte vielleicht erahnen kannst, ist die Monetarisierung dieses Trends. Allein durch den satten Gewinn dürften die Tradwives finanziell besser dastehen als ihr vorgespielter Hausfrauen-Avatar. Für die Zielgruppe ist der Markt, der dahintersteckt, oft nicht sichtbar.

Ein weiteres Phänomen sind die *Clean Girls*, die sich zwar nicht selbst so bezeichnen, aber doch an einem gemeinsamen liberalen und zugleich traditionell normschönen Lifestyle erkennbar sind. Genau wie Tradwives verdienen sie ihr Geld vorzugsweise auf Instagram oder TikTok mit dem Verkauf der zu ihrem Look passenden Konsumprodukte, wie z.B. Duftkerzen, Parfums oder helle, feminine Kleidung. Sie zeichnen sich durch minimalistische, pastellige Farben bei ihrem Make-up, ihrer Kleidung oder ihrer Wohnung aus. Auch ihre Kinder sind passend gekleidet und ihre Zimmer kataloghaft angepasst. Diese Frauen, die in einer cleanen, scheinbar perfekten Welt leben, propagieren Feminismus als eine Form von Re-Feminisierung und neuer Weiblichkeit, die politisch nichts fordert und erst recht nicht anecken will. Sie erschaffen das luxuriöse Gesamtbild eines Alltags, den die meisten von uns sich gar nicht leisten können: Die Lifestyle-Produkte sind oft wahnsinnig teuer.

Zum Glück wird Alltagssexismus gesamtgesellschaftlich, aber vor allem in den sozialen Medien immer häufiger an vielen Beispielen transparent gemacht. Trends wie *#womeninmalefields* kehren Erfahrungen, die Frauen in männlich dominierten Bereichen machen, semantisch um. Beispiel: «Ich habe dem Bankberater gesagt, dass er doch mal lächeln soll. Das sieht einfach hübscher aus.» Unter *#mikrofeminismus* gibt es Tipps für alltägliche kleine Verhaltensweisen, mit denen man Rollenklischees sichtbar machen kann, wie z. B. Männern auf dem Gehweg nicht auszuweichen oder an unüblichen Stellen zu gendern, wie «Das Klo ist kaputt, ich muss eine Klempnerin bestellen» oder «Du warst beim Arzt, okay, und was hat sie gesagt?»

Weißer Feminismus

Feministisch zu sein, ist heutzutage akzeptierter. Feminismus ist jedoch nicht gleich Feminismus, es gibt Unterschiede im feministischen Verständnis und in der politischen Ausrichtung. Vertreterinnen eines materialistischen Feminismus legen den Fokus auf eine ganzheitliche ökonomische Analyse. Es geht um den Blick auf die Bedingungen und Gründe, die erst dazu führen, dass Frauen eine bestimmte Rolle zugewiesen wird, und um ein Verständnis der Klassenverhältnisse, unseres Wirtschaftssystems aka Kapitalismus.

Vertreterinnen eines bürgerlichen oder liberalen Feminismus fordern dagegen in der Regel die gleiche Chance für alle Frauen, es in dieser Gesellschaft bis ganz nach oben zu schaffen. Vor allem geht es aber um eine reformistische, weil nur auf das Individuum bezogene Besserstellung. Und das ist oft zu kurz gedacht, denn bürgerlicher Feminismus ist oft ein weißer Feminismus, auch *choice feminism* genannt, der sich auf die Bedürfnisse von westlichen, eher privilegierten Frauen konzentriert.

Moderne Unternehmerinnen und Businesscoaches für Frauen, aka Girl Bosses, setzen den Fokus auf wirtschaftlichen Erfolg und finanzielle Unabhängigkeit durch Empowerment, Selbstermächtigung und Durchhaltevermögen. Verbreitete Girl-Boss-Themen sind Frauenquoten in Führungspositionen, finanzielle Freiheit oder das Ziel, das CEO-Level zu erreichen. Dabei werden aber nicht diejenigen Frauen aus dem Niedriglohnsektor mitgedacht, die es nie dorthin schaffen können. Girl Bosses haben zwar den feministischen Anspruch, dass Männer die Hälfte der Care-Arbeit übernehmen und Platz für ihren Erfolg machen sollen, aber hinterfragen selten das Konzept von heteronormativen Beziehungen oder der bürgerlichen Kleinfamilie. Oft wird die neoliberale, sozialdarwinistische Sprache der männlich dominierten Businesswelt übernommen («CEO-Mindset», Selbstoptimierung, Umsatzskalierung). Wenn die gesetzliche Gleichstellung von Frauen umgesetzt wird, habe ja jede die gleiche (geringe) Chance, ganz nach oben zu kommen. Aber das bedeutet auch, dass Frauen mit der Forderung «Wir wollen mit am Tisch sitzen» ihren Platz in einer patriarchalen Welt einnehmen, sich also in die vorhandenen männlichen Strukturen einordnen. Wäre es nicht besser, den Tisch wegzuschmeißen und Partizipationsmöglichkeiten für alle zu schaffen?

Die Forderung lautet immer: «Mehr Frauen in die Chefetagen!» Warum eigentlich nie «Mehr Männer in Care-und Gesundheitsberufe!»?

In der westlichen Welt ist dieser liberale Feminismus, der sich u.a. in den vorgestellten Trends äußert, am meisten verbreitet.

Das Problem daran sollte inzwischen klar geworden sein: Die Bedürfnisse von Frauen der arbeitenden Klasse, armutsbetroffenen oder ausgegrenzten Minderheiten sind dabei wenig oder gar nicht vertreten. Feministische Kämpfe von Schwarzen, Indigenen oder anderen POC-Frauen werden ausgeblendet. Die erwähnten Frauentrends sind homogen und exklusiv. Sie reproduzieren ein rückschrittliches Frauenbild, ständigen Konsumdruck und verbreiten das Ideal einer toxischen Perfektion, die du trotz ständiger Optimierung nie erreichen kannst (und sollst). Über Selfcare-Wahn, unreflektiertes Bewerben von Beautyprodukten und esoterisch anmutende Mindset-Diagnosen wird dir suggeriert, wie ein erfüllendes Leben auszusehen hat. Und bei allem läuft als unterschwellige Botschaft mit: Deine Armut ist das Ergebnis mangelnder Bemühungen.

Es ist also eher Pech, des Glückes eigene Schmiedin sein zu müssen. Das Freiheitsprinzip der sozialen Marktwirtschaft verspricht, dass es in unserer Gesellschaft jede:r aus eigener Kraft heraus schaffen kann. Dabei werden aber strukturelle Ungleichheiten ignoriert. Chancengleichheit existiert dann genau wie beim Lotto, bei dem auch alle die gleiche Chance haben. Diese ist aber verschwindend gering, und es kann eben immer nur eine:r gewinnen.

Natürlich wirken diese Faktoren auch beim Vermögensaufbau oder der Altersvorsorge. Anstatt systemimmanent etwas zu ändern, z.B. das Rentensystem gerechter für alle zu gestalten, wird so jede:r auf sich selbst verwiesen. Warum funktioniert die Versorgung im Alter nicht so wie das Solidarprinzip der gesetzlichen Krankenkassen, bei dem leistungsfähige Personen mehr zur Finanzierung beitragen als einkommensschwache, aber alle gleichberechtigt abgesichert sind?

Communitycare statt Selfcare bei der finanziellen Absicherung – why not? Denn aktuell hängt alles am Privileg der privaten Geldvermehrung.

Das Prinzip der rein individuellen Vorsorge, das von der Politik immer weiter verschärft wird, ist schon deshalb ungerecht, weil auch Menschen, die 40 Jahre lang (entlohnt oder unentlohnt) arbeiten, trotzdem direkt in Altersarmut und damit Sozialleistungsbezug landen. Die Statistiken zeigen, dass Frauen, insbesondere Mütter, aufgrund struktureller Bedingungen schlichtweg angeschissen sind.

Denn die gesetzliche Rente, also genau diejenigen Zahlungen, die dir sicher bis an dein Lebensende auf dein Konto kommen und eine elementare Basisabsicherung darstellen, richtet sich eben *nicht* nach deiner Biografie aus, sondern orientiert sich an einem patriarchalen Lohnarbeitsideal. Genauer gesagt, bekommst du nur als gesunder, kinderloser Mann, der 45 Jahre in Vollzeit arbeitet, eine Rente über der Armutsgrenze. Gleichzeitig würde die gesamte Volkswirtschaft stillstehen, wenn Frauen streiken und ihre unbezahlte Haus- und Sorgearbeit niederlegen würden. Damit ist das deutsche Rentensystem nicht nur einfach mangelhaft, sondern unsolidarisch und misogyn.

Auch ich ermutige dich ja mit diesem Buch, Geld im Rahmen deiner Möglichkeiten zurückzulegen und dich finanziell abzusichern. Wirkliche Freude macht es mir aber nicht: Ich sehe es als Sachzwang.

Reclaim Your Money!

Ein feministisch-ökonomischer Blick auf unsere Welt braucht ein grundlegendes Infragestellen der Systeme, die Armut und Reichtum, Sichtbarkeit und Unsichtbarkeit, Einfluss und Ohnmacht produzieren.

Die Forderung nach Gleichstellung ist aus der linken Nische in die Mitte der Gesellschaft gerückt. Dabei gibt es sehr unterschiedliche Vorstellungen und Forderungen, wie wir leben wollen: radikaler Umsturz unseres Wirtschaftssystems oder die Verbesserung durch Gesetzesänderungen, Revolution oder Reformen. Während fundierte Kapitalismuskritik für die eine ein Must-have ist, ist sie für die andere viel zu abstrakt und realitätsfern. Die eine hat das Gefühl, sie kann durch individuelle Veränderungen, wie bessere Gehaltsverhandlungen oder eine gleichberechtigte Aufteilung von Care-Arbeit, mehr erreichen, der anderen ist es wichtiger, sich politisch zu bilden und mit Gleichgesinnten über die besagten Themen in Buchclubs zu debattieren.

Ich werde oft gefragt, ob man als Feministin oder kapitalismuskritische Person investieren darf. Passen Aktionismus und Kapitalmarkt zusammen? Ich finde, ja. Weil sie müssen.

Sobald Geld nicht mehr als Cash in deiner Schublade liegt, sondern bei einer Bank oder Versicherung, bist du im kapitalistischen, finanzwirtschaftlichen Spiel dabei. Es sei denn, du lebst als Selbstversorgerin im eigenen Bauwagen und betreibst Warentausch (mehr dazu findest du in Kapitel *Nachhaltig und solidarisch investieren*).

Wie dem auch sei: Der Verzicht auf deine Vorsorge wäre politischer Aktionismus an der falschen Stelle. Ein moderner, kritischer Zugang wäre es meiner Ansicht nach, etwas gegen soziale Ungleichheit zu tun und sich *gleichzeitig* finanziell zu emanzipieren.

Die spannende Frage ist, wie man sich in einem System bewegen kann, das nicht für einen gebaut wurde, ohne seine Regeln unkritisch zu übernehmen. Ich habe ein paar Vorschläge, wie du etwas bewirken kannst.

Die richtigen Fragen stellen

Der Kapitalismus, wie wir ihn kennen, muss wirtschaftlich stetig wachsen, was am besten funktioniert, wenn soziale Infrastruktur, wie Krankenhäuser, Wohnraum oder andere öffentliche Bereiche, privatisiert werden und der Fokus auf Ressourceneffektivität für Profite statt auf die Bedürfnisversorgung der Bevölkerung gerichtet wird. Anstatt ein besseres Leben für alle anzustreben, wird das Problem des Zugangs zu Ressourcen, wie Kinderbetreuung, Mobilität, Gesundheitsversorgung, Zeit und Geld, individualisiert. Eine Frage, die häufiger gestellt werden sollte: Welche Bedingungen braucht es, damit insbesondere marginalisierte Frauen sich aus der ökonomischen Abhängigkeit befreien können? Es geht dabei nicht nur um Gehaltsverhandlungen und wie man *the next CEO* werden kann, sondern um die kollektive Verfügbarkeit von Zeit, Raum, Mobilität, Sicherheit und Versorgung für alle. Wichtig ist, das große Ganze im Blick zu behalten.

It's the game, not the player.

Wir können oft gar nicht mehr sagen, wie wir uns ein selbstbestimmtes Leben vorstellen. Das System, in dem wir leben, möchte uns glauben lassen, dass wir Wellness, einen normschönen Body, eine perfekte Beziehung, Kosmetikprodukte und mehr Klamotten brauchen, aber tatsächlich brauchen wir Freiheiten, die *allen* ein besseres Leben bieten. Der Weg kann über politischen Aktivismus, Solidarität mit anderen, Bildung und Austausch über eine Wirtschaft erfolgen, in der Menschen nicht ausgebeutet, sondern getragen werden. Denn neue Lebensrealitäten bestimmen die ökonomischen Verhältnisse mit. Und wer die Strukturen versteht, kann sie auch verändern.

Narrative ändern

Die Arbeit von Frauen hat oft nur den Charakter eines Zuverdienstes, was wiederum den Wert ihrer Erwerbsarbeit herabsetzt und Gleichstellung verhindert. Dabei wird suggeriert, dass dies von allen Frauen selbst so entschieden worden ist:

- Frauen bleiben von sich aus wegen der Kinder lieber so lange wie möglich zu Hause, anstatt zu (erwerbs-)arbeiten.
- Wieder nicht aufgepasst! Frauen «tappen» vermeintlich unbegründet in die Teilzeitfalle.
- Frauen verhandeln ihr Gehalt schlechter und arbeiten nicht karriereorientiert.
- Generell wollen Frauen einfach nicht so viel arbeiten wie Männer und benötigen «Anreize».

Alles also Zufall oder selbst gewählt? Das kannst du an dieser Stelle des Buches bestimmt schon gut begründet verneinen. Es gilt, solche und andere vorurteilsbelastete Narrative zu ändern und damit den Blick auf die dahinterliegenden Strukturen zu lenken.

Doppelstandards entlarven

Frauen sehen sich häufig Vorurteilen und Diskriminierungen ausgesetzt, insbesondere wenn es um ihre Rolle rund um Haus- und Sorgearbeit geht. Begriffe wie «Rabenmutter», «bemuttern» oder «Working Mom» gibt es nicht in der männlichen Variante. Das zeigt, wie einseitig die Erwartungen an Frauen immer noch sind. Im Gegensatz zu Männern werden sie oft nach doppelten Standards bewertet und strenger beurteilt. Weil wir selbst nicht frei von solchen Denkmustern sind, kann es sinnvoll sein, solche Aussagen zu reflektieren oder entsprechend zu beantworten (*womansplainen*), wenn du sie hörst. Dazu zählen Auffassungen wie diese:

- Mütter werden bei Abendterminen gefragt, wer denn ihre Kinder versorge. Bei Vätern ist das kein Thema.
- Wird sie befördert, ist sie eine Quotenfrau und hat nicht die nötigen Qualifikationen, er dagegen ist ein Macher und hat es verdient.
- Gehaltsforderungen gelten bei Frauen oft als (zu) forsch oder mutig. Ein Mann, der mehr Geld möchte, kennt hingegen seinen Wert und ist einfach selbstbewusst.
- Ein alleinerziehender Vater wird als Superheld angesehen, während alleinerziehenden Müttern unterstellt wird, dass sie ihrer Erwerbsarbeit nur unzulänglich nachgehen können und auf finanzielle Unterstützung angewiesen sind.
- Eine Frau, die arbeitet, vernachlässigt ihre Kinder, während ein erwerbstätiger Mann als verantwortungsvoller Versorger angesehen wird.
- Arbeiten nach kurzer Elternzeit bedeutet bei ihr, dass ihr die Karriere wichtiger ist als ihre Kinder. Bei ihm wird das gar nicht infrage gestellt.

- Nimmt eine Mutter längere Elternzeit, wird ihr vorgeworfen, dass sie auf Kosten des Mannes lebt. Väter nehmen oft erst gar keine.

Solidarität einfordern

Feminismus ist für alle gut. Oft hört man allerdings, dass Männer erst dann feministisch auf die Welt blicken, wenn sie Töchter haben und sich ihnen als Co-Betroffene eine neue Sicht auf Diskriminierung eröffnet. Oder wenn ihnen vor Augen gehalten wird, dass die (z.B. von Gewalt betroffenen) Frauen ihre Töchter, Ehefrauen oder Mütter sein könnten. Man könnte dann genauso gut Söhne, Freunde oder Väter als Täter framen. Die dahintersteckende Gewohnheit, Sozialisierung und Sorglosigkeit ist nicht gleich ein Zeichen von Antifeminismus. Man sollte aber Männern durchaus zutrauen, Verhältnisse auch ohne emotionale Erleuchtung über die eigene Betroffenheit analysieren und verstehen zu können. Mal ganz abgesehen davon, dass natürlich auch Männer intersektional betrachtet von bestimmten Unterdrückungsformen, wie z.B. Klassismus, Rassismus und Behindertenfeindlichkeit, betroffen sind.

Meiner Ansicht nach ist es nicht unsere Aufgabe, Männer für feministische Themen und Notwendigkeiten zu begeistern. Innerhalb einer Beziehung, bei ökonomischen Abhängigkeiten, am Familientisch oder bei der Arbeit können wir aber oft nicht auf Selbsterkenntnis warten. Es ist zwar generell eine traurige, weil neoliberale Motivation zu sagen «Hey, du hast aber auch was davon!». Trotzdem gibt es da nun mal viele gute Gründe, warum sich *alle* für die Gleichstellung engagieren sollten. Männer werden von der Rolle des Alleinversorgers entlastet, können ohne Ressentiments ihrer Elternrolle nachkommen und stehen weniger unter Druck der Finanzierungsverantwortung. Sie können sich Gefühle eingestehen, diese zeigen, therapieren und somit eine bessere mentale Gesundheit erreichen. Studien zeigen außerdem, dass Menschen, die in einem Land mit hoher Gleichberechtigung leben, gesünder und glücklicher sind. Wer will das nicht?

Offen und solidarisch über Geld sprechen

In der Gesellschaftssatire *The White Lotus* (2021, Staffel 1) sprechen die erfolgreiche Unternehmerin Nicole und die junge mittellose Berufseinsteigerin Rachel über finanzielle Abhängigkeit von Frauen. Rachel ist frisch verheiratet mit einem schwerreichen Elternsöhnchen und plötzlich unsicher, ob das eine gute Idee war. Sie erzählt Nicole, dass sie keinen Ehevertrag habe, ihr Mann sie zum Hausfrauendasein auffordere und sie befürchtet, «seine Gravitationskraft» könne sie «einsaugen». Nicole, die zwar erfahren, aber auch nur aufgrund ihres Reichtums unabhängig ist, betont, dass die Macht der Frauen in ihrer Unabhängigkeit liege und sie immer auf der Hut sein müssten. Rachel solle kein Mond seines Planeten werden, sondern immer ihren eigenen Orbit am Laufen halten.

Die Szene hat mich nicht nur als Science-Fiction-Fan abgeholt, sondern weil solche Dialoge und die Thematisierung von Armut und finanzieller Abhängigkeit in der Filmwelt rar sind.

Die wenigsten Leute sprechen im Freundeskreis oder Familienumfeld offen über ihre persönliche finanzielle Situation. Über Gespräche können wir aber Einfluss auf unsere Wahrnehmung und unser Denken nehmen und gemeinschaftliches Empowerment schaffen. Lasst es uns normalisieren, über Zukunftsängste zu sprechen und uns über finanzielle Möglichkeiten auszutauschen! Denn Geld bestimmt unser Leben in der Regel, weil zu wenig davon da ist. Hier sind Aussagen, die normal sein sollten, aber oft nicht ausgesprochen werden:

- «Ich habe weniger finanzielle Mittel als ihr und würde gern irgendwo ausgehen, wo es nicht so teuer ist.»
- «Ich hab mich endlich getraut, nach einer Gehaltserhöhung zu fragen, und bin wahnsinnig stolz.»
- «Weil ich durch meine gut situierte Familie finanziell abgesichert bin, hab ich manchmal ein schlechtes Gewissen. Wie ist deine Meinung dazu?»
- «Unser Gehalt reicht nicht für die Miete, und wir bekommen jetzt Wohngeld.»
- «In was investierst du eigentlich so? Fühle mich da noch unsicher.»
- «Unser Konto ist trotz Doppeleinkommen am Monatsende leer. Sparen oder Investieren ist nicht drin.»
- «Ich möchte mich trennen, aber weiß nicht, wie ich das finanziell schaffen soll. Kannst du mir helfen?»
- «Wenn du mal Geld brauchst, bin ich immer für dich da!»

Feministischer Finanzaktivismus findet im Alltag mit kleinen Entscheidungen statt, in einem Geldgespräch im Freundeskreis und jeder neuen Geschichte, die wir über Geld erzählen. Wer die ewig gestrigen Diskurse kritisch hinterfragt, verändert die Möglichkeiten. Jede feministische Handlung, jedes gebrochene Klischee und jede hinterfragte Norm ist ein Schritt in Richtung ökonomischer Selbstbestimmung. Ich hoffe, dass wir so unsere Wut und unseren Frust in konstruktive Energie umlenken können.

«No man wants a woman who …» We don't care, lol!

TEIL II

Die Finanzplanerin

Du hast im ersten Teil des Buches viel über feministische Geschichte und ökonomische Abhängigkeiten von Frauen gelesen. Meiner Ansicht nach ist das wichtig, um unsere Ausgangslage zu verstehen und zu verdeutlichen, warum es notwendig ist, dass wir unsere finanzielle Abhängigkeit von Staat und Partner:in selbstbestimmt angehen. So traurig das ist: Alles muss man selber machen!

Es ist schon längst nicht mehr so, dass alle den heiligen Bund der Ehe eingehen, Kinder bekommen und finanziell von einem Familienoberhaupt (= Mann) abhängig sein möchten. Verliebt, verlobt, verheiratet und andere lineare Lebenskonzepte verlieren an Attraktivität, und Frauen möchten heutzutage Mütter sein, ohne in Partnerschaft zu leben, oder kinderlos sein, ohne als alte Jungfer oder als «Mit der stimmt doch was nicht» betrachtet zu werden. Während sich die Gesellschaft moderner und aufgeklärter entwickelt, hinkt die Politik mit ihrer Gesetzgebung oft lustlos hinterher.

Na klar ist es ätzend, sich individuell abstrampeln zu müssen, wenn doch mit dem ganzen System etwas nicht stimmt. Frauen werden finanziell benachteiligt und sollen das jetzt auch noch als Einzelkämpferinnen selbst ausbaden? Im Moment geht es noch nicht anders. Jahrtausendealte Strukturen werden nur langsam dekonstruiert und neu gedacht, und bis dahin solltest du für dich selbst schauen, wie du dein Leben im Rahmen der Möglichkeiten gestalten kannst. Dabei will ich dir helfen und dir zeigen, wie du die ökonomische Seite deiner verschiedenen

Lebensphasen verstehen, organisieren und verbessern kannst. Es ist aktuell noch notwendig, Geschlechtergerechtigkeit auf der individuellen Ebene umzusetzen, um deine Alltagsfinanzen zu verbessern, dich finanziell abzusichern und deine Zukunftsvorsorge aufzubauen. Das klingt langweilig und anstrengend?! Zugegeben, eine Party wird es nicht – aber dafür bist du auch nicht hier. Wir wollen haben, was uns zusteht, und noch mehr: finanzielle Unabhängigkeit von Partner:in und Staat, gleichberechtigte Familien- oder Partnerschaftsfinanzen und eine unkomplizierte Altersvorsorge ohne Angst vor Armut. Ich kann jedenfalls nachts besser schlafen, seit ich diese Dinge für mich verstanden und geregelt habe. Und jetzt will ich dir zeigen, wie ich das gemacht habe.

Du & dein Geld

Geldanlage ist so viel mehr als Sparbuch, Lebensversicherung oder Bausparvertrag. Sie kann so gestaltet werden, wie du sie magst und brauchst: nachhaltig oder konservativ, rendite- oder sicherheitsorientiert, *low budget* oder protzig ... Hauptsache, du verstehst, was und warum du etwas tust, und setzt es im Idealfall ohne Umwege über provisionsorientierte Finanzdienstleister:innen um. Bevor du dich um dein Geld kümmerst, solltest du dich umfangreich einlesen und dir einen ausgeklügelten Finanzstrategieplan zurechtlegen – halt, stopp! Bitte nicht! Solche Fachsimpeleien von Finanzfluencer:innen schrecken die meisten Leute ab. Finanzplanung ist zwar auch Lebensplanung und idealerweise auf eine individuelle Lebenssituation hin abgestimmt, aber sie soll dich möglichst nicht viel Zeit kosten. Bei einer klassischen Beratung mit Bankberater Bernd wird wiederum meist verdächtig wenig nach deiner Lebenssituation gefragt. Die Wahrscheinlichkeit ist groß, dass er nur provisionsorientiert das Produkt seiner Bank verkaufen will. Bleibe hier skeptisch, denn es gibt Fragen, die du unbedingt für dich beantworten solltest, um das Beste aus deinem (im Zweifelsfall wenigen) Geld zu machen. Du hast sicherlich nichts zu verschenken.

Wenn es um deine individuelle Finanzplanung geht, kannst du zunächst mal die folgenden Fragen für dich beantworten:

- Single, romantisch verbandelt oder im Familienverbund? **Für wen ist die Vorsorge gedacht?** Auch wenn du dich von dem / der Partner:in nicht finanziell abhängig machen solltest, ist es sinnvoll, seine/ihre finanzielle Situation miteinzubeziehen und sich gemeinsam Gedanken zu machen. Andersherum könnte es sein, dass du dich finanziell zu abhängig in der Partnerschaft fühlst und lieber auf eigenen Beinen stehen willst.

- Dein **Masterplan**: Wohin soll die Reise gehen, und wie viel Zeit hast du bis dahin? Bist du froh, wenn du deine Versorgungslücke im Alter schließen kannst, willst du in zehn Jahren auswandern oder einfach leidenschaftslos so viel wie möglich sparen, um später weniger arbeiten zu müssen? Hier gibt es viele spannende Möglichkeiten, aber eben auch Sachzwänge, wie genug Rente zu haben oder die Ausbildung deiner Kinder finanzieren zu können. Eine Strategie wird dir helfen, am Ball zu bleiben und heute leichter etwas für später beiseitezulegen.
- Deine **Sparquote**: *low budget* oder *wealthy*? Wie viel kannst du für deine Zukunftsvorsorge monatlich aufbringen? Und wie viel *musst* du aufbringen, um ein bestimmtes strategisches Ziel zu erreichen, wie z.B. deine Existenzsicherung im Alter?
- Deine **Risikobereitschaft**: Es gibt viele verschiedene Anlageformen, die entweder eher für vorsichtige oder eher für risikofreudige Menschen geeignet sind – zu welcher Kategorie würdest du dich zählen?

Aber der Reihe nach. Zuerst gilt es, Berührungsängste gegenüber Geldthemen abzubauen: Denn nur wer den Überblick hat, kann herausfinden, wie viel sie braucht, kann Sparpotenziale entdecken und Pläne für die eigene finanzielle Zukunft schmieden. Und das geht auf zwei Wegen: Der klassische wäre, Schritt für Schritt das Buch durchzugehen. Du wirst angeleitet und hast immer wieder die Befriedigung, etwas geschafft zu haben und abhaken zu können. Oder, und das wäre die zweite Variante, du setzt auf Unterhaltung und willst am liebsten direkt starten und Erfolge bei der Geldvermehrung feiern. Dafür kannst du direkt zum Kapitel *How to: Investieren* springen und DIY investieren lernen. So oder so, warte nicht länger, denn Zeit ist der beste Hebel für dein Geld.

> ***Ganz gleich, wann du startest, du wirst dir immer wünschen, früher angefangen zu haben. Dabei ist genau heute der perfekte Zeitpunkt.***

Faire Finanzen in Partnerschaft und Familie

Viele Jahre haben mein Partner und ich fröhlich nebeneinanderher gewirtschaftet. Jede:r hatte die Verantwortung für das eigene Geld, und die Ausgaben wurden in der Regel hälftig geteilt, egal wie hoch das Einkommen jeweils war. Um meine Geldanlage habe ich mich selbst gekümmert und dabei ehrlich gesagt auch nur an mich und meine Solo-Zukunft gedacht. Erst viel später habe ich gemerkt, dass mein Partner diesbezüglich eher die Vogel-Strauß-Taktik verfolgt und sich auf die gesetzliche Rente verlassen hat – wie viele andere auch. Als wir Kinder bekamen, änderte sich alles grundlegend. Bei gleichem Gehalt bzw. weniger durch den Elterngeldbezug hatten wir plötzlich viel höhere Ausgaben und mussten abhängige Familienmitglieder versorgen. Dazu kommen Zukunftssorgen ohne Ende und für mich aufgrund meiner Familiengeschichte ein besonderer Druck, meine Kinder – und auch meinen Partner – abzusichern.

Bei der Planung deiner finanziellen Vorsorge geht es also auch immer um die Frage, wen du dabei mitdenken willst oder musst. Geht es dir um eine partnerschaftliche Vorsorge? Willst du für die gesamte Familie oder vielleicht solidarisch, z. B. für deine Wohngemeinschaft, vorsorgen? Schließlich gibt es verschiedenste Varianten des Zusammenlebens. Die Gesetzgebung feiert hier ausnahmsweise Vielfalt und fasst Familie zivilrechtlich sehr weit: So gelten auch Alleinerziehende, Lebensgemeinschaften, Eltern(-teile), die ihr Kind verloren haben, sorgeberechtigte Angehörige und alternative Beziehungsformen in der Gesetzgebung als Familie.

Spiegeln sich unser Respekt, unsere Liebe und Solidarität auch in der gemeinsamen finanziellen Absicherung wider? Die Scheidungsrate ist bekanntermaßen sehr hoch, und Trennungen von Unverheirateten werden in den Statistiken gar nicht erfasst. Eine Trennung ist aber vielleicht nicht der beste Anlass, um über die gemeinsamen Finanzen zu sprechen, sondern kann ruhig positiv besetzt und ein Zeichen gegenseitiger Wertschätzung und Solidarität sein. Das Ziel muss dabei nicht unbedingt eine 50:50-Aufteilung sein oder eine direkte Ausgleichszahlung von Care-Arbeit. Sondern es sollte darum gehen, eine finanzielle Abhängigkeit der (mehrheitlich) care-arbeitenden Person zu verhindern und die (mehrheitlich) erwerbsarbeitende Person davon zu entlasten, hauptsächlich für die finanzielle Versorgung der Familie zuständig zu sein.

Faire Finanzen in der Partnerschaft

Viele Paare sprechen nicht gern über Geld oder finden das unromantisch, dabei sind Austausch und Kommunikation der wichtigste Schritt zu einem partnerschaftlichen Umgang mit

Finanzen. Und das im Idealfall erstens so früh wie möglich, z.B. beim Einzug in die gemeinsame Wohnung oder bei der Familienplanung. Zweitens solltet ihr dies in harmonischen Zeiten tun und nicht erst, wenn es heißt «Ist doch selbstverständlich, dass du mit deinem kleinen Gehalt für die Kinder zu Hause bleibst, oder?». Es geht dabei um gegenseitiges Vertrauen, Unabhängigkeit und die Bewahrung von Entscheidungsmöglichkeiten.

> ***Achtung vor der Disney-Falle oder dem «Meine-Eltern-haben-es-doch-auch-geschafft-Bias»: Geh nicht davon aus, dass ihr bis zum Ende aller Tage nur von Luft und Liebe leben könnt.***

Durch unsere Erziehung, kulturelle Einflüsse und Erfahrungen entwickeln wir einen sogenannten *(Un-)Consciousness Bias*, also eine bewusste oder unbewusste Voreingenommenheit gegenüber Dingen. Das gilt auch für unseren Umgang mit Geld und unseren Beziehungen. Unsere Eltern haben vielleicht jahrzehntelang füreinander gesorgt, und so sind wir mit dem Denkmuster *Bis ans Ende aller Tage* oder *Bis dass der Tod sie scheidet* aufgewachsen. Die Tatsache, dass ein Mann für das Geld und die Frau für den Haushalt arbeitet, wurde nur selten infrage gestellt. Ich bin allerdings überzeugt: Über Trennung, Krankheit und Tod nachzudenken, widerspricht nicht dem Konzept Liebe. Und schon längst brauchen Frauen keinen Versorger mehr.

Neben der allgemeinen Haltung gegenüber Geschlechterrollen gibt es weitere mögliche Punkte, die ihr thematisieren solltet:

- Gibt es größere **Einkommensunterschiede**? Dann ist eine hälftige Aufteilung der gemeinsamen Kosten ungerecht. Beim Bezug von Elterngeld wird oft erwartet, dass die Person, die weniger verdient, zu Hause die Care-Arbeit übernimmt, was zu finanziellen Einbußen führt. Zudem kann die Person, die weniger verdient oder für die unbezahlte Care-Arbeit zuständig ist, weniger oder keine Rücklagen für die Altersvorsorge aufbauen.

- **Kommt ein:e Partner:in aus einer finanziell besser gestellten Familie**, erwartet eine größere Erbschaft oder hat bereits Vermögen, während die andere Person weniger Mittel hat, könnt ihr über die jeweilige soziale Stellung und damit einhergehende Absicherung sprechen. In diesem Fall kann es sein, dass die finanzstärkere Person mehr Entscheidungen treffen will oder sogar Druck ausübt.
- Fragt euch: Welche **Ausgaben** haben wir aktuell, und welche kommen in Zukunft auf uns zu? Und wie wollen wir sie aufteilen und organisieren? Vielleicht stellt ihr dabei unterschiedliche **Kaufgewohnheiten** fest, wie gemeinsame Reisen vs. Sofalandschaft oder Onlineshopping vs. Secondhand-Recycling.
- **Langfristige Planung:** Wie wollen wir Altersvorsorge oder den Vermögensaufbau regeln, gemeinsam oder getrennt?
- **Risiko und Absicherung:** Ist es euch wichtig, euch für den Trennungs- oder sogar Todesfall gegenseitig abzusichern? Partnerschaftsverträge, Testamente o.Ä. setzt man am besten in harmonischen Zeiten auf, und z.B. eine Risikolebensversicherung oder Berufsunfähigkeitsversicherung abzuschließen, ist günstiger, wenn du jung bist.
- Und die Frage, die große Auswirkungen auf die finanzielle Zukunft haben wird: Wer übernimmt in welchem Umfang die **Care-Arbeit**? Welche Vorstellungen habt ihr bezüglich eurer beruflichen Zukunft und eurem Zusammenleben im Alltag?

Von der allgemeinen Einordnung eures individuellen finanziellen Backgrounds könnt ihr zu konkreten gemeinsamen Entscheidungen übergehen. Auf welchen Namen laufen eure bisherigen und zukünftigen Konten oder Depots? Überlegt, ob hier etwas geändert werden soll, damit ihr im Alter, aber auch im Falle einer Trennung, Erwerbslosigkeit oder sogar im Todesfall auch wirklich beide abgesichert seid. Bei gemeinsam eingeplantem Geld kommt vielleicht auch ein Gemeinschaftskonto oder -depot infrage.

Vielleicht, weil Frauen noch bis 1958 kein eigenes Konto haben durften, während der Mann das Familienkonto führte, hält sich heute noch die Gewohnheit eines gemeinsamen Kontos. In einer Partnerschaft oder Familie ist es aber nicht sinnvoll, ausschließlich zusammen zu wirtschaften (siehe Kapitel *Finanzielle Abhängigkeit*). Alles, was du auf euer gemeinsames Konto einzahlst, wechselt den Besitzer und gehört dem Kontoinhaber. Es ist also wichtig für die beiderseitige Unabhängigkeit, dass jede Person ihr eigenes Konto hat und es noch zusätzlich ein drittes Konto für die gemeinsamen Finanzen gibt.

Das **3-Konten-Modell** sorgt für finanzielle Klarheit, verhindert Konflikte und sorgt für Vertraulichkeit bezüglich des individuellen Kaufverhaltens. Es ermöglicht außerdem einen viel besseren Überblick über das gemeinsame oder individuelle Geld. Für die Umsetzung gibt es je nach Lebenssituation zwei Möglichkeiten:

1. Jede Person hat die eigenen Einnahmen bzw. das Gehalt auf seinem eigenen Konto. Ein Gemeinschaftskonto wird von hier aus von beiden mit einem festen Betrag bestückt, den ihr vorher mithilfe eines Haushaltsbuches oder eigener Budgetierung festgelegt habt. Vom Gemeinschaftskonto können Fixkosten wie Miete, Haushaltsausgaben,

Versicherungsbeiträge, Freizeitbudget, Kinderkosten, aber auch Raten für Kredite oder ein gemeinsames Sparkonto abgehen.

2. In dem Fall, dass eine Person nur geringe oder keine eigenen Einnahmen hat, da sie z. B. einen Großteil der unbezahlten Care-Arbeit übernimmt, kann es auch andersherum funktionieren. Einnahmen und Gehälter beider Partner:innen gehen zunächst auf das Gemeinschaftskonto. Von hier gehen die gesamten Fixkosten der Familie oder des Haushaltes ab. Für beide legt ihr ein «Taschengeld», also ein Budget zur freien Verfügung, fest, das jede:r monatlich auf das eigene Konto bekommt, um unabhängig für sich Ausgaben tätigen zu können. Der Rest ist für euch zum Sparen oder Spaßhaben gedacht.

Faire Elternfinanzen

Das Thema gleichberechtigte Elternschaft findet immer noch zu wenig Beachtung, was insbesondere für Frauen negative Folgen haben kann. Während früher das Ernährer-Hausfrau-Modell (finanziell) noch funktionierte, weil das Gehalt des Mannes für die Familie ausreichte, sind Mütter heute durch Erwerbs- und Sorgearbeit doppelt belastet. Gleichzeitig fehlt ein Umdenken bzw. das Bemühen, eine Balance für beide Elternteile zu finden. So sollte es eigentlich auch für moderne Väter erstrebenswert sein, Zeit mit ihren Kindern zu verbringen und Frauen eine Erwerbstätigkeit und damit finanzielle Unabhängigkeit zu ermöglichen.

Es herrscht allerdings immer noch die Annahme, dass derjenige Elternteil, der Vollzeit arbeitet, sich nicht oder kaum um die Care-Arbeit zu Hause kümmern muss. Dabei wissen wir schon lange, dass man als Care-Arbeiter:in nicht nach acht Stunden am Tag Feierabend hat. Mit mehreren kleinen Kindern können es auch 20 Stunden am Tag sein, inklusive Nachtschichten (siehe Kapitel *We Care Too Much*).

> ***«Für die meisten Frauen ist die Geburt eines Kindes das ökonomische Äquivalent zu einem Meteoriteneinschlag. Für die meisten Männer macht sie finanziell kaum einen Unterschied.»***

Diese Apokalypsen-Metapher vom Popstar-Ökonom Richard Reeves trifft es ziemlich gut: Ich kann den finanziellen Einschlag aus meiner eigenen Erfahrung und aus meinem Umfeld jedenfalls nur bestätigen.

Faire Elternfinanzen fangen also schon ganz am Anfang an, wenn überlegt wird, wer in der Elternzeit zu Hause bleibt. Hier werden nachhaltig Weichen für die Zukunft gestellt, was den beruflichen Weg der betreuenden Person betrifft. Die Tatsache, dass wie selbstverständlich vorrangig Frauen zu Hause bleiben, hat weitreichende finanzielle Folgen, die über die Elternzeit hinausgehen. Die Entscheidung, Elternzeit in Anspruch zu nehmen, führt zu nachhaltigen finanziellen Einbußen, von denen sich eine Frau nicht mehr richtig erholt.[1]

Auch wenn du vielleicht denkst: «Hey, ist ja nur vorübergehend, das hol ich wieder auf!», kann ich dir versichern: Nope, die entgangenen Jobchancen, Karriere- oder Tarifstufen, finanzielle Unabhängigkeit und Ersparnisse, die du vielleicht vorher hattest, bekommst du so schnell nicht wieder. Denn die Pointe ist ja: Du hast jetzt (mindestens) eine Person mehr, die du finanziell versorgen musst. Dein Gehalt stagniert aber oder wird weniger.

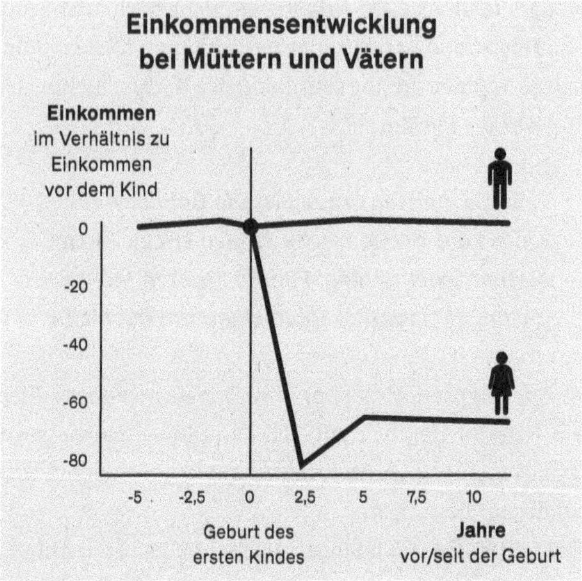

Die Frage ist nicht, ob man es sich leisten kann, dass die viel verdienende Person für ein paar Monate in Elternzeit geht. Sondern ob man es sich leisten kann, wegen der Elternzeit **ein Leben lang** ***weniger Geld zur Verfügung zu haben.***

Narrative über die Mutterschaft als evolutionär höchstes Level einer jeden Frau geben Care-Arbeit etwas Biologistisches, das *natürlich* keiner besonderen Erwähnung geschweige denn Entlohnung bedarf. Doch es geht darum, späteren Enttäuschungen oder wirtschaftlichen Existenzkrisen, z.B. im Fall einer Trennung, vorzubeugen und für gegenseitige Absicherung und Entscheidungsmöglichkeiten zu sorgen. Es ist nicht notwendig, jede familiäre Tätigkeit monetär umzurechnen, denn Lebensphasen können sich ändern und so auch der Anteil an Care- oder Erwerbsarbeit innerhalb der Partnerschaft. Außerdem kann bei der erwerbsarbeitenden Person die Haltung entstehen, sich gar nicht mehr an der Care-Arbeit beteiligen zu müssen, da die andere Person ja dafür bezahlt wird.

Konkret kann eine Person der anderen einen Ausgleich für entgangene Rentenansprüche zahlen. Wie das gehen kann, erfährst du weiter unten. Beachtet aber, dass bis zu drei Jahre Kindererziehungszeiten bei der Deutschen Rentenversicherung beantragt werden können. In diesem Fall werden einem Elternteil Rentenpunkte entsprechend dem Durchschnittsverdienst aller Versicherten zugesprochen (mehr dazu auf S. 156). Entscheidet auch hier rechtzeitig, wem dieser Ausgleich zugutekommen soll.

Wie kann ein Ausgleich zwischen Eltern also konkret aussehen? Hierfür gibt es keine One-fits-all-Lösung. Bedenkt, dass man sich direkte Zahlungen untereinander auch leisten können muss. Viele sind froh, überhaupt über die Runden zu kommen oder etwas zurücklegen zu können. Im Rahmen der Möglichkeiten kann ein finanzieller Ausgleich in Bezug auf Alltagsfinanzen oder der Altersvorsorge über verschiedene Wege erfolgen:

- **Das gemeinsame Konto:** Auf das Gemeinschaftskonto zahlt die erwerbstätige Person einen höheren Anteil ein, beide Partner:innen können aber gleichberechtigt über das Geld verfügen.
- **Aufteilung der Fixkosten:** Die erwerbstätige Person kann einen größeren Anteil der gemeinsamen Fixkosten übernehmen.
- **Solidarische Direktzahlung:** Die erwerbstätige Person gibt der anderen einen festen Betrag als Ausgleich für den Verdienstausfall ab.

Paare können darüber auch schriftliche Vereinbarungen treffen.

- **Partnerschafts- und Erbverträge:** Sie sind vor allem für Unverheiratete wichtig, da viele Absicherungsthemen, die für Eheleute automatisch gelten, wie z.B. die Hinterbliebenenrente, nicht für sie geregelt sind. Sie sind aber auch dann sinnvoll, wenn eine Person wegen der Kinder im Job kürzertritt, eine Person selbstständig ist oder sich nach der Scheidung größtenteils um die Kinder kümmert. Sie können zu jedem Zeitpunkt der Beziehung abgeschlossen werden. In einem Partnerschaftsvertrag können eure Interessen zum Thema Unterhaltszahlungen, Sorgerecht, Erbfolge oder Ansprüche auf Rentenzahlungen oder andere Ersparnisse geregelt werden. In Bezug auf eine eigene Immobilie könnt ihr Regelungen zum Umgang mit Kreditzahlungen, Verkauf oder auch ein Wohnrecht im Falle einer Trennung regeln.[2]
- **Zukunfts- und Altersvorsorge:** Da die care-arbeitende Person nicht ausreichend für sich vorsorgen kann, übernimmt die erwerbstätige Person Ausgleichszahlungen für die Altersvorsorge. Wie hoch die Rentenbeiträge bei einer Vollzeittätigkeit vor der Elternzeit sind, kann man z.B. in der Renteninformation nachlesen, die Angestellte jährlich per Post von der Deutschen Rentenversicherung bekommen. Die Ausgleichszahlung kann man dann monatlich auf einem Konto ansparen, in einer privaten Rentenversicherung oder in einem ETF-Depot per Sparplan (ein Dauerauftrag für ein Aktiendepot) investieren. Wie ein ETF-Sparplan funktioniert, kannst du im Kapitel *Geldanlage to go* nachlesen. Wenn die care-arbeitende Person eine betriebliche Altersvorsorge über die Arbeit oder ein privates Vorsorgeprodukt abgeschlossen hat, kann die andere Person

hierfür die Beiträge während der Elternzeit übernehmen. Dies sollte unbedingt auf den Namen der begünstigten Person erfolgen, damit das Geld selbstbestimmt genutzt werden kann. Unabhängig von der Höhe der entgangenen Rentenbeiträge kann es auch generell einen Abgleich eurer Gehälter und Einnahmen geben. Da oft diejenige Person weiter erwerbsarbeiten geht, die sowieso schon das höhere Gehalt hatte, könnt ihr euch daran orientieren. Achtet darauf oder legt vertraglich fest, dass die Zahlungen nicht als Schenkung angesehen und im Trennungsfall über einen Zugewinnausgleich wieder auf beide verteilt werden.

- **Geteilte Besitzverhältnisse:** Unabhängig davon, wer die Kreditrate bezahlt oder mehr Eigenkapitel einbringen konnte, können z. B. bei einer Immobilie beide Partner:innen ins Grundbuch eingetragen werden. Versucht hier, als Paar eine Lösung zu finden, die am besten zu eurer individuellen Situation und euren Bedürfnissen passt. Die finanzielle Lage setzt hier oft Grenzen. Wichtiger als die konkrete Methode ist die gemeinsame Anerkennung und Wertschätzung und eine faire, transparente Regelung.

Was passiert im Trennungs- oder Todesfall?

Bei Finanzfragen werden Szenarien wie Trennung, Krankheit, Unfall oder Tod oft ausgeblendet. Durch den fehlenden Einblick in die gemeinsamen Finanzen sind dann meist die Frauen mit unangenehmen Überraschungen bis hin zu existenziellen wirtschaftlichen Folgen konfrontiert. Sie bemerken, dass sie zu wenig Altersrücklagen haben, Vermögen nicht auf ihren Namen angelegt ist oder sie ihren Lebensstandard ohne das Gehalt des Partners nicht aufrechterhalten können. Oft sind es eher die kleineren Posten, die dich z. B. bei einer Trennung finanziell sehr belasten können: Zwei kleinere Wohnungen samt doppelter Ausstattung werden für beide teurer als die gemeinsame große Wohnung. Ihr zahlt einzelne Versicherungen, wo es vorher eine Familienversicherung gab, aber auch Urlaub, Autokosten oder Aufwendungen für Streaming- oder andere Abos läppern sich.

Während es früher ein großzügigeres Unterhaltsrecht für Geschiedene mit geringem oder keinem Einkommen gab, fällt der Unterhaltsanspruch seit einer Gesetzesreform von 2008 deutlich geringer und zeitlich begrenzt aus. Für Unverheiratete gelten diese Regelungen gar nicht, sodass sie finanziell deutlich schlechter dastehen bzw. überhaupt nicht abgesichert sind. Dennoch hält sich die veraltete Vorstellung hartnäckig, dass man durch eine Ehe und ggf. noch die Erziehung gemeinsamer Kinder durch Unterhaltszahlungen abgesichert ist. Ein Trugschluss:

- Der **Trennungsunterhalt** soll ein Gleichgewicht für den oder die finanziell schlechter stehende:n Partner:in bis zum Zeitpunkt der Scheidung schaffen. Der Trennungsunterhalt richtet sich nach dem bereinigten Nettoeinkommen beider Eheleute, von dem jede:r ungefähr die Hälfte bekommt. Du kannst dich bei kostenlosen Trennungs- und Scheidungsberatungsstellen in deiner Nähe beraten lassen.
- Solange du nach einer Scheidung ein betreuungsbedürftiges Kind versorgst, erhältst du einen **Betreuungsunterhalt**. Ab dem dritten Lebensjahr des Kindes wird erwartet, dass du wieder arbeitest.
- Stirbt dein:e Ehe- oder Lebenspartner:in, hast du Anspruch auf eine Hinterbliebenenrente. Dabei beträgt die kleine **Witwer-/Witwenrente** (wenn du jünger als 47 Jahre, nicht erwerbsgemindert bist und kein Kind erziehst) 25 % des

Betrages, den dein:e Partner:in zum Zeitpunkt des Todes bezogen hätte. Die kleine Witwenrente kannst du maximal zwei Jahre beziehen. Die **große Witwer-/Witwenrente** erhältst du, wenn du älter als 47 Jahre alt bist, erwerbsgemindert bist oder ein Kind unter 18 Jahren erziehst. Sie beträgt 55 % des Betrages, den dein:e Partner:in zum Zeitpunkt des Todes bezogen hätte. Die Bezüge sind zeitlich unbegrenzt.

- Wenn dein:e geschiedene:r Partner:in verstirbt und du euer minderjähriges Kind erziehst, kannst du eine **Erziehungsrente** beziehen. Die Höhe entspricht deinem Anspruch auf Erwerbsminderungsrente, die du in deiner Renteninformation nachlesen kannst, und fällt oft sehr gering aus.
- Es gibt einige Besonderheiten, wenn du ein Kind mit Behinderung versorgst, du selbst nicht vollumfänglich arbeiten kannst, z.B. aus gesundheitlichen Gründen oder weil du lange Zeit «zu Hause» geblieben bist, nicht erwerbstätig warst und somit schwerer Arbeit findest. Ausführliche Informationen und bei Bedarf eine Beratung bekommst du bei der Deutschen Rentenversicherung.[3]

Aufgrund der geringen Höhe und der zeitlichen Begrenzung des Trennungsunterhalts solltest du dich also nicht auf eine Versorgung durch deine:n Partner:in verlassen. Durch den Fokus auf die nacheheliche Eigenverantwortung geht es nicht um die Aufrechterhaltung des vorherigen Lebensstandards, sondern darum, dass du einer Erwerbstätigkeit nachgehst bzw. diese erweiterst, um dich selbst zu finanzieren. Auch an dieser Stelle zeigt sich, dass die Care-Arbeit nicht gesehen und anerkannt wird. Dazu kommt, dass dein:e Partner:in generell nur Unterhalt zahlen muss, wenn es Einnahmen über seinem Selbstbehalt gibt.[4] Damit soll sichergestellt werden, dass dein Gegenüber nicht selbst in finanzielle Not gerät. Zahlungen an die Kinder haben dabei Vorrang vor dem Trennungsunterhalt.

Roadmap: Faire Finanzen

Partnerschafts- oder Ehevertrag: Dieser Vertrag dient der gegenseitigen rechtlichen Absicherung und kann Regelungen zu Unterhaltszahlungen, Vermögensaufteilung oder auch die Nutzung von Eigentum und Immobilien enthalten.

3-Konten-Modell: Mit zwei Privatkonten und einem Gemeinschaftskonto könnt ihr für eine gerechte Verteilung eurer Einnahmen sorgen, eure unabhängigen Finanzen behalten und den Überblick über das gemeinsame Budget behalten.

Care-Arbeitsausgleich: Überlegt euch, in welcher Form die care-arbeitende Person im Hier und Jetzt, aber auch für die finanzielle Versorgung im Alter finanziell ausgeglichen und abgesichert werden kann.

Ausgaben zentralisieren: Mithilfe eines Gemeinschaftskontos könnt ihr Versicherungen, Abos, Kinderfinanzen und weitere gemeinschaftliche Ausgaben zentralisieren, ggf. Familientarife nutzen und einen transparenten Überblick bekommen.

Bonus-Lifehack: Risikolebensversicherung. Falls im Todesfall eines Partners eine große finanzielle Lücke entsteht oder laufende Zahlungen wie Miete nicht mehr gestemmt werden können, können diese durch die Zahlung eines individuell festgelegten Auszahlbetrages ausgeglichen werden.

Dein Rentenalter – Golden Years?

Du hast es wahrscheinlich schon öfter gelesen oder gehört: Deine Rente wird später nicht reichen. Aber was heißt eigentlich *später,* und *wofür* reicht sie nicht?

Von dem sogenannten *Renteneintrittsalter,* das aktuell bei 67 Jahren liegt, können wir uns verabschieden: In der Politik wird regelmäßig eine Erhöhung verhandelt. Dennoch ist der Ruhestand ein Ziel, das umso mehr herbeigesehnt wird, je größer die aktuelle Belastung durch Erwerbsarbeit ist – verbunden mit Träumen davon, was man dann alles unternehmen will. Diese Sichtweise wird noch immer medial und politisch reproduziert, obwohl längst klar ist, dass es immer mehr Menschen geben wird, die im Alter weiterarbeiten oder auf Sozialleistungen angewiesen sein werden, sei es komplett oder nur ergänzend. Aber auch diese ergänzenden Leistungen, also die Tatsache, dass du deinen Lebensunterhalt eben nicht mit deiner Rente bestreiten kannst, erfordern, dass du deine Einkommens- und Vermögensverhältnisse offenlegst. Dein Einkommen im Rentenalter, in der Regel dein Rentenbezug, wird also bei Sozialleistungen angerechnet, und dein Vermögen muss erst bis zu einem Freibetrag von 10 000 € verbraucht werden. Auch wenn dir nur 100 € für die Miete fehlen, musst du monetär die Hosen runterlassen.

Die Rente ist sicher … zu wenig. Denn sie reicht nicht aus!

Der Staat hat schließlich kein Interesse daran, Millionen von Bürger:innen mit einer Grundsicherung oder anderen staatlichen Mitteln zu finanzieren. Daher wird es auch immer eine von der Erwerbstätigkeit abhängige Rentenversorgung geben. Diese ist aber so ausgelegt, dass nur die als profitabel angesehene Erwerbs- und nicht die heimische Care-Arbeit darauf einzahlt. Der Fokus auf die private Vorsorge ist für Menschen mit genug finanziellen Ressourcen kein Problem, finanziell schlechter gestellte Menschen werden aber mit ihrer mickrigen gesetzlichen Rente alleingelassen – ganz egal, wie viel sie gearbeitet haben.

Dass man sich nicht auf die gesetzliche Rente verlassen, sondern zusätzlich vorsorgen muss, steht übrigens auch in der Renteninformation. Hier sind die wichtigsten Gründe, warum das so ist und weshalb sich das auch in Zukunft nicht so schnell ändern wird.

Der demografische Wandel

Das Rentensystem in Deutschland basiert auf einem Umlageverfahren. Das bedeutet, dass heutige lohnarbeitende Generationen die Rente der Älteren über ihre Rentenversicherungsabgaben querfinanzieren. Ein Problem für die gesetzliche Rente dabei ist die Verschiebung der Altersstruktur: Der Anteil der 65-Jährigen und Älteren an der Gesamtbevölkerung wird sich dadurch von 20,8 % (2013) auf 31,7 % (2060) erhöhen.[5] Immer weniger lohnarbeitende Menschen stehen also immer mehr Rentenempfänger:innen gegenüber.

Die Senkung des Rentenniveaus

Während 2010 noch ca. 52 % des durchschnittlichen Einkommens eines Erwerbstätigen an Rente gezahlt wurden, sieht die Deutsche Rentenversicherung das Rentenniveau im Jahr 2030 nur noch bei 44,3 %. 2024 waren das 1769 € Rente bei 45 Versicherungsjahren. Aktuell bekommen übrigens nur 65 Männer in Deutschland die maximale Rente von 3444 € im Monat. Dafür muss man 45 Jahre gearbeitet und immer über 96 000 € verdient haben. Der Beitragssatz für die Rentenversicherung sowie die Abgaben für die Kranken-, Arbeitslosen- und Pflegeversicherung werden sich noch dazu in den nächsten Jahren – bei gleicher Versorgungslage – stärker erhöhen.

Steuern und Abgaben

Schaust du dir die Zahlen auf deiner jährlichen Renteninformation an, denkst du vielleicht, dass es gar nicht so wenig ist. Allerdings: Bei diesen Zahlen handelt es sich um Bruttobeträge. Genauso wie bei deinem Gehalt gehen hiervon noch Steuern und Abgaben ab. Nur die Arbeitslosen- und Rentenversicherung fallen in dieser Zeit weg, weshalb du ein etwas besseres Netto hast. Neben der Einkommensteuer kommen noch die Abzüge für die Krankenversicherung (2025: 7,3 %) und Pflegeversicherung (2025: 3,6–4,2 %) dazu. Die steuerlichen Abzüge hängen mit deiner individuellen Situation zusammen. Insgesamt kannst du aber mit Abzügen von ungefähr 20 % rechnen, wenn du überschlagen willst, wie viel du später netto bekommst.

Inflation = allgemeiner Anstieg des Preisniveaus

Im Laufe der Jahre steigen die Preise. Dadurch verliert dein Geld indirekt an Wert. Du konntest z. B. vor 20 Jahren für einen Euro drei Brötchen kaufen und heute nur noch eins.

Der Blick auf den Betrag in der Renteninfo kann also täuschen. Wenn du heute von 2000 € netto gut leben und deine Miete zahlen kannst, haben diese 2000 € in 25 Jahren (bei einer Inflationsrate von 2 %) noch eine Kaufkraft von knapp 1200 €. Andersherum brauchst du in 25 Jahren einen monatlichen Betrag von 5300 €, um dir die gleichen Dinge zu kaufen, die du heute für 2000 € bekommst. Als grobe Regel kannst du dir merken, dass sich die Kaufkraft innerhalb von 30 Jahren ungefähr halbiert.

Du siehst: Du musst selbst etwas tun und kannst dich nicht auf deine gesetzliche Rente verlassen. Bevor du nun verzweifelst, lies weiter!

Low-Budget-Vorsorge

Mit Low-Budget-Vorsorge kenne ich mich aus. Ich habe schon als Kind das Thema Geld als stressig wahrgenommen und wusste, dass ich später auf keinen Fall arm sein will. Meine Eltern waren zwar nicht im klassischen Sinne arm und hätten sich auch nicht so bezeichnet. Jedoch war das Geld immer knapp, Urlaube nicht drin, und die Kreditschulden für einen Hausbau bestehen bis heute. Somit konnten meine Eltern weder für sich selbst noch für uns Kinder vorsorgen. Obwohl auch meine Mutter gearbeitet hat, und das war damals noch eine absolute Ausnahme, habe ich sehr oft zu hören bekommen: «Dafür haben wir kein Geld.»

Nach dem Studium habe ich in einer unabhängigen Beratungsstelle zu Bürgergeld und anderen Sozialleistungen für Frauen und ihre Familien gearbeitet. Dort habe ich viele Studentinnen, Akademikerinnen oder Frauen, deren Teilzeitarbeit nicht zum Leben reichte, beraten. Niemand spricht gern über die eigene Armutsbetroffenheit, weil wir sie oft mit Verwahrlosung oder unkontrollierten Lebenszuständen assoziieren. Das muss sich dringend ändern.

Natürlich kannst du auch aus deinem wenigen Geld durch Budgeting, faire Finanzen oder Geldanlage mehr machen, jedoch bleibst du immer im Rahmen deiner finanziellen Mittel. Wenn du z. B. in einen Weltmarkt-ETF investierst, hättest du in den letzten Jahrzehnten durchschnittlich 7 % Rendite generiert. 7 % von investierten 100 € sind aber eben auch nur 7 € oben drauf. Bei investierten 100 000 € wären das schon 7000 €, welche dann ja – wenn sie angelegt bleiben – wiederum Rendite bringen. Risikoreiches Investieren in eine Einzelaktie, z. B. ein vielversprechendes, wachstumsorientiertes Unternehmen, kann dir auch höhere Rendite bringen. Wer aber wenig Geld hat, kann kein großes Verlustrisiko eingehen. Das Wachstum des Geldes solltest du unbedingt realistisch und passend zu deinen finanziellen Ressourcen einordnen.

Auch bei der Low-Budget-Vorsorge kann man sich eine Sache zunutze machen. Wenn die Zinsen – oder die Rendite – reinvestiert werden und wieder Zinsen bringen, entsteht ein Schneeballeffekt oder eine Welle. Das Wachstum auf deinem Konto oder Depot findet nicht linear, sondern als Kurve statt, die exponentiell steigt. Das nennt man den Zinseszinseffekt. Und dieser Effekt ist der Grund dafür, warum du auch mit kleinen Beträgen sparen und investieren solltest. Denn egal, ob du einen kleinen oder großen Einsatz bringst – der wichtigste Faktor bei der Vermehrung deines gesparten oder investierten Geldes ist die Zeit. Der Effekt bedeutet für dich im besten Fall, dass du in deinen produktiven Jahren ordentlich zurücklegst, um über einen längeren Zeitraum von diesen Rücklagen plus Rendite on top zehren zu können.

An der folgenden Grafik kannst du erkennen, dass man auch mit kleinen Beträgen, dafür aber über einen langen Zeitraum etwas aufbauen kann.[6]

Selbst wenn du gespartes Geld über mehrere Jahre im Depot ruhen lässt, vermehrt es sich weiter. Wie du dir ein solches Depot aufbaust, kannst du im Kapitel *Do It Yourself: Sparen & Investieren* nachlesen. Probiere Spar-Szenarien mit deiner eigenen Sparrate und möglichen Zeiträumen einfach mal mit einem Zinsrechner aus (siehe *Websites & Tools*).

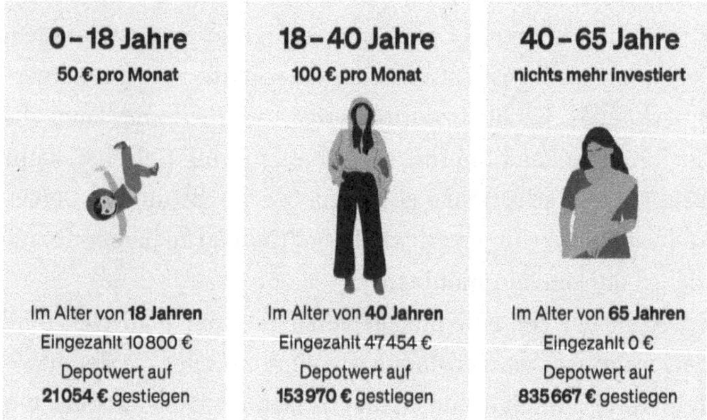

Reality-Check

Wo kannst du dich finanziell einordnen? Hier kann man vier Stufen der finanziellen Möglichkeiten unterscheiden: finanzielle Abhängigkeit, finanzielle Sicherheit, finanzielle Unabhängigkeit und finanzielle Freiheit. Diese Aufteilung kann dir dabei helfen, realistische Ziele zu setzen und falsche Versprechen der Finanzbranche besser einzuordnen.

1. **Finanzielle Abhängigkeit:** Du bist aufgrund von geringem Einkommen oder Schulden auf externe Unterstützung

angewiesen, z. B. durch staatliche Sozialleistungen, Familienmitglieder oder in der Partnerschaft, um deine Lebenshaltungskosten zu bestreiten.

2. **Finanzielle Sicherheit:** Du hast ein stabiles Einkommen und kannst deine Lebenshaltungskosten selbst tragen. Du kannst bereits ein kleines Back-up ansparen.
3. **Finanzielle Unabhängigkeit:** Du hast kurz- und mittelfristige Rücklagen, also ein sogenanntes *Fuck-you-Money*[7], sorgst für die Rentenzeit vor und kommst mit deinem Einkommen gut aus. Dadurch bist du bei Arbeitslosigkeit und im Trennungsfall abgesichert.
4. **Finanzielle Freiheit / finanzieller Überfluss:** Du hast so umfangreiches Vermögen, dass du nicht mehr arbeiten musst, denn du lebst von Rendite, Zinsen oder passivem Einkommen über dein Unternehmen, Investitionen am Aktienmarkt oder Immobilien. Der finanzielle Überfluss spricht eigentlich für sich.

Die wenigsten von uns werden über Stufe 3 hinauskommen. Falls du die Merkmale der finanziellen Unabhängigkeit erfüllst, ist das schon ein großer Schritt.

Geldanlage und Sozialleistungen

Unser Sozialstaat und die damit verbundene Unterstützung in Notlagen ist eine wichtige historische Errungenschaft. Dennoch verzichten viele Menschen auf Leistungen des Staates, weil sie sich irrtümlich nicht zu den Anspruchsberechtigten zählen oder sie aus falscher Scham, Angst vor Stigmatisierung oder Bescheidenheit nicht in Anspruch nehmen: In unserer Gesellschaft gibt es viele Ressentiments in Hinsicht auf den Bezug von «Stütze» (so wurde staatliche Unterstützung in Boomer-Zeiten genannt). Nicht immer bedeutet ein Anspruch auf Leistungen allerdings, dass man mittel- oder arbeitslos ist. Unter Sozialleistungen versteht man z. B. staatliche Beiträge zu Sozialversicherungen, wie Kranken-, Pflege-, Arbeitslosen- und Rentenversicherung. Um ein bestimmtes Rentenversicherungsniveau zu halten, unterstützt der Staat die Rentenkasse, die durch das Umlageverfahren allein dieses Niveau nicht halten könnte. Aber auch das Bürgergeld, Grundsicherung im Alter oder bei Erwerbsminderung, Wohngeld, Kinderzuschlag oder das Kindergeld zählen zu den Sozialleistungen. Die Wahrscheinlichkeit ist also hoch, im Laufe seines Lebens Sozialleistungen zu bekommen.

Allerdings verlangt der Staat bei denjenigen Leistungen, die dein Existenzminimum sichern sollen, dass du zunächst vorrangig deine eigenen Mittel, also dein Einkommen und *verwertbares* Vermögen nutzt, bevor du staatliche Leistungen erhältst. Menschen, die Sozialleistungen beziehen, denken oft, dass sie nicht vorsorgen müssen oder können. Doch schon die Vermögensprüfung bei der Antragstellung zeigt, dass es grundsätzlich erlaubt ist, im Rahmen der Freibeträge Sach- oder Geldvermögen zu besitzen. Zu deinem Vermögen zählen Bargeld, Sparguthaben, Wertpapiere (Aktien und Aktienfonds), Kapitallebensversicherungen, Haus- oder Wohnungseigentum und auch besonders hochwertige Dinge, wie z. B. Schmuck oder ein Auto.

Aktuell gilt beim Bezug von **Bürgergeld** eine Karenzzeit von einem Jahr, bevor der Freibetrag für dein Vermögen 40 000 € (dazu 15 000 € für jede weitere Person in der Bedarfsgemeinschaft / im Haushalt) nicht überschreiten darf. Die Karenzzeit soll dazu dienen, sich erst mal auf die Jobsuche konzentrieren zu können. Bereits nach einem Jahr beträgt der Freibetrag nur noch 15 000 €. Wer also privat vorsorgt, so wie es von einem gefordert wird, ist bereits mit wenigen Ersparnissen von dieser existenziellen Absicherung bei Jobverlust ausgeschlossen. Die lebenslange Rentenlücke liegt bei Durchschnittsverdienenden bei 500 000 € und kann sich je nach Lebensalter auf eine Million Euro summieren.[8] Gleichzeitig sollen bereits 15 000 € auf der hohen Kante laut Arbeitsagentur ein «erhebliches Vermögen» sein?

Um **Wohngeld** zu beziehen, darf dein Vermögen bis zu 60 000 € betragen (dazu 30 000 € für jede weitere Person in der Bedarfsgemeinschaft / im Haushalt). Im Gegensatz zum Bürgergeld wird eine selbst bewohnte Immobilie oder ein Kfz nicht berücksichtigt. Eine dreiköpfige Familie darf somit ein Vermögen von 120 000 € haben. Wohngeld kannst du nicht nur als Mieter:in bekommen, sondern auch als Eigentümer:in einer selbst bewohnten Immobilie.

Beim **Kinderzuschlag** beträgt die Vermögensfreigrenze für zwei Personen 55 000 €, für drei Personen 70 000 € und für jedes Kind zusätzlich 15 000 €.

Eine betriebliche Altersvorsorge, die Basisrente und die staatlich geförderte Altersvorsorge, wie z. B. eine Riester-Rente und die Erträge daraus, sind übrigens jeweils anrechnungsfrei. Auch andere für die Altersvorsorge bestimmte Versicherungsverträge werden nicht als Vermögen berücksichtigt.

Obwohl die **Vermögensfreibeträge** relativ willkürlich und nicht mehr zeitgemäß an die Lebenshaltungskosten angeglichen sind, sind sie doch manchmal höher, als viele denken. Und das hat einen wichtigen Grund, denn Sozialleistungen sind eben nicht nur für existenzielle Notlagen gedacht. Sie unterstützen Geringverdienende, Eltern oder Menschen, die aufgrund eines Schicksalsschlags wie Unfall oder Arbeitslosigkeit auch kurzfristig in einen finanziellen Engpass geraten. In vielen Fällen erhalten Menschen nicht den Gesamtbetrag, sondern aufstockende Leistungen oder nur einen kleinen Teil an Leistungen. In jedem Fall ist es wichtig, dass nicht direkt die Rücklagen für die Altersvorsorge für Miete angezapft werden, damit der Lebensunterhalt gesichert bleibt.

> ***Keine falsche Bescheidenheit bei staatlichen Sicherungssystemen – sie stehen dir zu!***

Wer unsicher ist, ob ein Anspruch besteht, kann am besten mit dem Wohngeld beginnen, da es sich um eine sehr niedrigschwellige Leistung handelt. Durch die Wohngeldreform Anfang 2023, die eine Reaktion auf die starken Mietsteigerungen und somit auch eher ein Art Umverteilung von unten nach oben durch staatliche Unterstützung für Vermieter:innen war, sind viele Einzelpersonen und Familien darauf angewiesen. Viele von ihnen nehmen diese Unterstützung jedoch nicht in Anspruch, weil sie nicht wissen, dass sie anspruchsberechtigt sind, oder sie von der Antragstellung abgeschreckt werden. Wer bisher dachte, nicht zur Zielgruppe von Sozialleistungen zu gehören, aber am Monatsende regelmäßig kein Geld auf dem Konto hat, sollte unbedingt prüfen, ob nicht vielleicht doch Anspruch auf Unterstützung besteht. Vor allem Eltern und Sorgeberechtigte von Kindern lassen hier oft Geld liegen. Mit einem Online-Wohngeldrechner kannst du unverbindlich prüfen, ob du einen Zuschuss zur Miete erhalten kannst. Sobald du aufgrund von zu geringem Einkommen einen Anspruch auf Kinderzuschlag oder sogar das Gehalt aufstockende Bürgergeld hast, wirst du bei deinem Wohngeldantrag darauf hingewiesen. Andersherum würdest du bei einem Antrag auf Kinderzuschlag oder Bürgergeld aufgefordert werden, zuallererst deinen Wohngeldanspruch als sogenannte *vorrangige Leistung* zu beantragen.

Weitere Leistungen, die bei geringem Einkommen oder dem Bezug von Sozialleistungen infrage kommen, sind z. B. ein Wohnberechtigungsschein, ein Mobilticket, Lebensmittel bei der Tafel e. V., Sozial- und Kulturpässe, Ermäßigungen bei Eintritten oder andere Angebote lokaler Träger. Außerdem kannst du dich vom Rundfunkbeitrag befreien lassen und *Bildungs- und Teilhabe-Leistungen* für deine Kinder beantragen.

Last Exit: Rente vom Staat

Nun denkst du vielleicht darüber nach, dass es eine Möglichkeit wäre, im Alter Sozialleistungen zu beziehen, also Hilfen nach dem Sozialgesetzbuch XII, früher Sozialhilfe, heute Grundsicherung im Alter genannt.[9]

Das kann immerhin aufgestockt werden, also nur in kleinen Beträgen, die einem zum Leben fehlen. Zudem muss man – anders als beim Bezug von Bürgergeld – nicht dem Arbeitsmarkt zur Verfügung stehen. Darauf solltest du aber nicht spekulieren, denn spaßig ist es nicht. Ganz im Gegenteil. Die gesellschaftlichen Ressentiments gegen die angebliche «soziale Hängematte» halten sich hartnäckig. Dazu kommt, dass Menschen, die auf Sozialleistungen angewiesen sind, ihr Einkommen, ihre Ersparnisse und ihre Lebensverhältnisse komplett offenlegen müssen. Die Behörde akzeptiert keinen Datenschutz, wenn es um deine finanzielle Situation oder deine persönliche Familien- und Beziehungskonstellation geht. Wenn du Grundsicherung im Alter beziehst, musst du zwar (noch?) nicht dem Arbeitsmarkt zur Verfügung stehen, aber du bist genauso verpflichtet, dich in finanzieller Hinsicht durchleuchten zu lassen, auf Verlangen bei Behörden zu erscheinen und dein Vermögen (das betrifft Ersparnisse in deinem Banksparvertrag genauso wie Anlagen in ETFs o.Ä.) zuerst für deinen Lebensunterhalt zu verwerten. Wenn du eine Immobilie bewohnst, musst du sie verkaufen, wenn sie eine bestimmte Quadratmeterzahl überschreitet. Außerdem haben deine Kinder oder ggf. Eltern eine Unterhaltspflicht, sobald sie ein Jahresbruttoeinkommen von über 100 000 € haben. Entscheidend ist dabei nur das individuelle Einkommen der unterhaltspflichtigen Person, nicht das der Partner:in.

Nur zur Einordnung: Die Zahl der Empfänger von Grundsicherung im Alter steigt seit Jahren stetig an. Im Dezember 2024 bezogen knapp 739 000 Menschen in Deutschland Grundsicherung im Alter, und knapp 539 000 Menschen unter der Altersgrenze von 67 Jahren bezogen Grundsicherung wegen Erwerbsminderung aufgrund von Krankheit oder Behinderung.[10] Der Anteil der Personen, die Grundsicherung im Alter beziehen, ist seit 2006 von 2,3 % auf mittlerweile 3,8 % gestiegen. Die meisten Rentner:innen sind übrigens Aufstocker:innen, d.h., sie bekommen zwar eine Rente, die aber nicht zum Leben reicht, und müssen daher zusätzlich staatliche Leistungen in Anspruch nehmen.

Zum Umfang der Leistungen zählt ein Regelbedarf, angemessene Kosten für Unterkunft und Heizung, eventuell sogenannte Mehrbedarfe, z.B. aufgrund einer Behinderung, und die Übernahme der oben erläuterten Kranken- und Pflegeversicherungsbeiträge. 2025 liegt der Regelbedarf für eine alleinstehende Person bei 563 €, bei einem verheirateten oder in Partnerschaft lebenden Paar bei 506 €.[11] Dazu kommt eine relativ streng berechnete angemessene Miete. Wenn diese zu hoch liegt, musst du also auch noch auf Wohnungssuche gehen.

Ich gehe davon aus, dass du diese Option ohnehin nicht anstrebst, weil du dieses Buch liest. Außerdem hast du unter Umständen selbst mit wenig finanziellen Mitteln, aber dafür etwas

Ausdauer und Zeit die Möglichkeit, deine Zukunftsvorsorge zu organisieren.

Roadmap: Low-Budget-Vorsorge

Soziale Leistungen: Überprüfe deinen Anspruch auf staatliche Leistungen, z. B. mit Online-Rechnern, und beantrage, was dir zusteht.

Haushaltsbuch und Budgetierung: Tracke deine Einnahmen und Ausgaben – wenigstens für ein paar Monate –, um Einsparpotenziale zu entdecken und Ausgaben zu senken. Du kannst zu günstigeren Angeboten wechseln und ungenutzte Abos oder Versicherungen kündigen.

Fang klein an: Auch schon mit kleinen Beträgen kannst du das exponentielle Wachstum durch den Zinseszinseffekt nutzen. Das «Geheimnis» ist die Langfristigkeit. Leg eine Sparquote fest, nachdem du dein Geld getrackt hast.

Der Masterplan für deine Zukunft

Wenn es um Altersvorsorge geht, verlieren wir oft schon bei dem Gedanken daran die Lust, uns damit zu beschäftigen, und schieben es gern auf die lange Bank. Bei den älteren Generationen hat es ja auch irgendwie gereicht, aber plötzlich sollen alle privat vorsorgen und investieren!? Altersrente – das bedeutet, heute auf etwas zu verzichten, um in gefühlt hundert Jahren etwas mehr für das gealterte Zukunfts-Ich zu haben. Genau diese Zukunftsversion von dir wird dir aber rückblickend dankbar sein, dass du damals an sie gedacht hast. Wenn du dich erst mal überwunden hast, die Zukunft oder das Altwerden nicht mehr zu verdrängen, dann geht es um die Umsetzung: *money prepping* für den Ernstfall, sozusagen.

Es kann überfordernd sein, sich ein weit entferntes Ziel zu stecken, das unerreichbar scheint bzw. bei dem wir tausend Schritte auf dem Weg dahin erledigen müssen. Konzentriere dich am besten auf kleine Zwischenziele und feiere dich für jedes einzelne, das du erreicht hast. Manche werden rückblickend Zeitverschwendung und manche absolute Lifechanger sein. Und Letztere gilt es herauszufinden.

Im Titel dieses Buches ist von einem feministischen Masterplan die Rede, ich muss aber zugeben, dass er nicht allgemeingültig ist. Manche der Schritte, die gleich erläutert werden, machen zwar für fast alle von uns Sinn, ob man mit ihnen aber eine finanzielle Unabhängigkeit von Staat und Partnerschaft erreicht, hängt von den individuellen zeitlichen und finanziellen Ressourcen ab. Während die eine mit einer Erbschaft oder hohem Gehalt alle Absicherungs- und Vorsorgetöpfe schneller füllen kann, baut die andere vielleicht mit kleinem Sparplan über Jahrzehnte etwas für die Rente auf. Egal, ob spartanisch oder überreich, mit einer Step-by-step-Anleitung wirst du deine Finanzen aber so oder so strukturierter angehen.

Um zunächst mal einen Überblick über dein Geld zu bekommen, kannst du in vier Schritten vorgehen.

1. **Be prepared** – Schmiede deinen persönlichen Masterplan, nicht *evil*, sondern *genius*.
2. **Status quo** – Deine Bestandsaufnahme darüber, wie viel du schon auf der hohen Kante hast oder was du in Zukunft noch erwarten kannst.
3. **Lifestyle-Check** – Was brauchst du später im Alter, und wie viel fehlt dir zu deinem Glück noch, um deinen Lebensstil oder schlichtweg deine Existenz abzusichern?
4. **Close the Gap** – Okay, letzte Frage: Wie schaffst du es jetzt genau, die gesetzten finanziellen Ziele zu erreichen?

Be Prepared

In diesem Kapitel geht es darum, einen Plan zu schmieden, um motiviert zu bleiben und alles aus deinem Geld rauszuholen. Überleg dir, was du brauchst: Altersvorsorge oder *random* Vermögensaufbau?

Nach meinem Schulabschluss war durch die finanzielle Situation meiner Eltern klar, dass ich beruflich nur die Wege einschlagen kann, die nichts kosten oder die ich selbst finanzieren kann. Schon damals reichte der volle BAföG-Satz nicht aus, um ein Leben in der Stadt zu finanzieren, was heutzutage wegen der Mietentwicklung in Studierendenstädten wohl noch weniger klappen dürfte. Daher jobbte ich neben dem Studium noch in einer Kneipe. Dadurch zog es sich auf zehn Jahre, und ich benötigte nach dem BAföG auch noch einen Studienkredit, um durchziehen zu können. Was ich durch biografische Erfahrungen (eher defizitär) verinnerlicht hatte: Verschulde dich nicht und werde nicht arm. Das mit dem Verschulden hatte also schon mal nicht funktioniert. Nach dem Studienabschluss stieg ich mit mehreren Tausend Euro Schulden ins Berufsleben ein. Jedoch habe ich mich tatsächlich schon ab Studienbeginn mit der Anlage von kleinsten monatlichen Beträgen beschäftigt und verschiedene Sparverträge bei Banken abgeschlossen. Diese Produkte waren im Nachhinein betrachtet schlecht, mit viel zu hohen Verwaltungskosten für die entsprechenden Finanzdienstleister:innen und kaum Rendite für mich. Aber immerhin habe ich es versucht, und mit jedem Bausparvertrag oder auch zwei bis drei abgebrochenen Sparverträgen habe ich dazugelernt, später auch mal das Kleingedruckte gelesen und auf bessere Bedingungen geachtet. Wenn ich geahnt hätte, dass Geldanlage in Zukunft so viel einfacher, direkter – ohne Umweg über eine mitverdienende Finanzvermittlung bzw. Bank – möglich wäre, hätte mir das viel von meinen finanziellen Sorgen genommen. So oder so wurde ich aus der Not heraus schon früh zur Expertin für mein Geld: Ich beschäftigte mich einerseits damit, wie man strukturiert trotz kleinem Budget sparen und investieren kann, andererseits aber auch, wie man Unterstützungen von Sozialprojekten, aus dem Umfeld oder über Sozialleistungen bekommen kann.

Unsere Biografie prägt also unsere Perspektive auf und den Umgang mit Geld. Viele weiblich sozialisierte Personen sind eher weniger scharf darauf, sich mit ihren Finanzen auseinanderzusetzen. Doch gerade für sie ist es wichtig. Aber es wurde uns eben antrainiert bzw. in der Vergangenheit nur erlaubt, dass andere das übernehmen – der Dad, der Bankberater oder der Partner. Aber wenn es dich tröstet: Auch die sind eher selten mit einem gut durchdachten Plan an die Sache rangegangen, erst recht nicht mit dem Ziel, in einer Partnerschaft für gleichberechtigte finanzielle Unabhängigkeit zu sorgen. So einen Plan kannst du selbst aber immer noch schmieden und dich Schritt für Schritt an deine Vorsorge ranmachen. Der erste: Schulden angehen, Back-up aufbauen und deinen persönlichen monatlichen Sparbetrag ermitteln.

Vom Budget zur Sparquote

Deine monatliche Sparquote ist wichtig, um einen Überblick über deinen Vermögensaufbau zu bekommen. *Vermögen? Ich? Lol!*, denkst du jetzt vielleicht. Ja, auch du hast ein Vermögen bzw. kannst es dir zumindest ab heute aufbauen. Wir sprechen ja nicht von Millionenbeträgen, sondern von einem Betrag, mit dem du deinem individuellen Ziel näher kommst: deine Rentenlücke schließt, die lang ersehnte Reise machst oder einfach nur selbstbestimmt etwas für dein Zukunfts-Ich anlegst.

Um deine Sparquote zu bestimmen, gibt es zwei Herangehensweisen:

1. Du bestimmst eine Sparquote anhand eines konkreten Ziels, das du über einen bestimmten Zeitraum erreichen willst. Du hast also zuerst dein Ziel und leitest davon den monatlichen Sparbetrag ab. Das kann z. B. ein monatlicher Geldeingang zusätzlich zu deiner gesetzlichen Rente sein, den du ab deinem Renteneintrittsalter zur Verfügung haben musst. Wie man die Rentenlücke, also diesen fehlen-

den monatlichen Betrag, berechnet, erfährst du in Schritt 3. So weißt du, wie viel du investieren musst, um dein Ziel auch wirklich zu erreichen.

2. Wenn du *low budget* unterwegs bist oder es dir zu komplex erscheint, die Sparquote anhand eines konkreten Ziels zu berechnen, kannst du natürlich auch einfach drauflossparen. Indem du dein Geld, das du aktuell zur Verfügung hast, budgetierst, also z.B. in Fix- und Flexkosten unterteilst, kannst du bestimmen, welchen Betrag du jeden Monat zum Sparen oder Investieren übrig hast.

Mit ausgeklügeltem Finanzplan oder ohne – so oder so ist es wichtig, einmal all deine Einnahmen und Ausgabenzu tracken. Das solltest du durch die Nutzung eines Haushaltsbuches (per App, mit Kontoauszügen/Onlinebanking oder mit Stift und Papier) über mindestens drei Monate machen, damit das Ergebnis repräsentativ für deine aktuelle Finanzsituation ist. Die meisten Banken bieten im Rahmen des Onlinebankings eine super Aufschlüsselung oder Budgetierung deiner Einnahmen und Ausgaben an. Wichtig ist, einmal alle fixen regelmäßigen Geldtransaktionen, wie Gehalt, Miete, Abos, Sport, Rundfunkbeitrag usw. sowie die durchschnittlichen Ausgaben für variable Bereiche, wie Essen, Hygiene und Freizeit, zu scannen und festzuhalten. Achte auch auf jährliche Abbuchungen für Versicherungen usw. und teil die dann durch 12 Monate. Du brauchst keine Wissenschaft daraus zu machen, aber tracke alles in jeder elementar neuen Lebenssituation für ein paar Monate.

Erst wenn du einen realistischen Überblick über deine Einnahmen und Ausgaben hast, kannst du dein Geld selbstbestimmt einteilen und konkret sehen, wie viel am Monatsende übrig bleibt, aka deine Sparquote bestimmen.

Eine oft empfohlene Budget-Einteilung der monatlichen Ausgaben sieht übrigens so aus:

- 50 % Fixkosten
- 30 % Freizeit
- 20 % Sparen und Investieren

Tatsächlich ist eine Sparquote von 20 % aber für viele nicht realistisch, weil sie Verantwortung für abhängige Familienmitglieder tragen, verschuldet oder krank sind oder das Geld schlichtweg nur für die Lebenshaltungskosten reicht, nicht aber für große Investments. Ich selbst habe es noch nie geschafft, so viel zur Seite zu legen. Es handelt sich bei dieser Empfehlung also um eine Schablone, die dich inspirieren, aber nicht abschrecken soll. Setze ganz bewusst eine eigene Sparquote, die zu dir und deinem Leben passt, aber dich auch ans Ziel führt. Beachte dabei, dass sie umso größer ausfallen muss, je später du mit dem Sparen und Investieren anfängst. Es macht außerdem Sinn, diese Sparquote im Laufe der Jahre linear zu deinen (hoffentlich irgendwann) steigenden Einnahmen zu erhöhen oder mit Einmalzahlungen aufzustocken.

Wenn du also weißt, wie viel am Monatsende tatsächlich nach allen notwendigen und spaßigen Ausgaben übrig bleibt, setz deinen Sparbetrag als Dauerauftrag an den Monatsanfang bzw. zeitlich direkt hinter deinen Gehaltseingang. Es ist total okay, wenn das erst mal 25 € monatlich sind. Fang lieber klein an als gar nicht, um in den Flow zu kommen und den Zinseszinseffekt zu nutzen. Wichtig ist, dass du versuchst, dich zu steigern, sobald du mehr Geld zur Verfügung hast. Und warum am Monatsanfang? Es geht um dein Zukunfts-Ich, für das du Geld sparen willst. Und das sollte genauso zu seinem Recht kommen wie dein:e Vermieter:in oder deine Versicherung, die du wie selbstverständlich mit

Daueraufträgen am Monatsanfang bezahlst. Investiere genauso ernsthaft in dich (das klingt befremdlich neoliberal, *I know*). Denn mal ehrlich: Am Ende des Monats bleibt sonst nichts übrig. Dieses Prinzip nennt man *pay yourself first*.

> ***Pay yourself first – nimm nicht das Geld, das am Monatsende übrig ist, zum Sparen oder Investieren, sondern setze es als Priorität an den Monatsanfang.***

Dein ermittelter Sparbetrag wird also bereits am Anfang des Monats – im Idealfall entspannt automatisiert – in verschiedene Töpfe, z.B. deinen Schuldenabtrag, ein Tagesgeldkonto für dein Back-up oder dein Aktiendepot geleitet. Infos zur Geldeinteilung findest du in Schritt 3.

Schulden

Im Finanzbereich, bei Banken oder Finfluencer:innen in den sozialen Medien wird oft Druck ausgeübt und wenig Verständnis gezeigt für Leute, die noch nicht in dieses oder jenes investiert haben. Wie du inzwischen weißt, ist es für Finanzberater:innen eigentlich bindend, nach deiner finanziellen Situation, insbesondere nach Zahlungsverpflichtungen, zu fragen, bevor sie dich beraten und dir ihr Finanzprodukt verkaufen.[12]

Tatsächlich höre ich von den meisten Leuten, dass dies nicht passiert ist. Es ist aber wichtig, die finanzielle Situation ganzheitlich anzuschauen. Und was könnte dich von der Vorsorge abhalten?! Na, Schulden z.B.! Und hier ist die Frage: Welche Schulden hast du, und handelt es sich um gute oder schlechte Schulden?

- **Schlechte Schulden** sind Kredite oder Darlehen, die verwendet werden, um Konsumgüter oder Dienstleistungen zu finanzieren, die keinen langfristigen Wert haben und keine Einkünfte generieren. Das sind z. B. Kredite für Konsumgegenstände wie ein Handy oder Klamotten, die relativ schnell an Wert verlieren, oder auch Kreditkarten- und Disposchulden.
- **Gute Schulden** sind Kredite oder Darlehen, die verwendet werden, um Vermögenswerte zu kaufen oder Investitionen zu tätigen, die langfristig an Wert gewinnen oder Einkommen generieren. Dazu zählen z. B. Bildungskredite für deine Ausbildung, die zu einem besseren Einkommen führen, oder ein Immobiliendarlehen.

Es ist übrigens nicht notwendig, dass du komplett schuldenfrei bist, bevor du Geld für dich zurück- oder anlegst. Es kann dich extrem motivieren und deinen Umgang mit Geld verbessern, wenn du schon parallel zum Schuldenabtrag mit kleinen Beträgen loslegst. Je nach Umfang deiner Verbindlichkeiten zahlst du vielleicht 100 € pro Monat einen Kredit ab und investierst parallel 50 €. Mach es so, wie es zu dir passt. Schulden geben einem oft das Gefühl, dass man pathologisch nicht gut mit Geld umgehen kann. Geld ansparen und Erfolge feiern zu können, kann dann das Gegenteil bewirken.

Um zu entscheiden, um welchen Posten du dich zuerst kümmern willst, kannst du beim Abtrag von Schulden einen Blick auf die Kreditzinsen werfen. Ein Dispokredit sollte am besten zuerst abgetragen werden. Welchen Sinn macht eine ETF-Investition, die 7 % Rendite bringt, wenn du parallel 12 % monatlich an eine Bank zahlst? In diesem Fall solltest du zunächst die hochverzinsten Schuldverschreibungen loswerden.

Dein Back-up

Den Begriff Back-up kennst du wahrscheinlich von der Sicherheitskopie deiner digitalen Daten. Für deine Finanzplanung ist damit dein Sicherheitsnetz oder doppelter Boden gemeint, der dich abfängt, wenn du mal in einen existenziellen Geld-Engpass gerätst. Je nach Sicherheitsbedürfnis ist von etwas Geld auf der hohen Kante über ein Freund:innen-Netzwerk, das dich supporten kann, bis hin zu einem Rundum-sorglos-Versicherungsschutz alles möglich. Meiner Ansicht nach ist der solidarische Rückhalt im Freundes- oder Familienkreis ein wichtiges Back-up, für das es gesellschaftlich zu wenig Aufmerksamkeit gibt. Vielleicht auch deshalb, weil es uns unangenehm ist, über finanzielle Sorgen zu sprechen oder nach Geld zu fragen. Während meiner Zeit im Arbeitslosengeldbezug als Studentin, Berufseinsteigerin oder junge Mutter haben mich gelegentlich besser verdienende Freund:innen unterstützt – wie selbstverständlich und teilweise, ohne eine Rückzahlung zu akzeptieren. Im Fall von Existenznot durch Krankheit oder anderen finanziellen Krisen wüsste ich daher um ein unterstützendes Netzwerk, genauso wie ich selbst für Freund:innen und Familie da wäre.

Zu einem Allround-Back-up gehört für viele auch eine Absicherung der Arbeitskraft bzw. Existenzsicherung. Dein gesamter Finanz- und Vorsorgeplan ist schließlich irgendwie dahin, wenn du z. B. durch Unfall oder Krankheit erwerbsunfähig wirst. Versicherungsvermittler:innen schwören hier auf eine Berufsunfähigkeitsversicherung. Sie verdienen daran wegen der hohen Kosten aber auch dicke Provisionen. Wie immer gilt: Überprüfe, wer dir dazu rät und ob es sinnvoll für dich ist – unabhängige Beratung findest du z. B. bei der Verbraucherzentrale. Eine Berufsunfähigkeitsversicherung ist relativ teuer, wenn du dein komplettes Gehalt absichern willst, und die Beantragung inklusive der Gesundheitsprüfung ist ebenfalls nicht ohne. Leider ist es auch immer noch so, dass du als therapierter Mensch durch hohe Kosten benachteiligt wirst, anstatt dafür belohnt zu werden, dass du dich um deine mentale Gesundheit gekümmert hast. Dies sind Versicherungen, die meiner Meinung nach Sinn machen:

- **Krankenversicherung** (Must-have): Sie ist in Deutschland sowieso Pflicht.
- **Auslandskrankenversicherung:** Wenn deine deutsche Krankenversicherung im Reiseland nicht wirkt, ist diese kostengünstige Versicherung ein Muss, sofern du ins Ausland fährst!
- **Private Haftpflichtversicherung** (Must-have): Stell dir vor, du verursachst einen Unfall mit deinem Fahrrad, bei dem du für Behandlungskosten, den Verdienstausfall und Schmerzensgeld für die geschädigte Person aufkommen musst – hast du keine Versicherung, kann dich das in den finanziellen Ruin treiben.
- **Berufsunfähigkeitsversicherung** (sinnvoll, aber teuer): Du musst überlegen, ob du sie dir leisten willst und kannst. Achtung vor Kombi-Angeboten mit Sparverträgen, denn die taugen oft nichts.
- **Risikolebensversicherung** (sinnvoll): Nicht zu verwechseln mit einer Kapitallebensversicherung! Du zahlst hier einen jährlichen Betrag für eine fest vereinbarte Summe. Der Vorteil ist, dass dieses Geld im Falle deines Todes ausgezahlt wird, um deine Liebsten vor finanziellen Schwierigkeiten zu bewahren und ihnen z. B. bei der Abzahlung von Schulden und gemeinsamen Krediten zu helfen.

Bei weiteren Versicherungen, wie z. B. einer Hausrat-, Reiserücktritt- oder Zahnversicherung, solltest du schauen, ob dich ein entsprechender Vorfall in den finanziellen Ruin treiben würde. In den meisten Fällen, z. B. bei einem teuren Zahnersatz oder einem verlorenen Handy, ist es viel sinnvoller, wenn du selbstständig Geld zurücklegst und die Kosten stemmst.

Ganz konkret bedeutet ein finanzielles Back-up, eine bestimmte Summe auf der hohen Kante zu haben. Verfügbare Rücklagen, auch alman-kartoffelig *Notgroschen* genannt, sind eine wichtige Basis für die klassische Geldanlage genauso wie für Investitionen am Aktienmarkt. Groschen gibt es aber nicht mehr, und der Begriff *Not* ist einfach nur defizitär. In den USA nennt man ein solches finanzielles Back-up übrigens *Rainy-Day-Fund* (kleinere Rücklagen, z. B. für eine Autoreparatur) oder eben *Fuck-you-Money* (größere Rücklagen, z. B. um einen ungeliebten Job oder eine toxische Beziehung zu verlassen). Die Unterschiede im internationalen Umgang mit Geldthemen werden an dieser Stelle wieder einmal herrlich deutlich. Aber wie auch immer man es nennt, jede braucht verfügbare Rücklagen, also Geld, das nicht in einer langjährigen Versicherung steckt oder in einem Depot den Kursschwankungen am Aktienmarkt ausgesetzt ist.

> ***Freiheit hat ihren Preis. Ein finanzielles Back-up ermöglicht es dir zu gehen, wann du willst: raus aus der toxischen Beziehung, der überteuerten Wohnung oder dem schrecklichen Job.***

Und dann? Dann hat man etwas gespart, nur um es beim nächsten Lust- und Frustkauf oder bei akuter Reiselust wieder zu plündern. Aber hey, wenn du wegen eines finanziellen Notfalls, wie eines kaputten Autos oder eines Jobwechsels, an deine Rücklagen ranmusst, ist das keine Niederlage, sondern zeigt, dass das Back-up für dich funktioniert. Ich nehme z.B. in Krisenzeiten am Aktienmarkt mein Back-up-Geld, um es günstig zu investieren und Aktien oder ETFs von meiner Watchlist zu kaufen. Ich habe dann auch mal ein paar Monate keine Rücklagen, weiß aber, welche Geldanlage ich zur Not unkompliziert verflüssigen könnte. Über Geldanlage-Krisenmanagement sprechen wir später noch im Kapitel *Don't Panic! Risikomanagement*.

Für ein Vorzeige-Back-up werden drei Monatsgehälter (wenn du angestellt bist, reicht ggf. der Nettobetrag, bei Selbstständigkeit eher der Bruttobetrag) empfohlen, die auf einem Giro- oder Tagesgeldkonto liegen. Dort bekommst du zwar keine hohen Zinsen, dir steht das Geld aber jederzeit zur Verfügung. Es ist übrigens völlig okay, wenn du es nicht immer schaffst, so viel zurückzulegen, oder den Betrag regelmäßig wieder aufstocken musst. Ich selbst hatte noch nie so ein hohes Back-up. 😉

Roadmap: Be Prepared

Sparquote bestimmen: Track ein paar Monate dein Geld, um zu ermitteln, wie viel du jeden Monat auf die Seite legen kannst und willst.

Schulden abtragen: Überlege dir eine Strategie, mit der die hochverzinsten Schulden abgetragen werden können.

Pay yourself first: Automatisiere direkt nach Gehalts- oder Leistungseingang deinen Sparplan oder Dauerauftrag an dich selbst.

Existenzrisiko absichern: Schließe je nach Lebenssituation und Sicherheitsbedürfnis mindestens eine Haftpflicht- und eine Krankenversicherung ab.

Back-up aufbauen: Lege dir eine Reserve auf dem Konto an, so bleibst du flexibel bei einem finanziellen Engpass und musst nicht deine Altersvorsorge plündern.

Status quo – Wie viel hast du schon?

In diesem Schritt geht es jetzt darum, eine Übersicht über dein Geld zu bekommen. Wir werfen einen Blick auf alles, was du an Geldanlage vielleicht schon besitzt, aber auch auf Schulden und Verbindlichkeiten, die noch abbezahlt werden müssen.

Track dein Erspartes

Vermögen oder *Geldanlagen* – das klingt erst mal abgefahren und wahrscheinlich so gar nicht nach dir. Bei einer sogenannten Vermögensübersicht geht es aber ganz einfach um eine schnöde Gegenüberstellung deines Besitzes/Geldes gegenüber deinen Verbindlichkeiten, also Schulden oder Krediten. Dazu können ein altes Sparbuch aus Kindertagen zählen, die Finanzierung eines Fernsehers, den du noch abbezahlst, oder ein Immobilienkredit. Du kannst die Auflistung mit einer einfachen Excel-Tabelle, der Notizen-App auf dem Handy oder auf einem Blatt Papier machen. Hauptsache, du bekommst einen vernünftigen Überblick. Aktualisiere ihn jährlich, z. B. bei einer Art Finanz-Frühjahrsputz, oder immer dann, wenn sich deine Lebenssituation ändert, du z. B. mit jemandem zusammenziehst oder

JÄHRLICHE VERMÖGENSÜBERSICHT

DATUM: JANUAR

GUTHABEN	TAGESGELD	4000€
	DEPOT	15 800€ ETF 3500€ Aktien
	SPARBUCH OMA	7500€
GESAMT: 32 400€	GENOSSENSCHAFTS-ANTEILE	4 X 400€
SCHULDEN	KREDIT	4200€
GESAMT: 5700€	URLAUBSSCHULDEN BEI JANNY BOY	1500€
	BILANZ 26 700€	

Nachwuchs bekommst. Wenn du keine Wissenschaft aus einem Haushaltsbuch oder einer Vermögensbilanz machst, wird es dir auch leichter fallen, sie immer mal wieder anzugehen.

- **Beispiele Guthaben:** Immobilie (schätze den Wert, auch wenn die Immobilie noch nicht abbezahlt ist), Wertpapiere (Aktien, ETF, Fonds, Anleihen), Fest-, Tages- und Girokonto, Bausparvertrag, betriebliche Altersvorsorge, Riestervertrag
- **Beispiele Schulden:** Immobilienkredit (wird dem Wert der Immobilie gegenübergestellt), Studienkredit, Privatkredit, Konsumkredit (z. B. Fernseher)

Mit der Übersicht über dein Geld kannst du jetzt vielleicht schon ableiten, was du im Rentenalter von deinen privaten Rücklagen zusätzlich zu deinem gesetzlichen Rentenanspruch bekommst. Z. B. zahlst du weniger Miete bzw. nur Nebenkosten und Instandhaltung, wenn du eine eigene Immobilie bewohnst.

Vielleicht erhältst du aus einem Sparvertrag oder einer betrieblichen Altersversorgung einen monatlichen Betrag. Oder du bekommst regelmäßig Dividendenauszahlungen aus deinen Aktien oder ETFs. Notiere dir diese Beträge und rechne sie zusammen.

Das ist *die* Gelegenheit, deine Sparverträge, Fonds, Konten, Depots usw. mal detailliert anzuschauen oder das Kleingedruckte zu lesen. Schau dir erstens an, unter welchen Bedingungen die Auszahlung stattfinden kann, wie die Kündigungsbedingungen sind und ob du eine Einmal(aus)zahlung vornehmen oder du monatliche Zahlungen (z.B. als zusätzliche Rente) erwarten kannst. Zweitens ist der Betrag wichtig: Wie viel bekommst du monatlich aus deiner betrieblichen Altersvorsorge, oder mit welcher Höhe an Dividenden oder sonstigen Ausschüttungen kannst du jährlich rechnen? Dividendenzahlungen sind übrigens nicht festgelegt und können schwanken. Mehr dazu kannst du im Kapitel *Deep Dive: Aktien* nachlesen.

Die Sonne-Mond-und-Sterne-Strategie

Bei der Zukunftsvorsorge ist es gut, wenn man mehrere Eisen im Feuer hat. Dein Rentenanspruch kann stagnieren, weil du arbeitslos wirst, deine betriebliche Altersvorsorge vielleicht nicht so ertragreich läuft, wie du dachtest, oder dein Aktienfonds gerade zum Renteneintritt einen Kurseinbruch hat und erst mal weiter im Depot ruhen sollte. Wie gesagt weist ja sogar die Deutsche Rentenversicherung in der jährlichen Info darauf hin, dass du mit der gesetzlichen Rente allein nicht deinen Lebensstandard halten kannst und zusätzlich vorsorgen musst. «Zusätzlich» bedeutet in diesem Fall einerseits selbstbestimmt, andererseits bist du dabei komplett auf dich allein gestellt.

Hier zur ersten Orientierung die drei Säulen bzw. Ebenen der Vorsorgemöglichkeiten für die Rentenzeit:

1. **Gesetzliche Altersvorsorge:** Die gesetzliche Rente ist die Basis deiner Zukunftsabsicherung und ist im Idealfall die dickste Säule deiner Vorsorge. Sie kommt immerhin zuverlässig und bis zu deinem Lebensende auf dein Konto. Die Zahlungen sind zwar sicher, aber auch sicher zu wenig.
2. **Betriebliche / geförderte Altersvorsorge:** Das kann eine Zusatzrente in Form einer Betriebsrente oder einer Zusatzversicherung mit staatlichen Zulagen sein. Diese Säule kann aus einer Riesterrente, Rüruprente, vermögenswirksamen Leistungen oder einer betrieblichen Altersvorsorge bestehen. Nice to have! Wenn der Vertrag eine für dich ansprechende Rendite bei niedrigen Kosten bietet, kannst du dir einen staatlichen Zuschuss sichern. Du solltest solche Verträge aber unbedingt bei einer unabhängigen Stelle anschauen lassen (z.B. Verbraucherzentrale). Es gibt hier immer noch miese Produkte, die zu Unrecht einen Vertrauensvorschuss genießen, nur weil sie als etabliert gelten.
3. **Private Vorsorge:** Diese Säule besteht einerseits aus allem, was du bei einer Bank oder Finanzdienstleister:in gekauft hast, wie z.B. einem Bausparvertrag, einer Lebensversicherung, einem Sparvertrag oder einem Aktienfonds. Andererseits ist dies der spannende Teil, der auch Kern dieses Buches ist: Do-it-yourself-Geld. Das sind Investitionen in ETFs und Aktien, Anleihen, Sachwerte, Kryptowährungen, Immobilien u.v.m., aber auch dein Erspartes auf dem Tages- oder Festgeldkonto.

Das klingt alles wahnsinnig formal und langweilig? Ich nenne das Modell deshalb selbst lieber die *Sonne-Mond-und-Sterne-*

Strategie. Es sollten nicht immer nur überreiche Wirtschaftskoryphäen ökonomischen Modellen und Theorien einen Namen geben, oder? Ray Dalio, ein US-amerikanischer Hedgefonds-Manager, hat z.B. seiner diversifizierten Investmentstrategie den «genialen» Namen *All-Weather-Portfolio* gegeben. Später geht es in Bezug auf die ETF-Zusammenstellung noch um die *Core-Satellite-Strategie*. Hier ist zwar die Namensherkunft unklar, aber die Sonne-Mond-und-Sterne-Strategie passt doch ganz gut in diese Reihe. Die Sonne ist dabei deine gesetzliche Rente, Pension, Künstlersozialkasse o.Ä., also das, was dir verlässlich lebenslang ausgezahlt wird. Der Mond ist dein Aktiendepot. Je nach finanzieller Situation oder wenn du schon länger investierst, kann das natürlich ein sehr dicker Mond oder eher eine schmale Sichel sein. So oder so brauchst du diesen Teil in deinem Gelduniversum. Die Sterne stehen für weitere, oft eher kleinere Anlagen, wie z.B. ein Erbanteil, mit dem du rechnest, ein Bausparvertrag, vielleicht eine Kryptoinvestition oder eine betriebliche Altersvorsorge.

Dein Rentenanspruch

Wenn du Angestellte bist, bekommst du jährlich eine **Renteninformation**. Diese ist übrigens kein Renten*bescheid*, denn es handelt sich um eine unverbindliche Vorhersage deiner wahrscheinlichen Bezüge im Rentenalter. Und das sind oft *bad news*, die dafür sorgen, dass sich keiner gern diese Info genauer anguckt und das Kleingedruckte liest.

Wenn du Beamtin bist, zahlst du keine Rentenbeiträge und hast keinen Anspruch auf eine gesetzliche Rente, sondern bekommst eine **Pension** aus Steuermitteln. Anspruch auf diese Beamtenversorgung hast du nach fünf Jahren. Du bekommst statt einer Renteninformation eine Versorgungsprognose mit einer Berechnung auf Basis der bisherigen Dienstzeit und Besoldungsgruppe.

Wenn du über die **Künstlersozialkasse** (KSK) abgesichert bist, fließen deine Beiträge in die gesetzliche Rentenversicherung. Du bekommst daher wie im Angestelltenverhältnis jährlich eine Renteninformation, in der die Hochrechnung deines Rentenanspruches steht. Voraussetzungen für die Absicherung über die KSK sind eine selbstständige Tätigkeit als freischaffende Künstlerin oder Publizistin und ein regelmäßiges Einkommen über einer Mindestgrenze, die derzeit bei 3900 € jährlich liegt. 50 % zahlt die versicherte Person selbst, 20 % kommen als staatlicher Zuschuss vom Bund und 30 % über eine Künstlersozialabgabe, die u. a. Verlage, Galerien oder Sender zahlen müssen.

In der Renteninformation sind auf der ersten Seite in einem Kasten die wichtigsten Beträge aufgezählt:

1. Rente wegen voller Erwerbsminderung. Beispiel: 675 €
2. Deine zukünftig zu erwartende Altersrente, wenn du ab jetzt nichts mehr einzahlst. Beispiel: 637 €
3. Deine zukünftig zu erwartende Altersrente, wenn du bis zum Renteneintritt so einzahlst wie bisher. Beispiel: 1016 €

Außerdem steht in jeder Renteninfo der Hinweis auf eine mögliche Rentenanpassung, die dafür sorgen kann, dass deine Rentenbeträge später doch noch höher ausfallen könnten. Aus diesem Grund werden zwei Szenarien für dich ausgerechnet: erstens deine zu erwartende Altersrente bei einer jährlichen Rentenanpassung von 1 % (in unserem Beispiel wären das 1150 €) und zweitens bei einer Rentenanpassung von 2 % (in unserem Beispiel dann 1310 €). Diese Entwicklung kann aber nicht verlässlich vorhergesagt werden, denn hier entscheiden Politik, die allgemeine Lohnentwicklung und der demografische Wandel darüber, wo die Reise hingeht. So oder so kannst du je nachdem, wie optimistisch du auf die Regierung guckst, ruhig mit einer von diesen Rentenanpassungen rechnen und nicht den Betrag ohne Berücksichtigung einer Rentenanpassung nehmen und damit deine Rentenlücke bestimmen.

Im nächsten Absatz der Renteninfo kommt dann der bereits erwähnte Verweis auf den zusätzlichen Vorsorgebedarf, der eigentlich fett und neonfarbig gedruckt sein müsste.

> «Da die Renten im Vergleich zu den Löhnen künftig geringer steigen werden und sich somit die spätere Lücke zwischen Rente und Erwerbseinkommen vergrößert, wird eine zusätzliche Absicherung für das Alter wichtiger (‹Versorgungslücke›).
> Mit freundlichen Grüßen
> Ihre Deutsche Rentenversicherung Bund»

Auf der Rückseite deiner Renteninfo werden noch die Grundlagen der Rentenberechnung erklärt. Die goldene Regel lautet: Deinem Rentenkonto wird ein Entgeltpunkt bzw. Rentenpunkt gutgeschrieben, wenn du ein Jahr lang genau den Durchschnittsverdienst aller Versicherten bekommen hast. Wenn du die Hälfte des Durchschnittseinkommens verdienst, bekommst du auch nur einen halben Rentenpunkt. Und wenn du doppelt so viel verdienst, bekommst du eben zwei Rentenpunkte. Wer länger und mehr (lohn-)arbeitet ergo einzahlt, soll entsprechend dieser Logik später auch besser leben. Das klingt auf den ersten Blick fair, auf den zweiten merkt man, wie ungerecht es all jenen gegenüber ist, die nicht arbeiten können, im Niedriglohnsektor arbeiten oder unbezahlte Arbeit verrichten, wie z. B. Angehörigenpflege, die bei der Rente nur unter bestimmten Umständen berücksichtigt wird.

Andererseits kannst du auch ohne die Einzahlung in die Rentenversicherung ein paar Punkte bekommen, etwa durch eine Berücksichtigung von Kindererziehungszeiten, Pflegearbeit oder durch einen Versorgungsausgleich nach einer Scheidung:

- **Kindererziehungszeiten:** Sie werden bis zu drei Jahre angerechnet. Leider kann nur ein Elternteil gleichzeitig Kindererziehungszeit angerechnet bekommen. Wenn der Vater sie erhalten soll, aber nicht überwiegend die Erziehung übernommen hat, muss das direkt am Anfang der Erziehungszeit beantragt werden. Für die Kindererziehungszeit wird dir pro Jahr ungefähr ein Rentenpunkt auf deinem Rentenkonto gutgeschrieben.
- **Pflege von Angehörigen:** Die Pflegeversicherung zahlt Beiträge zur Rentenversicherung, wenn bestimmte Bedingungen erfüllt sind: die pflegebedürftige Person hat mindestens Pflegestufe 2, der Pflegeaufwand umfasst mindestens zehn Stunden an zwei Tagen pro Woche, und die Pflegeperson arbeitet neben der Pflege höchstens 30 Stunden pro Woche. Im Gegensatz zu den Kindererziehungszeiten kann die Anrechnung des Pflegeaufwandes nicht rückwirkend beantragt werden.
- **Scheidung:** Damit keine Person durch eine Scheidung deutliche Nachteile bei der Altersabsicherung hat, werden alle Anrechte für die Altersvorsorge zusammengerechnet, die beide Eheleute während der Ehe erworben haben. Die Rentenansprüche (und auch private Renten, Pension usw.) werden dann durch zwei geteilt und jeweils zu gleichen Teilen gutgeschrieben.

- **Arbeitslosigkeit:** Arbeitslose sind ebenfalls rentenversichert und bekommen für diesen Zeitraum Rentenpunkte angerechnet. Die Höhe der Rente steigt in diesem Zeitraum allerdings nicht, weil das Arbeitslosengeld immer niedriger ist als das letzte Einkommen.

Wie du überprüfen kannst, ob dir alle Zeiten angerechnet wurden, kannst du in Schritt 4 zur Kontenklärung nachlesen.

Die Rentenpunkte summieren sich Jahr für Jahr auf deinem Rentenkonto. 2010 lag das Durchschnittseinkommen z. B. bei ca. 30 000 €, 2020 bei ca. 40 000 € und 2025 werden es ca. 50 000 € sein. Um dann die Höhe der Rente zu ermitteln, werden zum Zeitpunkt des Renteneintritts all deine Entgeltpunkte zusammengezählt und mit dem dann gültigen Rentenwert multipliziert. Dieser Rentenwert steigt regelhaft und lag 2008 z. B. bei ca. 25 € und 2025 bei ca. 40 €.

Zu guter Letzt gibt es noch den Zugangsfaktor und den Rentenartfaktor. Der Zugangsfaktor lautet 1, wenn du genau zum gesetzlichen vorgesehenen Zeitpunkt in Rente gehst. Solltest du früher in Rente gehen, sinkt der Zugangsfaktor pro Monat um 0,3 Prozent. Wenn du aber über die Rentenaltersgrenze hinaus weiter arbeitest, erhöht sich der Zugangsfaktor pro Monat um 0,5 Prozent. Wer zehn Monate länger arbeitet, hätte also einen Zugangsfaktor von 1,05. Beim Rentenartfaktor geht es um die Rentenform, die du beziehen willst. Die Altersrente und eine Rente wegen voller Erwerbsminderung haben den Faktor 1, eine Rente wegen teilweiser Erwerbsminderung aber nur 0,5 und die Witwer:innenrente 0,6 (auf der Website der Deutschen Rentenversicherung findest du die aktuellen Zahlen und kannst deinen Rentenanspruch berechnen: www.deutsche-rentenversicherung.de). Du kannst auch diese Formel nutzen:

Rentenpunkte x aktueller Rentenwert x Zugangsfaktor x Rentenart
= Rentenhöhe
40 x 40 € x 1 x 1
= 1600 €

Auf deiner Renteninformation folgt jetzt ein Kasten mit Beträgen, die dir sagen, welchen Betrag du, deine Arbeitgeberin und öffentliche Kassen (wie z. B. die Arbeitsagentur oder Krankenkasse) bisher eingezahlt haben und wie viele Rentenpunkte sich daraus ergeben.

Beispiel Renteninfo:

1. Eingezahlt von dir: 40 279 €, eingezahlt von Arbeitgeber:in: 40 279 € und eingezahlt aus öffentlichen Kassen: 9460 €
2. Bisher erworbene Entgeltpunkte: 25,58

Es folgt eine Erläuterung des Prinzips Inflation, die leider oft überlesen wird. Dabei ist der Kaufkraftverlust so wichtig, wenn du bestimmen willst, von welchem Geld du später leben wirst:

«Die ermittelten Beträge sind – wie alle weiteren späteren Einkünfte (z. B. aus einer Lebensversicherung) – wegen des Anstiegs der Lebenshaltungskosten und der damit verbundenen Geldentwertung (Inflation) in ihrer Kaufkraft aber nicht mit einem heutigen Einkommen in dieser Höhe vergleichbar (Kaufkraftverlust). So werden bei einer Inflationsrate von beispielsweise 1,5 Prozent pro Jahr bei Beginn Ihrer Regelaltersrente 100 EUR voraussichtlich nur noch eine Kaufkraft nach heutigen Werten von 76 EUR haben.»

In der Renteninformation wird also das Prinzip Inflation verständlich erklärt. Aber eben auch so, als wäre es naturgegeben: Dinge werden teurer – *deal with it!* Was generell eher selten in Politik und Wirtschaft erläutert oder kritisiert wird, ist die Marktwirtschaft, in der wir leben. Unser kapitalistisches System ist auf Wirtschaftswachstum angewiesen. Nur durch Investitionen, Expansionen und Umsatzsteigerung können Unternehmen in der Konkurrenz gewinnen. In der Renteninformation würde dieses Thema den Rahmen sprengen, aber in volkswirtschaftlichen Diskussionen und Analysen rund um die Altersrente wäre es angebracht.

Lifestyle-Check – Wie viel brauchst du später?

Wie willst du leben – heute, morgen und im Alter? Bevor du Geld anlegst, solltest du dir eine zentrale Frage stellen: **Welches Ziel verfolgst du überhaupt?** Ob du dir mehr Freiheit im Alltag wünschst, für den Ruhestand vorsorgen oder ein finanzielles Polster für schlechte Zeiten anlegen willst – dein persönlicher Lifestyle-Check hilft dir, Klarheit über deine Bedürfnisse heute und in der Zukunft zu gewinnen.

Im nächsten Schritt geht es darum, deine **Versorgungslücke im Alter** realistisch zu berechnen und gezielt zu schließen. Von der Wichtigkeit eines finanziellen Back-ups – dein persönliches *Fuck-you-Money* – habe ich dir ein Kapitel weiter vorne erzählt. Damit du immer handlungsfähig bleibst, solltest du dein Geld smart aufteilen: in **kurz-, mittel- und langfristige Ziele**, angepasst an deine Lebensphase und Risikobereitschaft.

Konkrete finanzielle Ziele können dir helfen, dich selbst besser kennenzulernen. Durch den Status-quo-Check hast du vielleicht entdeckt, dass du jeden Monat unnötig viel für Konzerttickets, E-Roller oder Brötchen to go ausgibst. Wenn du dein Ziel vor Augen hast, wird es dir leichter fallen, im Hier und Jetzt darauf zu «verzichten» und damit für deine Zukunft vorzusorgen. Denn du kannst dir immer in Erinnerung rufen, wofür du das tust, und bist weniger versucht, bei einem finanziellen Engpass dein Depot zu plündern. Wahrscheinlich steigert es auch deine Motivation und Kreativität, an Geld zu kommen, wenn du merkst, dass du deine Sparquote tendenziell noch erhöhen musst, um deinen Zielbetrag zu erreichen.

Um motiviert bei der Sache zu bleiben und nicht immer daran zu denken, dass du verzichtest, hilft es, dir dein späteres Leben mal konkret bewusst zu machen. Wie willst du als *Bad, Mad* oder *Normal Granny* leben? Immerhin verbringst du hoffentlich mehrere Jahrzehnte im Rentenalter. Frauen haben aktuell eine durchschnittliche Lebenserwartung von 83 Jahren, und sie steigt im Laufe der Zeit.[13]

Du hast vielleicht in Schritt 1 schon eine für dich passende monatliche Sparquote ermittelt. Wie könnten nun deine Ziele aussehen? Überlege dir einen großen Meilenstein oder auch eine Kombination aus kleineren Themen, denn so kommst du strukturierter an dein Ziel und bleibst motiviert. Hier sind ein paar Beispiele:

- Notfallreserven wie Back-up oder *Fuck-you-Money* aufbauen,
- Alters- oder Zukunftsvorsorge treffen,
- einfach drauflos Geld aufbauen,

- finanzielle Unabhängigkeit in der Partnerschaft im Trennungs- oder Todesfall erreichen,
- monatliches Einkommen durch Dividenden oder Erträge erreichen
- Vorsorge für Kinder sichern,
- eine Anschaffung oder Ausgabe finanzieren, um einen Kredit zu vermeiden.

Deine Ziele hängen natürlich realistischerweise auch mit deiner finanziellen Situation zusammen. Während die eine Angst davor hat, in Altersarmut zu landen, und mit einer passenden Sparquote kämpft, hat die andere genug Einnahmen, dass sie entspannten Vermögensaufbau in mehreren Bereichen betreiben kann. Na klar, im Idealfall sparst du nicht ins Blaue hinein, sondern überlegst dir, wofür du konkret vorsorgen möchtest. Wenn du allerdings erst mal starten willst, weil eine Finanzplanung gerade zu kompliziert ist, ist es besser anzufangen, als gar nichts zu tun. Ich selbst verfolge mittlerweile z. B. gar nicht mehr die Strategie, die ich mir als Einsteigerin ausgeklügelt überlegt hatte. Denn meine Lebenssituation (und damit Ressourcen und Bedürfnisse), aber auch meine Risikobereitschaft haben sich parallel zu meinen Erfahrungen total geändert. *Fake it till you make it* – das gilt auch bei der selbstbestimmten Geldanlage, denn du kannst Ziele und Sparbeträge jederzeit anpassen.

Kurz-, mittel- und langfristige Ziele

In deinem Leben gibt es unterschiedliche Phasen, in denen du unterschiedliche finanzielle Bedürfnisse hast, z.B. während der Ausbildung, bei Familiengründung und im Alter. Für jede Lebensphase oder bestimmte Bedürfnisse sollte dann im Idealfall genug Geld da sein, um dieses Ziel umsetzen zu können. Frag dich also, auf welche Lebensphase du dich vorbereiten oder auch flexibel reagieren können willst. Dein Geld kannst du so am besten auf verschiedene Töpfe verteilen. Behalte im Hinterkopf: Egal ob Altersvorsorge oder Vermögensaufbau, parallel zu deinen Lebensabschnitten ändert sich auch der Inhalt dieser Töpfe, der mal mehr und mal weniger wird.

Ich habe die folgende Anlageaufteilung in meiner Fortbildung als Finanzanlagenfachkraft gelernt und finde sie als Orientierung sehr nützlich. Wie immer gilt, dass meine Empfehlung nur eine Schablone und keine One-fits-all-Lösung ist.

- Die kurzfristigen Ziele haben wir schon im Vorbereitungsteil angesprochen – dein **Back-up**. Kurzfristig heißt hier einfach verfügbar. Hierbei handelt es sich um Geld, das du als Reserve auf dem Tagesgeldkonto parkst oder auch einfach auf deinem alltäglichen Girokonto ansparst. Ich rate dir, ein extra Konto dafür einzurichten, damit du das angesparte Geld nicht «aus Versehen» im Shoppingfieber ausgibst.
- Für **mittelfristige Ziele**, also Geld, das du in ca. fünf Jahren brauchst, sind festverzinsliche Anlagen, also Anleihen, ETF-Anleihefonds oder Festgeldkonten eine gute Lösung. Durch das Festlegen über einen Zeitraum von mehreren Jahren bekommst du gesichert Zinsen. Wenn du eine große Reise planst oder ein Auto kaufen willst, steht dir das Geld mit etwas Voraussicht dann zur Verfügung.
- Während es bei kurz- und mittelfristigen Zielen eher um Cash oder Sparen geht, ist das Stichwort für die **langfristigen Ziele** *investieren*. Nur dadurch bekommst du Rendite, kannst den Zinseszinseffekt nutzen und exponentielles Wachstum für dein Geld erreichen. Alles über zehn Jahre gilt als langfristig.

In diese Bereiche der unterschiedlichen Laufzeit deiner Geldanlage können übrigens auch Bausparverträge, Kapitallebensversicherungen, Sparverträge und andere Bankprodukte einsortiert werden. Ich lasse sie aber außen vor, da ich bei den meisten keinen Nutzen bzw. zu wenig Rendite für dich sehe und sie nicht Do-it-yourself-tauglich sind.

Wer ausreichend Geld zur Verfügung hat, die verschiedenen Bereiche parallel zu bespielen, ist eher in einer privilegierten Situation. Für die meisten ist Prioritätensetzung notwendig und damit wohl der Fokus auf die langfristige Altersvorsorge. Je konkreter du bei dieser Zielsetzung bist, umso einfacher fällt dir die Umsetzung.

Die Rentenlücke berechnen

Kleine Vorwarnung: Jetzt folgt eine kleine Zahlenschlacht, denn es geht um die Bestimmung deiner späteren Versorgungs- oder Rentenlücke. Die meisten von uns kommen eher selten in die Situation, in der sie überlegen, wie sie ihren Reichtum gewinnbringend anlegen sollen. Vielmehr treibt sie die Angst um, dass die gesetzlichen Rentenbezüge später nicht ausreichen, um den eigenen Lebensstandard zu sichern. Hör dich einfach mal in deinem Umfeld um. Alle kriegen bei der jährlichen Renteninfo eine Krise, aber gehen am Ende dann doch davon aus, dass sich das in Zukunft schon irgendwie regeln wird oder sie das mit ihrem Partner oder Ehemann gemeinsam hinkriegen werden. Du weißt inzwischen: Die Zahl der Leute, die Grundsicherung im Alter beziehen, steigt genauso wie die Zahl der Rentner:innen, die nebenbei arbeiten gehen müssen, weil die Rente nicht ausreicht. Du bist hier, weil du das verhindern willst, also *let's go*!

Deine Rentenlücke beziffert die Summe, die du zusätzlich zu deiner gesetzlichen Rente (oder Pension) brauchst, um deinen Lebensstandard zu halten. Die hängt natürlich mit deinem individuellen Lifestyle zusammen: Willst du um die Welt reisen und spekulierst auf ein langes gesundes Leben? Oder bist du froh, in deinem Garten rumzurödeln und tatsächlich in den *Ruhestand* zu gehen? Ein Wort, das übrigens in meinen Ohren ähnlich wie *Notgroschen* defizitär und unmotivierend klingt.

Als Daumenregel kann man 80 % des jetzigen Einkommens nehmen. Das ist etwas weniger, weil du im Alter z. B. nicht mehr so hohe Sparraten zahlst, keine Kinder mehr versorgst, vielleicht in einer Eigentumswohnung lebst oder in einer Alten-WG, in der ihr euch gemeinschaftlich versorgt. Du kannst auch einfach eine Summe überschlagen oder dein Einkommen, mit dem du aktuell gut über die Runden kommst, als Zielbetrag nehmen. Letztlich ist es ein Betrag zwischen deiner Brauch-ich-zum-Überleben- und deiner Wunschrente. Lass uns das einfach mal anhand eines Beispiels durchrechnen:

Coco möchte später als Granny 2000 € netto pro Monat haben, weil sie aktuell von 2500 € gut leben kann und davon ausgeht, dass ihr 80 % davon später reichen werden.

Coco stemmt heute mit 2000 € ihre Lebenshaltungskosten, aufgrund von ständigen Preissteigerungen und Inflation wird ihr das in der Rente nicht mehr möglich sein. Anhand ihres Renteneintrittsalters (zurzeit 67 Jahre) und einer durchschnittlichen Inflationsrate von 2 % (optimistisch) oder 3 % (eher pessimistisch) kann sie die Höhe des tatsächlichen Betrages bestimmen.

Coco ist 37 Jahre alt und würde also Stand heute in 30 Jahren in Rente gehen.

2000 €, die jährlich 2 % an Kaufkraft verlieren, hätten in 30 Jahren noch einen Wert von 1104 €.

Andersherum braucht sie in 30 Jahren bei einer Inflationsrate von 2 % 3623 €, um damit die gleiche Kaufkraft der heutigen 2000 € zu erreichen. Zur Berechnung der Rentenlücke nimmt sie also nicht 2000 €, sondern 3623 € als gewünschte monatliche Zielrente.

Coco hat zusätzlich zu ihrer gesetzlichen Rente noch einen privaten Sparvertrag, aus dem ihr ab Renteneintritt 100 € pro Monat bis zum Lebensende ausgezahlt wird. Sie geht außerdem davon aus, das Häuschen ihrer Eltern zu erben, in dem sie im Rentenalter wohnen kann. Sie überschlägt, dass sie dadurch monatlich 500 € an der Kaltmiete spart. In ihrer Renteninformation wird ihr eine gesetzliche Rente von 1700 € vorausgesagt. Dementsprechend berechnet sie ihre Rentenlücke wie folgt:

Wunschrente (inflationsbereinigt)
– Renteneinkommen und andere Einkommen
= Rentenlücke

3625 €
- (1700 € + 100 € + 500€)
= 1325 €

Coco hat also eine Versorgungs- bzw. Rentenlücke von 1325 € ab Renteneintrittsalter. Auch dieser Betrag wird mit der Zeit inflationsbedingt immer weniger wert. Diese Dynamisierung solltest du im Hinterkopf haben. Die jährliche Rentenanpassung fängt einen Teil davon auf, und auch du solltest darauf achten, deine Ersparnisse und Investitionen regelmäßig etwas zu erhöhen, um die Geldentwertung dynamisch aufzufangen.

Vermögensbilanz: Verschaffe dir einen Überblick über deinen Rentenanspruch, dein Erspartes und Zahlungsverpflichtungen.

Deine Ziele: Erstelle einen konkreten Plan, mit dem du dich regelmäßig daran erinnern kannst, wohin die Reise gehen soll. So bleibst du motiviert.

Rentenlücke berechnen:

- Wunsch- bzw. Must-have-Rente überlegen (z. B. 80 % deines jetzigen Einkommens).
- Inflation von ca. 2 % bis zum Renteneintrittsalter draufrechnen.
- Renteneinkommen mit sonstigem Vermögen bzw. monatlichem Einkommen überschlagen.
- Deine Rentenlücke bestimmen, indem du von der Wunschrente diese monatlichen Bezüge abziehst.

Close the Gap – Wie kommst du an dein Ziel?

Viele Frauen sind überwältigt von Finanzkrams – die Gründe dafür haben wir schon in Teil 1 beleuchtet. Wenn sie dann doch mal loslegen, geraten sie manchmal in einen Optimierungswahn und legen einen unnötigen Perfektionismus an den Tag. Als ich anfing zu investieren, habe ich z. B. vier Wochen gebraucht, bis ich endlich einen ETF ausgewählt hatte. Vorher habe ich Bücher gewälzt, in Foren diskutiert und mich dann doch eher unsicher auf einen festgelegt. Kein Jahr später war dieser ETF schon wieder Geschichte, weil ich mittlerweile Spaß am Investieren gefunden und mir eine neue Strategie überlegt hatte. Ich habe dabei richtig viel gelernt, daher war das der perfekte Fail.

In Perfektionismus zu verfallen, ist also nicht der Sinn der Sache. Es reicht, sich auf ein paar einfache Schritte zu konzentrieren. In den ersten drei Schritten dieses Kapitels hast du bereits erfahren, wie man die eigenen Einnahmen und Ausgaben trackt, eine Vermögensbilanz erstellt und die Renteninformation dechiffriert. Auf dieser Grundlage kannst du jetzt *next level* gehen und dir anschauen, mit welchen Stellschrauben du dich absichern und Vermögen aufbauen kannst.

Einnahmen erhöhen, Ausgaben senken

Ehrlicherweise bin ich kein Fan von Spartipps, denn sie sind pauschal und passen oft nicht zu der Lebensrealität von Menschen, die alt, behindert, krank oder auf Sozialleistungen angewiesen sind, die aufgrund ihres Aufenthaltes nicht arbeiten dürfen oder einfach vor lauter Alltags-Hustle keine Zeit dafür finden. Nichtsdestotrotz können Tipps wie «Gehalt verhandeln» oder «Ausgaben budgetieren» ein kleiner Hebel sein, um eine Sparrate zu schaffen, wo du vielleicht keine vermuten würdest. Denn wer keine Möglichkeit hat, über Karrieremachen das Gehalt zu erhöhen oder Einnahmen zu skalieren, hat damit die besten Chancen, Geld zum Sparen oder Investieren zu finden. Für die folgenden Tipps kannst du übrigens gut KI nutzen, um z. B. Rabattcodes oder nebenberufliche Einnahmequellen zu finden.

1. Einnahmen erhöhen

- **Gehalt und Benefits verhandeln:** Fordere eine Gehaltserhöhung oder Zusatzleistungen (z.B. Boni, Fahrtkostenzuschüsse). Falls eine Erhöhung nicht möglich ist, frage nach Weiterbildungsmöglichkeiten, die deine Karrierechancen verbessern. Im Internet findest du Vergleichsportale zu Berufen und jeweiligen Durchschnittsgehältern.
- **Nebenjob oder Selbstständigkeit:** Suche dir Freelancer-Tätigkeiten (Grafikdesign, Programmierung, Nachhilfe, Coaching). Nutze Onlineplattformen: Kreativarbeit oder Handmade-Produkte (Etsy) oder Dienstleistungen und Online-Arbeiten (Fiverr, Upwork). Biete Fahrdienste oder tageweise Airbnb-Vermietung an.
- **Passive Einkommensquellen schaffen:** Dividenden oder Erträge von Investitionen: Aktien, ETFs oder Immobilien. Digitale Produkte: E-Books, Onlinekurse, Vorlagen verkaufen. Blog führen, Social-Media-Account oder YouTube-Kanal mit eigenen Produkten oder bezahlter Werbung monetarisieren.
- **Steuervorteile:** Werbungskosten, Homeoffice-Pauschale oder Fahrtkosten steuerlich absetzen. Steuerklasse prüfen – ein Wechsel kann bei Ehepaaren Vorteile bringen.
- **Steuererklärung machen!**

2. Ausgaben verringern

- **Fixkosten reduzieren:** Untermiete für ungenutzte Zimmer anbieten. Versicherungen regelmäßig auf Kosten und Nutzen überprüfen und günstigere Alternativen suchen. Strom- und Gasanbieter vergleichen und wechseln. Tarife für Mobilfunk und Internet vergleichen. Nicht mehr genutzte Abos, z.B. Zeitung oder Streaming, kündigen. Gebühren für Girokonto oder Kreditkarte vergleichen und kostenlose Angebote suchen.

- **Variable Ausgaben im Blick behalten:** Wocheneinkäufe planen, Rabattaktionen nutzen, weniger Snacks unterwegs kaufen oder auswärts essen gehen. Auto durch Fahrrad oder Öffis ersetzen, Spritpreise vergleichen. Kostenlose Aktivitäten suchen (Wandern, Bibliothek, DIY-Projekte).
- **Streaming-Abos teilen**
- **Gemeinsame Kosten in der Partnerschaft teilen:** Wer zusammenlebt, bekommt oft Partnerschaftstarife bei Versicherungen, Abos oder Konten. Regelmäßiger Check bei unterschiedlichem Einkommen oder Part der Care-Arbeit – ist die Aufteilung der Kosten noch fair?
- **Schulden abbauen:** Hoch verzinste Kredite mit günstiger geliehenem Geld ablösen oder schneller tilgen, um Zinsen zu sparen. Ratenzahlungen optimieren, um langfristig Kosten zu senken.

Sofortmaßnahmen für deine Rente

Damit du wirklich alles aus deiner gesetzlichen Rente rausholst, gibt es ein paar Punkte, die du unbedingt checken solltest. Selbst wenn dabei «nur» 150 € monatlich rausspringen, gibt es die dann im Idealfall jahrzehntelang.

1. Das Rentenkonto klären

Die meisten Versicherungszeiten werden der Deutschen Rentenversicherung automatisch gemeldet. Trotzdem können z.B. die Ausbildungs- und Studienzeiten, Zeiten im Arbeitslosengeldbezug, Arbeitsunfähigkeit, Rehabilitation oder Schwangerschaft und Mutterschutzfristen fehlen. Was jedenfalls nicht automatisch angerechnet wird, sind die Kindererziehungszeiten. Dazu mehr im nächsten Punkt. Weil du dafür Nachweise brauchst und später vielleicht nicht mehr alle Unterlagen findest, kümmere dich um diese Anrechnungszeiten besser zeitnah.

Zuerst solltest du online einen Überblick über deinen bisherigen Versicherungsverlauf beantragen. Das kannst du online ganz unkompliziert mit der Angabe deiner Versicherungsnummer und deiner Mailadresse erledigen. Die Information über deinen Versicherungsverlauf bekommst du ein paar Tage später per Post. Schau ihn dir in Ruhe an und checke alle zeitlichen Lücken. Es gibt übrigens immer beitragsfreie Zeiten, die auch welche bleiben, z.B. Reisen, Auszeiten oder nicht angemeldete Tätigkeiten. Wenn du aber Lücken im Versicherungsverlauf gefunden hast, die keine sein sollten, kannst du online oder schriftlich beantragen, dass diese Lücken korrigiert, also diese Zeiten für den Rentenbezug berücksichtigt werden sollen. Dafür brauchst du wie gesagt Nachweise, die mit eingereicht werden müssen. Wenn du wiederum feststellst, dass dir nur noch die Kindererziehungszeiten fehlen, gibt es hierfür einen besonderen Antrag, den du anstatt der kompletten Kontenklärung stellen kannst. Per Post bekommst du dann im Anschluss an die Kontenklärung oder den Antrag für die Kindererziehungszeiten deine aktuelle Wartezeitauskunft und deine neue Renteninformation mit den (hoffentlich) erhöhten Ansprüchen.

2. Kindererziehungszeiten anrechnen lassen

Für den Ausgleich von verpasster Arbeitszeit werden Kindererziehungszeiten bei der Rente berücksichtigt. Dabei darfst du trotzdem während der Kindererziehungszeit bis zur Beitragsbemessungsgrenze gearbeitet haben. Für jedes Kind werden wie gesagt drei Jahre angerechnet. Ein Jahr Kindererziehung bringt dabei ungefähr einen Entgeltpunkt, was umgerechnet aktuell ca. 40 € Rente pro Monat entspricht und sich regelmäßig bis zu deinem Rentenbezug entsprechend dem Durchschnittsgehalt etwas erhöhen sollte.

Es kann immer nur ein Elternteil zur selben Zeit von der Anrechnung der Erziehungszeit profitieren. Wer nebenbei arbeitet, erhält die Erziehungszeit/Rentenpunkte bis zu einer bestimmten Bemessungsgrenze on top. Unabhängig vom Umfang der tatsächlichen Erziehungszeit können gemeinsam erziehende Eltern durch Abgabe einer Erklärung bestimmen, welchem Elternteil die Erziehungszeit zugeordnet werden soll. Erziehen zwei Elternteile das Kind gemeinsam, hat grundsätzlich erst mal die Mutter Anspruch auf die Kindererziehungszeit. Soll sie der andere Elternteil erhalten, braucht die Rentenversicherung eine gemeinsame übereinstimmende Erklärung dafür. Diese Regelung ist noch an ein traditionelles Familiensystem angelehnt und diskriminiert ausnahmsweise mal Männer. Bei gleichgeschlechtlichen Eltern wird die Rente der Person zugeschrieben, die der leibliche Elternteil ist oder das Kind zuerst adoptiert oder in Pflege genommen hat. Die Erklärung für den Übertrag auf den anderen Elternteil gilt für die Zukunft und kann nur zwei Monate rückwirkend abgegeben werden. Macht euch hier also zeitnah Gedanken.

Die Kindererziehungszeiten musst du selbst beantragen, sonst zählen sie nicht zu deiner Rente!

Viele verpassen diese zusätzlichen Rentengelder, weil sie nicht wissen, dass man diese aktiv beantragen muss, um sie zu bekommen, oder sie manchmal nicht wissen, dass sie zu den Anspruchsberechtigten gehören.

#financialawareness

Der Begriff *Mütterrente* ist diskriminierend und irreführend – hallo, Finanzwelt! Berechtigt sind nämlich nicht nur Mamas, sondern auch Papas, gebärende Personen, ggf. Großeltern, Adoptiv-, Stief- und Pflegeeltern oder andere Sorgeberechtigte. Familie sind nämlich nicht nur die biologischen Eltern, sondern alle, die gesetzlich Verantwortung für Kinder übernehmen. Der Begriff Mütterrente stammt aus dem 19. Jahrhundert … nee, Spaß, er ist aus 2013. Obwohl es sich gar nicht um den offiziellen Namen handelt, sondern um einen Kampfbegriff von CDU/CSU, wird er von Medien und Politik leider fleißig reproduziert und gelegentlich Mütter-Bashing betrieben, wenn die längst überfällige Anpassung diskutiert wird.

3. *Rentenansprüche kaufen*

Es ist möglich, Rentenpunkte durch eine freiwillige Zahlung zu kaufen. Damit kannst du deine monatliche Rentenauszahlung erhöhen oder dir einen früheren Renteneintritt ermöglichen. Das ist allerdings erst ab dem 50. Lebensjahr möglich. Nachdem du einen entsprechenden Antrag gestellt hast, teilt dir die Deutsche Rentenversicherung einen Mindest- und Höchstbetrag für die freiwillige Zahlung mit. Der Preis eines Rentenpunkts berechnet sich dann wiederum nach dem Durchschnittseinkommen des Jahres und dem geltenden Beitragssatz zur Rentenversicherung. 2024 kostete ein Rentenpunkt z. B. ca. 9392 € in den neuen Bundesländern. Denn so hoch wäre beim Durchschnittsgehalt von 45 358 € (44 732 €) für das Jahr der zu leistende Beitrag zur Rentenversicherung. Ob sich das lohnt, ist eine Glaubensfrage. Ich selbst möchte mein Geld lieber ertragreicher investieren.

4. Freiwillige Einzahlungen unter 45

Bis zum 45. Lebensjahr können Rentenbeiträge für Schul- und Ausbildungszeiten nachgezahlt werden. Das kann für diejenigen sinnvoll sein, die zwischen 16 und 17 noch zur Schule gegangen sind, bis nach dem 25. Lebensjahr eine Fach- oder Hochschulausbildung gemacht oder eine berufsvorbereitende Maßnahme absolviert haben. Diese Zeiten werden für die gesetzliche Rentenversicherung nicht angerechnet, können aber mit freiwilligen Beiträgen aufgestockt werden.

5. Neben der Rente arbeiten oder später in Rente gehen

Das ist die Realität von vielen Menschen, die keine großen Rentenansprüche haben. Wenn du (eigentlich) in Rente bist, kannst du ab 2026 steuerfrei 2000 € oder eben versteuert mehr verdienen, und das sogar unbegrenzt. In dem Fall kannst du dir aussuchen, ob du in die Rentenversicherung einzahlst und so parallel deine Rentenbezüge noch erhöhst oder ob du dich dafür entscheidest, weiterhin einen Teil deines Geldes mit einer höheren Renditeerwartung zu sparen oder zu investieren – ja, das geht auch noch Ü60!

Wenn du deine Rente noch nicht beantragst und weiterarbeitest, sammelst du dafür weiterhin Rentenpunkte und bekommst einen Zuschlag von 0,5 % für jeden Monat, den du später in Rente gehst. Von der Regierung wurde eine *Aktivrente* beschlossen, bei der du steuerfrei bis zu 2000 € Zusatzverdienst haben kannst. Ob das eine wertschätzende Maßnahme oder ein verdächtiger Hinweis auf ein mangelhaft versorgendes Rentensystem ist, bleibt abzuwarten.

Let's invest! Sparrate berechnen

Anhand von Cocos Rentenlücke aus unserem Beispiel weiter oben will ich dir die Vorsorgeberechnung mit einem Onlinerechner zeigen. Ich nutze den auf www.zinsen-berechnen.de, aber bestimmt findest du auch andere. Hier gibt es zwar in der kostenlosen Version viel Werbung, der Vorsorgerechner (Sparplan mit Entnahmeplan) bietet dir aber ein super umfangreiches und gleichzeitig einfaches Interface. Auf der linken Seite gibst du deine finanziellen Kennzahlen ein, auf der rechten Seite suchst du aus, was du berechnen willst, z. B. die Sparrate, also das, was du ab sofort monatlich zurücklegen müsstest, um ab dem Rentenalter den Betrag zu haben, der deine Rentenlücke schließt.

Versuch es einfach mal mit deinen eigenen Zahlen. Hier sind die für Coco:

- **Anfangskapital:** Coco hat noch 5000 € auf einem alten Sparbuch, die sie lieber investieren will, und trägt diese als Anfangskapital ein.
- **Sparrate:** Dieses Feld bleibt leer, denn es wurde auf der rechten Seite als Berechnungswunsch angeklickt.
- **Ansparintervall:** Coco will monatlich Geld zurücklegen.
- **Ansparzeit:** Cocos Ansparzeit sind 30 Jahre, denn sie will sofort starten und bis zum Renteneintritt durchziehen.
- **Anspardynamik:** Hier kann Coco theoretisch angeben, dass der Sparbetrag während der Ansparphase jährlich erhöht wird, z. B. um 2 %, um sich der Inflation anzupassen. Ich

lasse dies aber weg und erhöhe lieber selbst flexibel die Sparbeträge.

- **Wartezeit:** Coco lässt hier ruhig 0 Jahre stehen, weil sie keine Pause zwischen Anspar- und Entnahmezeit braucht.
- **Entnahmerate:** Hier trägt Coco ihre Rentenlücke ein: 1325 €.
- **Entnahmeintervall:** Coco entscheidet sich für eine monatliche Entnahme.
- **Entnahmedynamik:** Genau wie bei der Ansparphase kann Coco auch die Entnahme regelmäßig erhöhen, um der Inflation entgegenzukommen. Sie entschließt sich daher, mit einer Entnahmedynamik von 2 % dem Kaufkraftverlust vorzubeugen.
- **Rentendauer:** Die vielleicht schwierigste Frage. Coco überschlägt ihre Rentendauer mit 20 Jahren.
- **Restkapital:** Hier trägst du einen Betrag ein, falls du nach Ablauf der Rentendauer noch etwas übrig haben willst. Ich lasse dieses Feld immer leer – und das macht auch Coco.
- **Zinssatz:** Wirst du über die Ansparzeit hinweg dein Geld nur auf Zinskonten liegen haben? Dann bist du wahrscheinlich mit 1–3 % Verzinsung dabei. Oder investierst du mit ETFs in einem Aktiendepot? Dann kannst du hier 5–7 % eintragen. Entscheide je nach individueller Strategie und Risikolust. Coco entscheidet sich für eine Kombination und klickt *separate Zinssätze* an. Für die Ansparphase gibt sie 7 % an, weil sie in den nächsten 30 Jahren die gesamte Sparrate in einen Welt-ETF investieren will. Für die *Wartezeit* gibt sie keine Verzinsung an, weil sie diese ja gar nicht hat. Während der *Entnahmephase* möchte sie das Geld aus dem ETF-Depot nach und nach auf sichere und

Anfangskapital:	5000,00	Euro	○ Anfangskapital berechnen
Sparrate:	▶ 211,11	Euro	○ Sparrate berechnen
Ansparintervall:	monatlich ∨	vorschüssig	
Anspardynamik:	0,000	% p.a.	○ Spardynamik berechnen
Ansparzeit:	30	Jahre	○ Ansparzeit berechnen
Wartezeit:	0	Jahre	
Entnahmerate:	1325,00	Euro	○ Entnahmerate berechnen
Entnahmeintervall:	monatlich ∨	vorschüssig ∨	
Entnahmedynamik:	2,000	% p.a.	○ Entnahmedynamik berechnen
	○ Ewige Rente ● Begrenzte Rentendauer		
Rentendauer:	20	Jahre	○ Rentendauer berechnen
Restkapital:	0,00	Euro	○ Restkapital berechnen
Zinssatz:	☑ separate Zinssätze		
Zinssatz für Ansparphase:	7,000	% p.a.	
Zinssatz für Wartezeit:	0,000	% p.a.	
Zinssatz für Entnahmephase:	3,000	% p.a.	

schwankungsarme Zinskonten umschichten. Daher gibt sie hier nur noch 3 % Zinsen an.

Ergebnis: Für Coco ergibt sich eine Sparrate von 211 €. Sie bringt 5000 € Startkapital mit und möchte die gesamte Rate über 30 Jahre in ein ETF-Depot investieren.

Diese Parameter kannst du für dich selbst natürlich anpassen und verändern. Du wirst sehen, dass die Ansparzeit ein sehr wichtiger Faktor ist. Wenn du bereits älter bist oder wenn du dich für eine sichere Anlage auf niedrigeren Zinsen entscheidest, wird die Sparrate umso höher sein.

Jetzt bist du dran – give it a try!

Roadmap: Zukunftsvorsorge

Track dein Geld: Notiere drei Monate lange alle Einnahmen und Ausgaben auf Papier oder digital.

Schulden abtragen: Überlege dir einen Zeitplan und lege einen monatlichen Betrag fest.

Back-up aufbauen: Lege drei Monatsgehälter (oder womit du dich wohlfühlst) als verfügbare Rücklage auf die hohe Kante bzw. spare es auf einem Tagesgeldkonto an.

Lifestyle-Check: Bestimme deine kurz-, mittel- oder langfristigen Ziele.

Rentenlücke berechnen: Lege deine Wunschrente fest und ziehe davon Rentenbezug und monatlich zur Verfügung stehendes Vermögen ab.

Sofortmaßnahmen für deine Rente umsetzen: Versicherungsverlauf deines Rentenkontos anfordern, Antrag auf Kindererziehungszeiten stellen.

Einnahmen erhöhen – Ausgaben senken – Gehalt & Benefits verhandeln: Finde unnötige Geldfresser oder schaffe Money-Rain-Möglichkeiten, um Geld zum Sparen und Investieren zu haben.

Sparrate berechnen: Mit deinen persönlichen Angaben zu Anfangskapital, der Anzahl der Jahre bis zur Rente und deiner Rentenlücke / deines Zielbetrages im Onlinerechner die notwendige Sparrate bestimmen.

Do It Yourself: Sparen & Investieren

Das meiste, was ich über die Themen Wirtschaft und Finanzkapital weiß, habe ich nicht zu Hause, in der Schule oder bei meiner Weiterbildung zur Finanzanlagenfachkraft gelernt, sondern in meinen antikapitalistischen Lesekreisen, auf Veranstaltungen und bei privaten Politdebatten im Freundeskreis. Denn ich habe wenig Lust auf klassische Volkswirtschaftslehre, BWL oder auch den immer gleichen Output der Finanzindustrie. Aber mit der Perspektive auf kritische Theorie und soziale Gerechtigkeit habe ich größere Motivation, über Wirtschaftsthemen zu lesen oder zu sprechen – am besten niedrigschwellig, sodass jede was davon hat. Aber man kann selbstverständlich auch kritisch auf die Welt schauen, ohne das deutsche Bruttosozialprodukt oder marxistische Wirtschaftstheorie erklären zu können. Wenn du investieren willst, ist es sinnvoll, von ein paar Dingen schon mal gehört zu haben. Außerdem kann es dir Vorteile bringen, wenn du weißt, wie der Kapitalmarkt funktioniert oder wie du dein Geld *upleveln* kannst.

Entgegen der weitläufigen Meinung finde ich allerdings nicht, dass man *nur* Dinge umsetzen oder in Bereiche investieren sollte, die man bis ins letzte Detail versteht. Wenn ChatGPT dir eine Apple-Aktie vorschlägt und du dich mit dem Geschäftsmodell identifizieren kannst, kannst du natürlich in die entsprechende Aktie investieren, auch ohne den letzten Geschäftsbericht gelesen zu haben. Du musst auch nicht alle 3000 Unternehmen in deinem Welt-ETF kennen, der bereits von Millionen Anleger:innen weltweit bespart wird. Auf der anderen

Seite ist es hilfreich zu wissen, worauf man bei einer Geldanlage achten sollte, wenn Großcousin Malte mit dem neuen heißen Krypto-Scheiß um die Ecke kommt.

How to: Investieren

Let's get things started! Nach dem ersten Sparplan-Einrichten höre ich oft diese folgenden Sätze: «War ja gar nicht schwer!» oder «Warum hab ich bloß nicht früher angefangen?!?» Na ja, du musstest ja auch erst mal ewig nach dem ultimativ passenden Depotanbieter suchen und dann noch die Patronen vom Drucker austauschen, um den Antrag auszudrucken, wer kennt's nicht. Dabei kommt dein Drucker vielleicht gar nicht zum Einsatz, weil im Idealfall alles online passiert, und den Depotanbieter oder Broker suchst du sowieso als Allerletztes aus. Und was eigentlich ein Depot, Broker oder Sparplan ist und wie das alles für dich und dein Geld nützlich sein kann, schauen wir uns jetzt an.

Zinsen vs. Rendite

In der Finanzwelt gibt es zwecks Geldvermehrung (ohne dafür selbst arbeiten zu müssen) einerseits Zinsanlagen, wie z. B. Tagesgeldkonto, Sparbuch, Kapitallebensversicherung, Bausparvertrag oder einen Banksparplan. Andererseits gibt es Renditeanlagen, wie Immobilien, Aktien oder Aktienfonds (z. B. ETFs, siehe Kapitel *Deep Dive: Aktien, Aktienfonds & ETFs*), bei denen Geld investiert wird.

Zinsen bekommst du übrigens, weil du der Bank dein Geld leihst, die es dann wiederum weiterverleihen und investieren kann.

Rendite ist dagegen der gesamte Ertrag einer Geldanlage, einschließlich Zinsen, Kursgewinne und Dividenden. Du kannst deine Geldanlage also entweder durch Sparen oder durch Investieren angehen, im Idealfall nutzt du einen Mix aus beidem.

Von 2011 bis 2022 gab es in Deutschland auf klassische Sparanlagen, wie z.B. Konten, keine nennenswerten Zinsen. Mittlerweile haben sich die Zinssätze zwar durch die Zinspolitik der Zentralbanken wieder etwas gebessert. Aber Zinsen verlaufen – anders als oft vermutet – nicht linear, unterliegen volkswirtschaftlichen Entscheidungen und reichen vor allem nicht, um den Kaufkraftverlust deines Geldes auszugleichen.

Beim Investieren sammelst du dein Geld nicht einfach auf dem Konto, sondern wandelst es beispielsweise in Aktien um. Das macht aber nur dann Sinn, wenn du daran glaubst, dass diese Aktie oder eine andere Anlage Wachstumspotenzial hat, also der Wert des Unternehmens und damit der Kurs der Aktie zukünftig steigt. Durch eine höhere Nachfrage nach Aktien des Unternehmens steigt der Kurs und damit der Preis einer Aktie. Verkaufst du sie dann später zu einem höheren Kurs, erzielst du einen Gewinn.

Je nach Art der Investition steigt oder sinkt der Wert abhängig von Angebot und Nachfrage. Diese werden wiederum beeinflusst durch Hypes, innovative Entwicklungen von Unternehmen, politische Gegebenheiten, die allgemeine Wirtschaftslage eines Landes, den Stellenwert der Branche oder die weltpolitischen Ereignisse. Damit der Wert eines Unternehmens steigt, muss es entweder Gewinn machen oder viele Menschen von seiner Vision überzeugen. Aktienkurse bilden z.B. nicht immer den wirklichen Wert eines Unternehmens ab, sondern die Erwartungen und Aussichten der Investierenden. Es geht darum, einen Mehrwert zu schaffen und Vertrauen zu erwecken. Ob das ein sinnvoller Mehrwert für die Gesellschaft ist oder profane Profitmaximierung um jeden Preis, ist eine andere Frage.

Um die Gewinne aus steigenden Kursen zu realisieren, musst du deine Investition dann wieder in Geld umwandeln, also eine:n Käufer:in finden und verkaufen. Erst dann gehören die Gewinne wirklich dir. Wenn du bei eBay siehst, dass deine Sneaker aus den 90ern für 200 € gehandelt werden, kennst du den ungefähren Kurs für deine Schuhe. Solange du sie aber nicht inserierst und verkaufst, sind die 200 € erst mal ein Theoriewert, auch *Buchwert* genannt. Genauso ist es, wenn du in der Broker-App entdeckst, dass deine Aktie seit Kauf ordentlich gestiegen ist. Solange du sie nicht verkaufst, hast du nur einen digitalen Wert. Andersherum verlierst du aber auch noch kein Geld, solange du nicht verkaufst. Du kannst also versuchen, einen Kurseinbruch auszusitzen, anstatt aus Angst vor Verlusten zu verkaufen. Denn dann würdest du weniger Geld rausbekommen, als du reingesteckt hast, und dein Verlust wäre *realisiert*.

In welche Anlageform du investierst, hängt von deinen ganz persönlichen Vorstellungen, Kenntnissen, Interessen, Werten, deinem Risikoempfinden und deiner finanziellen Situation ab. Aus diesem Grund kann der Auswahlprozess und die Zusammenstellung dieser Anlagen individuell unterschiedlich sein. *The bare minimum* ist dabei der Schutz unserer Ersparnisse vor Entwertung; die Benefits sind eine ordentliche Vermehrung zwecks Vermögensaufbau.

#financialawareness

Wenn überreiche Menschen, wie Jeff Bezos oder Elon Musk, für ihren Lifestyle kritisiert werden oder es um die Forderung nach einer Vermögenssteuer geht, kontern diese oft mit dem Hinweis darauf, dass ihr Wertpapiervermögen nur als Buchwert existent sei und nicht als Cash auf dem Konto. Gleichzeitig können sie dieses Vermögen als Sicherheit für weitere Investitionen und Kredite nutzen, um noch mehr Reichtum zu akkumulieren, und es darüber hinaus jederzeit liquidieren. In Bezug auf die Forderung nach einer fairen Erbschaftsbesteuerung argumentieren Unternehmenserb:innen ähnlich: Ihr Vermögen sei ja in Form von Immobilien und Unternehmenskapital gebunden, weshalb ihnen eine hohe Steuersumme nicht zur Verfügung stehen würde. Auch in diesem Zusammenhang wird gern verschwiegen, welche finanziellen Sicherheiten und Möglichkeiten einem auch nicht-liquides Vermögen verschafft.

Inflation Burns Money

2022 gab es eine Rekord-Inflationsrate von bis zu 10 %. Auch wenn diese mittlerweile durch angehobene Zinssätze etwas relativiert wurde, wird die Inflation immer wieder über der von den Zentralbanken angestrebten Inflationsrate von 2–3 % liegen. Um dieser Entwicklung entgegenzuwirken, brauchst du Anlageformen, die das Vermögen mindestens um die Inflationsrate wachsen lassen. Eine Art Selbstverteidigung gegen die Entwertung des Geldes. Zumindest für langfristig geparktes Geld liegt die Lösung hier am Aktienmarkt, vermittelt über die Börse. Denn da kannst du zwar kurzfristig nicht mit gesicherten Zinsen rechnen, dafür aber mit einem je nach Risikolust höheren durchschnittlichen Wertwachstum über viele Jahre hinweg.

Kurz gesagt gibt es also zwei Möglichkeiten, wie du dein Geld verwahren kannst: das kurzfristige Konto und das eher langfristige Depot. Kombinierst du beides, hast du eine gute Mischung aus verfügbaren *und* investierten Beträgen. Auf einem Konto liegt das Geld, das für alltägliche Transaktionen gedacht ist, wie Überweisungen oder dein Gehalt. Im Idealfall bekommst du hier Zinsen als Inflationsausgleich, eine wirkliche Vermehrung schaffst du aber nur durch Investitionen mit dem Depot, wo eher langfristig Wertpapiere wie Aktien oder ETFs verwahrt werden. Beträge, die dort investiert sind, wachsen durch Kurssteigerungen, reinvestierte Dividenden und den Zinseszinseffekt.

The Power of Zinseszinseffekt

Vom Zinseszinseffekt hast du im Buch schon gelesen: Es ist eine Art Schneeballsystem, das ausnahmsweise nicht unseriös ist. Der Begriff umschreibt, dass dein angelegtes Geld nicht nur linear durch einen bestimmten Zinssatz wächst, sondern jeder weitere kleine Zinsbetrag, der auf deinen Ursprungsbetrag kommt, wiederum verzinst wird. Diese Welle wird mit der Zeit tendenziell höher, und somit erreichst du schließlich ein exponentielles Wachstum. Auch mit kleinen Beträgen erzielst du diesen Effekt, baust aber natürlich keine Millionen auf. In der Finanzwelt gibt es das Sprichwort «Die ersten Hunderttausend sind die schwierigsten». Zynisch für alle, die niemals Hunderttausend in ihrem Leben erreichen können. Ansonsten bedeutet es, dass du bei einer monatlichen Sparrate von 200 € und einer Rendite von 7 % pro Jahr nach 20 Jahren einen Depotwert von

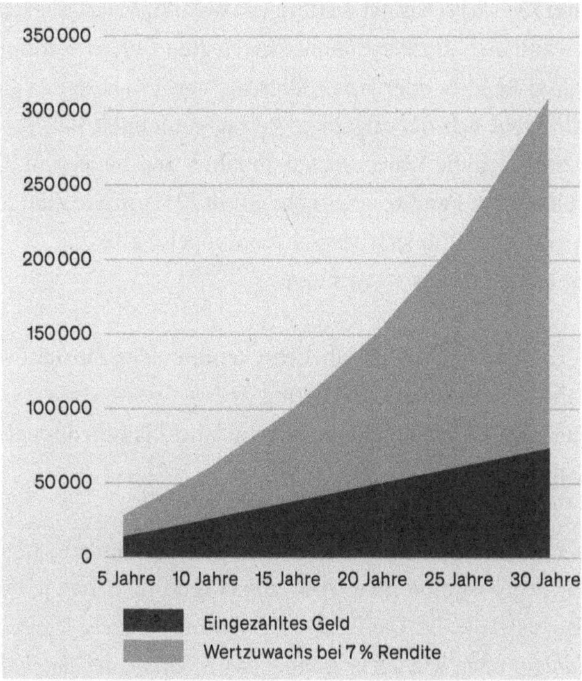

100 000 € erreicht hast. Wenn so weiterinvestiert wird, erreicht man nach weiteren zehn Jahren den Wert von 200 000 € und ab dem 36. Jahr schon nach drei Jahren den Wert von 500 000 €. Das ist tatsächlich eine überproportionale Welle an Gewinnwachstum, die mit der Zeit in kürzeren Zeitabschnitten relativ größer wird.

Live long and prosper: Der mächtigste Renditebooster ist die Zeit.

Mit der *72er-Regel* kannst du übrigens unkompliziert überschlagen, wann sich der Wert deines angelegten Geldes verdoppelt. Bei einer Rendite oder einem Zinssatz von 1 % dauert es ganze 72 Jahre, bis sich der angelegte Betrag verdoppelt hat. Bei 4 % reduziert sich die Wartezeit auf 18 Jahre, und bei einem Zinssatz oder einer Rendite von sagenhaften 20 % müsste man nur 4 Jahre warten, damit sich das Geld verdoppelt hätte.

So kannst du das ausrechnen:

* 72 * geteilt durch * jährliche Rendite oder Zinsen * = Jahre bis zum doppelten Betrag
Beispiel: 72:7 (% Rendite) = ca. zehn Jahre bis zum doppelten Betrag

Das Problem dabei: Die Höhe deiner Rendite ist unberechenbar. In der Regel ist eine Investition umso renditereicher, je höher das Verlustrisiko ist. Das ist das sogenannte *magische Dreieck der Geldanlage* oder, wie ich es nenne: das *Trilemma der Geldanlage*. An den drei Enden des Dreiecks befinden sich die Ziele Rentabilität, Sicherheit und Verfügbarkeit, welche nie alle zusammengehen. Was daran magisch sein soll? Es gibt keine Anlageklasse, die verfügbar, sicher *und* dann auch noch renditestark ist. Kryptowährungen sind z. B. rentabel, aber nicht sicher. Ein Girokonto ist sicher, aber nicht rentabel. Und ein Festgeldkonto ist relativ rentabel, dafür aber nicht verfügbar.

Risiko und Rendite hängen immer zusammen.

ETFs sind allerdings innerhalb dieses Trilemmas tatsächlich magisch: Sie bekommen es einigermaßen hin, bei überschaubarem Verlustrisiko rentabel und verfügbar zu sein. Aus diesem Grund liegt der Fokus dieses Buches auch auf ETF-Investitionen. Später zeige ich dir genauer, warum das so ist. Das Ziel ist ansonsten, verschiedene Anlageklassen miteinander zu kombinieren und nicht alles auf eine Karte zu setzen. So kannst du dir eine bunte Mischung aus verfügbaren/sicheren und renditestarken/risikoreichen Anlagen aufbauen. Wir haben diese Mischung übrigens schon grundsätzlich durch die Einteilung deiner Ziele in kurz-, mittel- und langfristig im Kapitel *Lifestyle-Check – Wie viel brauchst du später?* erreicht.

The Future is Unwritten

Was die Rendite angeht, kann man immer nur in die Vergangenheit schauen. Niemand weiß, ob die Kurse in Zukunft stärker steigen, langsamer steigen oder wann eine mögliche Krise kommt (die dann «ausgesessen» werden muss). Solange die Menschheit wächst, muss aber auch die sie versorgende (kapitalistische) Weltwirtschaft und deren Unternehmensplayer wachsen. Das würde sich erst ändern, wenn es uns gelänge, ein Kreislaufwirtschaftssystem oder Planwirtschaft zu etablieren. Aus diesem Grund bleibt einem nichts anderes übrig, als sich an den wirtschaftlichen Durchschnittswerten der Vergangenheit zu orientieren. Viele befürchten eine politische Weltwirtschaftskrise, einen Umweltkollaps oder sogar eine Art Apokalypse, durch die das Finanzsystem, so wie wir es kennen, abgeschafft wird. «Was ist dann mit meinen Investitionen am Aktienmarkt?!» höre ich oft und wundere mich, warum sich niemand Gedanken über das Geld auf dem Konto oder das Bargeld unter der Matratze macht. Geld wäre ja dann in allen Formen entwertet oder abgeschafft. Und im Falle einer grundlegenden Reform unseres Systems hin zu einer bedarfsorientierten Wirtschaft wäre das doch super. Für die Rente müssten wir in so einem System jedenfalls nicht mehr sparen.

Anhand der vergangenen Kursentwicklung der letzten Jahrzehnte (Börsensprech: *Performance*) lässt sich aber einiges ablesen und unter Beachtung einiger Grundregeln guter Dinge in die (finanzkapitalistische) Zukunft blicken. Gleichzeitig solltest du Wertpapiere nicht anhand der vergangenen Performance aussuchen. Viele investieren risikoarm in einen sogenannten Welt-ETF, also einen ETF, der die Weltwirtschaft abbildet, und bekamen damit bisher ca. 7 % durchschnittliche Rendite. Es handelt sich dabei um den historischen Durchschnitt der Rendite des beliebten Indexes MSCI World. Aufgrund politischer Entwicklungen wie der Expansion rechter Regierungen, Verschärfung sozialer Ungerechtigkeit oder Ignoranz gegenüber Klima- und Umweltschutz sollte man die zukünftige Wirtschaftsentwicklung etwas pessimistischer auf 6 % korrigieren.

Welche Anlage passt zu dir?

Beim Investieren kaufst du ein Wertpapier, eine Anlage oder einfach einen Gegenstand und hoffst, dass du es zu einem späteren Zeitpunkt mit Gewinn wieder weiterverkaufen kannst. Es gibt verschiedene Anlageklassen (Börsensprech: *Assets*). Entsprechend deiner Risikolust, der Höhe des Betrages, den du investieren willst, oder auch deinen ethischen und umweltpolitischen Werten kannst du verschiedene Anlageklassen aussuchen und miteinander kombinieren. Hier kommt eine Auswahl an Assets, mit denen du als normalsterbliche Anlegerin in Berührung kommen könntest:

- **Aktien:** Anteile an einem Unternehmen, die dem/der

Käufer:in ein (theoretisches) Mitspracherecht und ggf. Dividendenansprüche gewähren. Risikofaktor: höhere Schwankungen und theoretischer Totalverlust, wenn nur auf ein Unternehmen gesetzt wird.

- **Aktienfonds/ETFs:** Sammelanlagen, die in eine Vielzahl von Vermögenswerten, z. B. Aktien, investieren und so eine bunte Streuung (Börsensprech: *Diversifikation*) bieten. ETFs sind börsennotiert und werden wie Aktien gehandelt. Risikofaktor: überschaubar.
- **Anleihen (Bonds):** Eine Anleihe ist wie ein Darlehen, bei dem die Käufer:in (du) dem sogenannten *Emittenten* (z. B. Staat, Bank oder Unternehmen) Geld leiht und dafür regelmäßige Zinszahlungen sowie die Rückzahlung des investierten Betrages am Ende der Laufzeit erhält. Risikofaktor: Anleihen sind weniger schwankungsanfällig (Börsensprech: *volatil*) als Aktien, bieten dafür aber auch nicht so viel Rendite. Sie gelten als Stabilitätsanker im Depot. Das Risiko ist abhängig von der Bonität des Emittenten, daher bekommst du bei der Anleihe eines stabilen Landes eher weniger Zinsen als bei einer riskanteren Unternehmensanleihe. Weil man Laufzeiten und Zinsen im Auge haben muss und es sich generell um eine komplexere Geldanlage mit ggf. Unternehmens- oder Länderrisiken handelt, habe ich selbst keine Anleihen.
- **Rohstoffe:** Investitionen in physische Rohstoffe wie Gold, Öl, Silber oder landwirtschaftliche Produkte. Risikofaktor: starke Preisschwankungen durch Angebot und Nachfrage, weltpolitische Entscheidungen, wie z. B. Kriege und Naturkatastrophen. Es gibt in der Regel keine Zinsen oder Dividenden, und du musst dich ggf. um Lagerung kümmern. Gold ist wiederum ein stabiler Faktor in deinem Depot, der

gerade in Krisenzeiten nicht mit Aktienkursen korreliert, was beruhigend wirken kann. Aber auch der Goldkurs schwankt, und du solltest nicht mehr als 10 % deiner Anlage in Gold investieren. Die meisten Rohstoffe sind nicht nachhaltig, sondern ganz im Gegenteil umweltzerstörend. Ich persönlich kann mich mit dieser Geldanlage daher nicht identifizieren.

- **Immobilien:** Investitionen in physische Immobilien oder Immobilienfonds (sogenannte *REITs*, also Real Estate Investment Funds), die Mietrenditen und/oder Wertsteigerung bieten können. Risikofaktor: Der Wert schwankt je nach Nachfrage und Lage. Ein Haus, das Naturereignissen, wie Überschwemmungen oder Stürmen, ausgesetzt ist, kann als alleinige Anlage ein höheres Ausfallrisiko mit sich bringen. Immer weniger Leute haben genug Kapital, um sich eine Immobilie – ob selbst bewohnt oder als Geldanlage – zu leisten.
- **Währungen:** Investitionen in den Devisenmarkt, bei dem Währungen gekauft und verkauft werden. Risikofaktor: eher hoch, weil Währungen schwanken. Hier gilt das Gleiche wie bei Anleihen oder Rohstoffen: eine Geldanlage mit überschaubarer Rendite, die man allerdings im Blick haben sollte.
- **Kryptowährungen:** Digitale Währungen, die auf der Blockchain-Technologie basieren, wie Bitcoin, Ethereum oder andere Alt-(= Alternativ-)Coins. Sie haben keine Kontrollinstanz wie Banken oder Regierungen. Ich persönlich sehe Nutzen in etablierten Kryptowährungen, wie Bitcoin oder Ether, weil sie eine Alternative zu traditionellen Finanzsystemen bieten, und habe Lust, mich mit dem Blockchain-System dahinter zu beschäftigen. Lass lieber die Finger da-

von, wenn das bei dir nicht so ist. Risikofaktor: sehr hoch, starke Schwankungen, unberechenbare Krypto-Projekte und Player. Achtung vor Scam-Angeboten, die schnellen Reichtum durch Kryptowährungen versprechen – sie lügen!

- **Sachwerte:** Das können Whisky, Kunst, Uhren, aber auch Vintage-Sneaker, Diddl-Briefpapier oder Spielzeug aus den 80er-Jahren sein. Du brauchst einen sicheren Aufbewahrungsort, alle Teile eines Sets und idealerweise auch die Originalverpackung, um keinen Wertverlust zu haben. Die Wertsteigerung ist extrem unterschiedlich und hängt oft von Hypes und Zeitgeist ab. Das Risiko ist durch Diebstahl, Verlust oder Wasserschaden in der Wohnung eher hoch.

Aktives vs. passives Investieren

Aktives Investieren bedeutet im Börsensprech, dass du relativ kurzfristig, vielleicht sogar tagesaktuell auf Gewinne spekulierst, also auf der Suche nach dem nächsten heißen Scheiß bist.

Beim *passiven Investieren* geht es dagegen um langfristige risikoarme Investitionen, ganz nach dem Motto «Ich will nicht um schnellen Reichtum zocken (oder schnellen Verlust), sondern will in Ruhe schlafen können».

Indem du die Besparung von Wertpapieren wie Aktien oder ETFs durch monatliche Sparpläne (wie einen Dauerauftrag) automatisierst, investierst du sozusagen passiv. Du musst dich also nicht mit einzelnen Unternehmen oder täglichen Kursen beschäftigen. Du kaufst in regelmäßigen Zeitabständen (z.B. monatlich) ETF-Anteile zum Durchschnittspreis – unabhängig davon, wie die Kurse gerade stehen – und bist so längere Zeit am Markt. Weil du während dieser Zeit in der Regel nichts aus dem ETF entnimmst, wird diese Strategie auch *Buy-and-Hold* genannt. Daher eignen sich ETFs auch besser, um für die Rentenzeit vorzusorgen.

Um Gewinne mit Aktien abzuschöpfen, ist dagegen eher eine regelmäßige Marktanalyse und viel Wissen notwendig. Dafür kann die Rendite bei Aktien wiederum deutlich höher sein als die von ETF-Anlagen. Weil diese sich an einem Index orientieren, entspricht die Rendite eben auch «nur» dem entsprechenden Marktdurchschnitt.

> ***Geld am Aktienmarkt kannst du statt durch Kauf und Verkauf zum günstigsten Zeitpunkt viel besser durch Zurücklehnen und Abwarten machen:* Time in the market beats market-timing.**

Hier sind noch mal die Vor- und Nachteile der beiden Investitionsarten auf einen Blick:

Passives Investieren

- automatisiert und bei Bedarf regelmäßig laufend,
- kontinuierlich und über Jahrzehnte wachsend,
- Investitionen sind nicht am Marktgeschehen orientiert,
- für alle Einkommen und Bildungskenntnisse möglich.

Aktives Investieren / Spekulieren / Day-Trading

- Kursverläufe und Unternehmen werden genau beobachtet,
- Spekulation auf eine gute Entwicklung,
- wenn die Wachstumskurve sinkt, wird eher verkauft und umgeplant,
- man will «den Markt schlagen», also mehr Rendite bekom-

men, als es dem durchschnittlichen Wirtschaftswachstum entspricht,
- man muss selbst bestens informiert sein oder über gemanagte Fonds mit höheren Verwaltungskosten investieren.

Was übrigens weder auf aktives noch auf passives Investieren zutrifft: dass es nur vermögende Leute tun können oder du mit dem richtigen Hack schnell reich werden kannst.

Wenn ETFs so toll sind, warum investieren dann nicht alle ihr Geld darin? Weil niemand langsam reich werden will.

Im Bereich der Aktienfonds gibt es noch eine weitere Besonderheit: *aktive* Aktienfonds. Das sind Produkte, die dir von der Bank oder Finanzdienstleister:innen vermittelt (= provisionsorientiert verkauft) und von ihnen gemanagt werden. Dafür verlangt eine Bank im Schnitt 2 % Gebühren: Ausgabeaufschläge, Verwaltungsvergütungen und on top ggf. Beratungshonorare, was deine Rendite um genau diesen Wert mindert. Die höheren Kosten werden damit gerechtfertigt, der Aktienfonds werde regelmäßig in seiner Zusammensetzung angepasst, eben *aktiv* verwaltet. In der Realität findet das aber gar nicht unbedingt statt, denn auch Banken nutzen Computerprogramme oder Algorithmen, orientieren sich an Indizes und strukturieren nicht ständig den Aktienfonds um. Außerdem macht es keinen Sinn, laufend etwas an der Zusammensetzung zu ändern und den besten Unternehmen hinterherzujagen. Darüber hinaus sagen die Statistiken, dass aktiv gemanagte Aktienfonds nur selten einen schnöden selbst angelegten Welt-ETF übertrumpfen. Warum haben dann trotzdem so viele einen Aktienfonds ihrer Bank im

Depot? Das liegt leider oft an der mangelnden Aufklärung und dem Spiel mit der Unsicherheit der Kund:innen.

Deep Dive: Aktien, Aktienfonds & ETFs

Wer in ETFs investieren will, sollte verstehen, was eine Aktie ist. Denn ETFs sind große Aktien-Sammlungen, auch Fonds genannt, die viele kleine Aktienanteile enthalten. Eine Aktie entspräche so beispielsweise einem Gummibärchen und ein ETF einer bunten Tüte (oder Haribo Colorado oder eben die vegane Bio-Variante davon).

Aktien (engl. *shares*) sind Wertpapiere, also verbriefte Anteile an einem Unternehmen. Aktiengesellschaften geben Aktien aus, um sich über den Verkauf Kapital zu beschaffen. So können sich Investor:innen am Unternehmen finanziell beteiligen und die Wette eingehen, von dessen Wachstum zu profitieren. Du als Investor:in wirst also mit dem Kauf einer Aktie Mitbesitzer:in eines mikroskopisch kleinen Anteils des Unternehmens, erhältst ggf. Gewinnausschüttungen und kannst theoretisch sogar an gewissen Entscheidungen auf der Aktionär:innenversammlung mitwirken. So wird es jedenfalls gern proklamiert. Tatsächlich fällt deine Stimme hier aber nicht ins Gewicht, denn du besitzt einen vergleichsweise lächerlich kleinen Anteilsschein und hast kein Recht, bei der Unternehmensgestaltung mitzureden. Hier haben große Player der Finanzindustrie das Sagen. Ein börsengehandeltes Unternehmen hat immer erst mal eine gewisse Größe erreicht und ist nicht so überschaubar wie ein Start-up oder der Bioladen an der Ecke.

Die Unternehmen selbst profitieren übrigens nur von den Kurs- und damit Wertsteigerungen, die bei hoher Nachfrage nach ihren Aktien entstehen. Geld in Form von Fremdkapital bekommen sie entweder über die Herausgabe von Aktien beim Börsengang (Börsensprech: *IPO = Initial Public Offering*) oder durch die Herausgabe weiterer Aktien im Rahmen einer Kapitalerhöhung. Erst nach dem Börsengang werden die Aktien öffentlich an der Börse secondhand gehandelt. Deinen Anteil am Unternehmen in Form eines Wertpapiers kannst du also jederzeit an der Börse an andere Anleger:innen weiterverkaufen und dabei Gewinn (oder auch Verlust) machen.

Stock-Picking: Welche Aktie passt zu dir?

Eine Aktie aus über 50 000 weltweiten notierten Börsenunternehmen auszusuchen, ist natürlich etwas tricky. Einerseits willst du vielleicht eine Aktie im Depot haben, die zu dir und deinen Werten passt, andererseits soll es – je nach Risikolust – der nächste Geheimtipp oder aber auch eine sichere Anlage sein. Zeit für umfangreiche Recherche hast du wahrscheinlich eher nicht. Wie findest du dich also zurecht?

Um dich der Aktienwelt anzunähern, kannst du am besten erst mal Aktien im Alltag spotten, denn oft machen wir uns gar nicht bewusst, dass wir mit unserem Hausstand bereits in viele Firmen «investieren». Viele Unternehmen, deren Produkte wir täglich verwenden, sind börsennotiert:

- **Lebensmittel und Getränke: Nestlé** (Nescafé, Maggi, KitKat, Vittel), **Pepsi-Cola, Coca-Cola, Unilever** (Knorr, Lipton, Ben & Jerry's, Magnum)
- **Haushaltsprodukte und Reinigungsmittel: Procter & Gamble** (Ariel, Pampers, Gillette), **Henkel** (Persil, Pril, Schwarzkopf), **Colgate-Palmolive**
- **Elektronik und Haushaltsgeräte: Samsung Electronics,**

Apple, Whirlpool Corporation (Waschmaschinen, Kühlschränke, Mikrowellen)
- Körperpflege und Kosmetik: L'Oréal (Maybelline, Lancôme, Garnier), Beiersdorf (Nivea, Labello, Eucerin)
- Kleidung und Accessoires: Adidas, Nike, H&M
- Technologie und Software: Alphabet (Google, YouTube), Netflix, Disney, Amazon Prime
- Spielzeug und Popkultur: Hasbro, Inc. (Monopoly, Nerf, My Little Pony, Play-Doh), Mattel, Inc. (Barbie, Hot Wheels, Fisher-Price)
- Firmen, die du vielleicht nicht an der Börse vermutet hättest: Etsy, Beyond Meat, Crocs, Tupperware, Oatly, Airbnb, WD-40 ...

Die Liste ist nur ein kleiner Einblick und soll dir zeigen, dass wir durch die Nutzung alltäglicher Produkte mit unzähligen Aktienunternehmen in Kontakt kommen.

Als ersten Schritt deiner Aktienauswahl kannst du überlegen, welche Produkte du regelmäßig und gerne benutzt oder bei welchen du denkst, dass es sie oder ihr Geschäftskonzept auch noch in Zukunft geben wird. Du kannst auch überlegen, was deinen Werten entspricht oder wovon du dir zukünftiges Wachstum wünschst, wie z. B. tierversuchsfreie Kosmetik. Wenn du keine hektische Daytraderin werden willst, gehst du mit einer Aktie vielleicht eine jahrelange Beziehung ein und verfolgst regelmäßig ihre Entwicklung. Also mach dir keinen Druck, aber einfach nur nachkaufen, was andere haben, ist nicht unbedingt die *best practise*.

Die Basics einer etwas konkreteren Aktienanalyse helfen dir nicht nur bei der Auswahl, sondern auch bei einem grundlegenden Verständnis von Finanzkapital. Wenn du daran nicht interessiert bist, blättre einfach weiter zum ETF-Kapitel. Denn ETFs sind einfacher zu verstehen, brauchen keine knifflige Analyse und sind beginnerfreundlich. Falls du aber etwas tiefer in die Materie eintauchen willst, kommen hier ein paar Grundlagen:

1. Zyklische und antizyklische Aktien

Unter *zyklischen Aktien* versteht man Aktien von Unternehmen, deren Geschäfte eher abhängig von der Wirtschaftslage sind oder einem Wirtschaftstrend folgen. Wenn die Wirtschaft brummt, steigen oft auch die Kurse dieser Aktien, weil die Firmen in Zeiten von Wachstum und Konsum mehr verdienen. In einer Rezession fallen die Kurse wiederum schneller wieder, weil die Nachfrage zurückgeht. Typische Bereiche, in denen du zyklische Aktien findest, sind die Tourismusbranche, Luxusgüter oder die Gastronomie. Man spricht hier auch von einer *Konjunkturwette*, mit der du zwar mehr Risiko eingehst, aber auch mehr Rendite rausholen kannst.

Antizyklische Aktien verhalten sich nicht wirklich konträr zu einem Zyklus, sondern sind davon unabhängig. Es sind Aktien von eher stabilen Unternehmen, deren Produkte oder Dienstleistungen eigentlich immer gefragt sind und daher als krisenfest gelten. Typische Bereiche, in denen du antizyklische Aktien findest, sind Versorgung, Gesundheit oder Lebensmittel. Egal, ob Wirtschaftsboom oder Krise – wir müssen schließlich immer essen und uns waschen. Antizyklische Aktien gelten auch als geerdete Investition in stürmischen Zeiten. Sie glänzen zwar oft nicht mit spektakulären Kursgewinnen, sind dafür aber stabiler, wenn es krisenhafte Kursschwankungen an der Börse gibt.

2. Growth- und Value-Aktien

Growth-Aktien sind die moderneren Überflieger unter den Aktien. Diese Unternehmen wachsen schnell und haben oft innovative Geschäftsmodelle, die die Zukunft prägen können. Ihr Fokus liegt weniger auf aktuellen Gewinnen, sondern vielmehr auf maximalem Wachstum durch Umsatzsteigerungen, Eroberung von Marktanteilen und der Entwicklung neuer Technologien. Du findest Growth-Aktien meist in zukunftsorientierten Branchen, wie Informationstechnologie, Künstliche Intelligenz, Software oder E-Mobilität. Es gibt typische Merkmale, an denen du Growth-Aktien erkennen kannst: Sie reinvestieren Gewinne lieber in ihre Expansion, anstatt Dividenden auszuschütten. Außerdem haben sie tendenziell hohe Bewertungen (also einen teuren Aktienkurs im Verhältnis zum Gewinn), weil Investor:innen an ihr Wachstumspotenzial glauben.

- **Pro:** Großes Kurspotenzial, besonders in Boomphasen.
- **Kontra:** Hohe Kursschwankungen und Risiko, wenn das Wachstum hinter den Erwartungen zurückbleibt.

Bei den *Value-Aktien* geht es dagegen eher um Substanz als um einen Trend. Sie stammen von etablierten Unternehmen, die solide Gewinne machen, oft schon lange im Geschäft sind und in der Regel Dividenden ausschütten. Du findest sie bei Unternehmen aus klassischen Branchen, wie Industrie, Konsumgüter oder Banken. Der Gedanke beim Investieren in Value-Aktien ist *Wert statt Wachstum,* der Fokus liegt also eher auf Stabilität und langfristigen Renditen. Du hast die Möglichkeit, die Aktien günstig zu kaufen, wenn sie am Markt gerade unterbewertet sind. Eine günstige Bewertung erkennst du z.B. an einem niedrigen Kurs-Gewinn-Verhältnis.

- **Pro:** Stabil, weniger anfällig für Hypes und Crashs.

- **Kontra:** Weniger spektakuläre Kursgewinne – es dauert manchmal, bis der Wert erkannt wird.

So bewertest du eine Aktie

Eine Aktie zu analysieren, bedeutet, ein Unternehmen und sein Umfeld zu verstehen, um entscheiden zu können, ob es sich um eine gute Investition handelt. Dabei solltest du immer mehrere Faktoren und Quellen berücksichtigen und sie nicht nur aussuchen, weil der Kurs im letzten Jahr gestiegen ist oder Nachbar Mo von der Aktie schwärmt. Informationsquellen können dabei Börsenplätze wie die Frankfurter Börse, Finanzportale (siehe *Websites & Tools*) oder die Websites der Unternehmen selbst sein. Ich selbst habe zwar viele Aktien im Depot, aber ehrlich gesagt noch nie eine wirklich intensive Aktienanalyse gemacht. Einige Analysearten sind mir einfach zu dröge, kompliziert und zeitintensiv.[14] Ich lese lieber die Einschätzungen von anderen Börsenanalyst:innen auf unterschiedlichen Onlineplattformen. Dann überprüfe ich, ob mich das Geschäftsmodell überzeugt und das Unternehmen zu meinen Werten und Interessen passt. Et voilà, habe ich verschiedene Faktoren und Informationsquellen genutzt.

Ich will dir hier trotzdem einige grundlegende Analysearten vorstellen, damit du selbst entscheiden kannst, inwieweit du eine für dich interessante Aktie selbst analysieren willst. Hier sind die wichtigsten Schritte:

1. Gesamtwirtschaftliche Faktoren einbeziehen

Die allgemeine Wirtschaftslage beeinflusst den Aktienmarkt. Hier geht es also um den Blick auf das volkswirtschaftliche und politische Umfeld. Steigende Zinsen können beispielsweise die

Kosten für Unternehmen erhöhen, weil Kredite teurer werden, und so die Nachfrage nach Aktien senken. Eine hohe Inflation kann den Gewinn eines Unternehmen belasten, weil die Kaufkraft der Leute nachlässt und die Produktionskosten steigen. Auch die Konjunktur spielt eine Rolle: In wirtschaftlich starken Zeiten geht es den Unternehmen oft besser, während sie in Krisen eher leiden. Ausnahmen konntest du in Coronazeiten beobachten: Während die Lieferdienste profitierten, ist die Tourismusbranche eher abgerauscht. Diese äußeren Umstände zu beachten, kann dir also helfen, die Chancen und Risiken für eine Aktie besser einzuschätzen.

2. Branche checken

Jede Branche hat ihre eigenen Besonderheiten und Herausforderungen. Man kann sich im Umfeld anschauen, ob die Produkte oder Dienstleistungen der Branche gerade gefragt sind, oder im Internet recherchieren, ob es zukünftige Wachstumschancen oder Trendprognosen gibt. Bei einem Blick auf die Konkurrenz geht es um die Frage, ob das Unternehmen einen Vorteil gegenüber anderen hat, z. B., weil es schon lange etabliert ist und bestimmte Produkte nicht mehr wegzudenken sind. Auch Gesetze und Regulierungen können die Branche und dementsprechend den Erfolg des Unternehmens beeinflussen.

3. Bewertung der Aktie überprüfen

Um zu beurteilen, ob eine Aktie fair bewertet, also nicht zu teuer ist, gibt es ein paar Kennzahlen, die man einfach auf Onlineportalen nachlesen (siehe *Websites & Tools*), aber auch etwas umständlicher selbst nachrechnen kann. Das *Kurs-Gewinn-Verhältnis* (KGV) zeigt dir z. B., wie viel Anleger:innen für den Gewinn des Unternehmens zahlen. Das ist also der Preis der Aktie im

Verhältnis zum Gewinn der Aktie. Die *Dividendenrendite* gibt an, wie viel Rendite es durch die ausgezahlte Dividende im Vergleich zum Aktienkurs gibt. Der *Buchwert* der Aktie zeigt, wie viel ein Unternehmen rein rechnerisch pro Aktie wert ist. Dabei wird einfach das Vermögen des Unternehmens durch die Anzahl der Aktien geteilt.

Diese Kennzahlen können dir dabei helfen, teure oder unterbewertete Aktien zu identifizieren. Du solltest aber nie allein den Zahlen vertrauen, weil es bei dieser Analyseart viele Ausnahmen gibt. Das ist also eher was für Leute, die Zeit und Lust auf echten *deep dive* haben.

4. Risiko bewerten

Ein wichtiger Grund für das ganze Analysieren ist ja, die Risiken einschätzen zu können. Und ein Risiko ist definitiv immer da – denk nur an ehemals beliebte und verbreitete Unternehmen wie Nokia oder Kodak, die grandios untergegangen sind, oder Newcomer wie Oatly oder Beyond Meat, deren Aktien nach einem Anfangshype gesunken sind und sich bisher nicht erholt haben. Die Frage ist, wie hoch das Risiko ist und ob du es im Verhältnis zu den Gewinnaussichten eingehen willst. Schwankende Kurse (Börsensprech: *Volatilität*) deuten eher auf ein höheres Risiko hin. Unternehmen mit vielen Schulden haben zwar hoffentlich viel in ihre Weiterentwicklung investiert, können aber in schwierigen Zeiten Probleme bekommen. Auch externe, eher lokale Faktoren wie politische Unsicherheiten, Naturkatastrophen, Wirtschaftsrisiken oder Branchenkrisen müssen berücksichtigt werden.

5. Verschiedene Informationsquellen nutzen

Wie schon erwähnt stützt sich eine gute Analyse auf unterschiedliche Quellen. Dieser letzte Punkt ist für mich persönlich am wichtigsten, vor allem, weil er mehr Spaß macht. Du kannst dir z.B. die Unternehmensberichte mit Jahres- oder Quartalszahlen auf den Firmenwebsites anschauen. Das ist zwar extrem trocken, aber eben auch gehaltvoll, wenn es um den Einblick in die finanzielle Situation eines Unternehmens geht. Spannender und einfacher lesbar sind Onlinefinanzportale. Sie bieten dir die wichtigsten Kennzahlen und Expert:innenmeinungen.

Darüber hinaus ist es nicht schlecht, allgemeine News oder Wirtschaftsnachrichten zu ökonomischen Entwicklungen oder politischen Ereignissen zu verfolgen. Du kannst sie gleich für eine Einschätzung der wirtschaftlichen Situation nutzen. Eine breite Informationspalette erhöht für dich die Möglichkeit, fundierte Entscheidungen zu treffen. Ich habe andererseits aber auch schon Aktien ausgesucht, weil mich ein einziger Artikel bei *Börse Online* gecatcht hat ... 😊

Hoch die Hände, Dividende!

Wer eine Aktie oder einen ETF kauft, hat gleich zwei Möglichkeiten, Rendite zu bekommen: über ein zukünftiges Unternehmenswachstum (= Kursgewinne) und einen kleinen Treuebonus in Form von Dividenden, also einer Gewinnbeteiligung. Eine *Dividende* ist wie eine Art Dankeschön, das du von einer Firma bekommst, deren Aktien du besitzt. Sie werden monatlich, quartalsweise oder jährlich an die Anleger:innen ausgeschüttet. Dividenden gibt es manchmal sogar trotz sinkender Kurse. Das ist also das passive Einkommen, von dem die Finanz-Bros träumen!

Nicht jedes Unternehmen zahlt allerdings Dividenden aus: Es gibt auch reinvestierende Firmen, die den Gewinn lieber ins eigene Unternehmen stecken, um weiterzuwachsen, indem sie neue Produkte entwickeln oder ihre Reichweite am Markt vergrößern und die Konkurrenz hinter sich lassen. Wenn diese Strategie aufgeht, steigt der Aktienkurs, was den Aktionär:innen langfristig sogar mehr bringt, als wenn sie eine Dividende bekommen würden. Darüber hinaus gibt es die ausschüttenden Unternehmen. Das sind oft ältere etablierte Firmen, die nicht mehr so stark wachsen müssen. Sie möchten ihre Aktionär:innen belohnen und damit einen sogenannten *Shareholder Value* schaffen.

Eine wichtige Überlegung am Anfang deiner Aktieninvestitionen ist also, ob du die ausgezahlten Dividenden reinvestieren und damit schneller Vermögen aufbauen oder eine regelmäßige kleine Auszahlung haben willst. Auch bei Aktienfonds bzw. ETFs, um die es in diesem Buch vorrangig geht, gibt es Ausschüttungen, bei denen du dich entscheiden musst, was damit passieren soll: auszahlen lassen oder reinvestieren?

#financialawareness

Shareholder Value (übersetzt: Aktionärswert) ist ein Prozedere, das oft für Ärger sorgt und zum schlechten Ruf des Aktienmarktes beiträgt, wenn Unternehmen Belegschaft entlassen, aber trotzdem dicke Gewinnausschüttungen vornehmen. Die Wertsteigerung im Interesse der Aktionär:innen ist hierbei wichtiger als das Interesse derjenigen, die im Unternehmen arbeiten. Aber nicht alle Unternehmen denken, dass Dividendenauszahlungen, also Gewinnbeteiligungen für Anteilseigner:innen, der beste Weg sind. Manche streben auch eine Steigerung des *Shareholder Values* an, indem sie Gewinne in das Unternehmenswachstum investieren. Die öffentliche Kritik ist dann weniger laut, obwohl die Gewinne einfach weniger sichtbar für das Unternehmenswachstum genutzt werden und trotzdem unter Umständen zu Lohndrückung oder Massenentlassungen führen.

Wenn du jetzt mit dem Shareholder Value haderst: Ethisch korrekte und nachhaltige Aspekte beim Investieren werden später noch beleuchtet, da sie auch mich regelmäßig umtreiben.

Was sind ETFs?

ETF – diese Abkürzung hast du nun schon oft im Buch gelesen. Was bedeutet sie eigentlich? Der Begriff *ETF* kommt aus dem Englischen und steht für *Exchange Traded Fund* (= *börsengehandelter Indexfonds*). Wie du ja gerade gelesen hast, kannst du am Aktienmarkt entweder in ein einzelnes börsennotiertes Unternehmen investieren, also eine bestimmte Einzelaktie kaufen (z. B. Aktien für ein Windkraftanlagen-Unternehmen), *oder* du investierst direkt in einen ganzen Markt (z. B. in die 30 größten europäischen Solar- und Windkraftanlagenhersteller). Das kannst du z. B. tun, indem du einen Anteil eines Aktienfonds kaufst. Ein ETF ist ein solcher Aktienfonds (Stichwort Stock), also ein ganzer Topf an Aktien. Es gibt aber auch ETFs für andere Anlageklassen, sodass du passiv in fast jeden Bereich investieren kannst, wie Anleihen, Bitcoin, Geldmarkt, Immobilien, Edelmetall oder Rohstoffe.

Hier soll es um Aktien-ETFs gehen, weil diese unter Beachtung von ein paar Evergreen-Regeln (siehe S. 225), am einfachsten und risikoärmsten sind. Wie du schon weißt, wird ein ETF eher *passiv* von einem Algorithmus zusammengestellt und «kopiert» einen Index. Daher ist er auch viel kostengünstiger: Die Gebühren betragen oft weniger als 0,5 Prozent pro Jahr. Transaktionen, also Käufe und Verkäufe, sind häufig sogar kostenlos.

Und was ist ein *Index*? Ein Index ist ein Vibe, denn du kannst z. B. im Frühling am T-Shirt-Index erkennen, dass der Sommer kommt. Oder am Wahlergebnis, wie die politische Stimmung unter den Wahlberechtigten ist. In der Finanzwelt wird ein Index als Marktbarometer genutzt, das die Werte eines bestimmten Wirtschaftsbereiches trackt. Wo stehen z. B. die Kurse der Top 500 US-amerikanischen Unternehmen aktuell oder in den letzten zehn Jahren? Oder: Wo stehen alle Unternehmen, die nachhaltige Produkte produzieren? Überleg dir einen Bereich deiner Wahl, und es wird mit hoher Wahrscheinlichkeit irgendwo einen Index dafür geben. Ein Index ist also nicht dasselbe wie ein ETF, sondern eine Liste, in der ein Markt und die Unternehmen dieses Marktes zusammengefasst werden. Du kannst nicht in einen Index investieren, aber in einen ETF, der den Index deiner Wahl abbildet, also nachbaut oder kopiert, indem er die gleichen Aktien für dich bereitstellt.

Thematisch gibt es hier Tausende Optionen, was es Einsteiger:innen schwer macht, den richtigen ETF auszuwählen. Du kannst mit einem riesigen Welt-ETF in die größten globalen Unternehmen, in einen kleinen Cannabis-ETF oder welches Thema, Land oder welche Branche dich auch immer interessieren, investieren. Es gab mal einen Gisele-Bündchen-Aktienfonds mit allen Unternehmen darin, deren Produkte oder Dienstleistungen das Topmodel gern nutzt. Theoretisch kannst du sogar deinen eigenen ETF mit Aktien aus Bereichen zusammenstellen, die du wichtig findest oder deren Produkte du selbst nutzt. Hier aber einen diversifizierten Aktientopf vernünftig zu gewichten, wäre sehr kompliziert. Hol dir besser einen vorgefertigten Take-away-ETF.

Eine Gruppierung von Unternehmen in deinem ETF können Länder, Themen, Branchen oder spezielle Märkte sein. Populäre Indizes sind beispielsweise:

- **DAX** – die 40 größten Unternehmen aus Deutschland
- **S&P 500** – die 500 größten Unternehmen der USA
- **MSCI ACWI** (All Country World Index) – über 2800 Unternehmen aus 23 Industrieländern und 24 Schwellenländern
- **NASDAQ 100** – die 100 größten Unternehmen nach Marktkapitalisierung weltweit

Die Größe eines ETFs bestimmt das Risiko. Ein Themen-ETF mit 20 Unternehmen aus der Solarenergie-Branche ist beispielsweise nicht breit aufgestellt und hat ein höheres Risiko als ein Länder-ETF mit allen Unternehmen aus Indien. Erneuerbare Energien, Artifical Intelligence und Robotics können heute verlockende Trends, aber morgen aufgrund weltpolitischer Geschehnisse vielleicht schon nicht mehr so wichtig sein. Mit dem Indien-ETF hast du über 150 Unternehmen aus verschiedenen Branchen, gleichzeitig aber auch ein sogenanntes *Klumpenrisiko*, weil alle Aktien aus dem gleichen Land stammen und von einer Wirtschaftskrise in dieser Region betroffen wären. Das geringste Risiko haben daher ETFs, die einen möglichst großen Teil der Weltwirtschaft abbilden.

Neben bestimmten Märkten gibt es noch Strategie-ETFs (auch *smart beta* genannt), die für dich interessant sein könnten. Sie basieren auf Indizes, die Unternehmen nicht einfach nur nach der Größe, sondern nach anderen Kriterien aussuchen:

- **Soziale und nachhaltige** ETFs: beinhaltet Aktien, die bestimmte Umwelt-, Sozial- und Governance-Kriterien erfüllen.

- **Dividenden**-ETFs: beinhaltet Unternehmen, die regelmäßig hohe Dividenden ausschütten, um regelmäßige Erträge zu bieten.
- **Small oder Mid Cap** ETFs: beinhaltet Aktien von kleineren (= Small Cap) oder mittelgroßen (= Mid Cap) Unternehmen, die stärker wachsen können, aber auch schwankungsanfälliger sind.
- **Low Volatility / Risk** ETFs: beinhaltet Aktien, die in der Vergangenheit wenig Kursschwankungen hatten, um Stabilität im Depot zu erzielen.
- **Multi-Faktor-Strategie**-ETFs: hier werden verschiedene Anlagestrategien (z. B. Value, Momentum, Qualität, geringe Volatilität) kombiniert, um breiter gestreute Renditechancen zu nutzen.

ETFs sind für alle da

John Bogle gilt als der Erfinder von ETFs und gründete 1975 den ETF-Anbieter *Vanguard*, eine genossenschaftliche Organisation, die besonders kostengünstige Produkte anbietet. Er hatte eine revolutionäre soziale Mission, die innerhalb der traditionell neoliberalen Finanzwelt etwas Besonderes war: Sein Ziel war es, die Börse für – von Altersarmut bedrohte – Normalsterbliche zugänglich zu machen, indem sie in kostengünstige Indexfonds investieren können. Leider hat die konkrete Umsetzung seiner Vision dann noch Jahrzehnte gedauert, denn erst seit der Etablierung des Internets und damit von Onlinebrokern, die man selbst aussuchen und nutzen kann, kann man mit dem Investieren von der Couch aus starten. Heute ist es quasi eine demokratische Anlageform, die jede:r nutzen kann.

Warum soll das jetzt alles so genial sein? Hier kommen ein paar Argumente:

Die passive Zusammenstellung von Werten, also die «Kopie» eines Indexes, macht den Handel mit ETFs so günstig. Durch die verschiedenen Aktien in einem Fonds investierst du außerdem in viele unterschiedliche Unternehmen, Branchen oder Länder und streust so das Risiko für dein angelegtes Geld. Bei einer Einzelaktie besteht die Gefahr, 100 % deines Geldes zu verlieren, bei einem ETF mit zehn enthaltenen Unternehmen nur noch 10 % und so weiter. Kurzfristig sind bei einem Welt-ETF zwar hohe (Buch-)Verluste aufgrund einer globalen Krise möglich, bei einer Anlage von mindestens 15 Jahren war die Rendite bisher aber immer positiv.

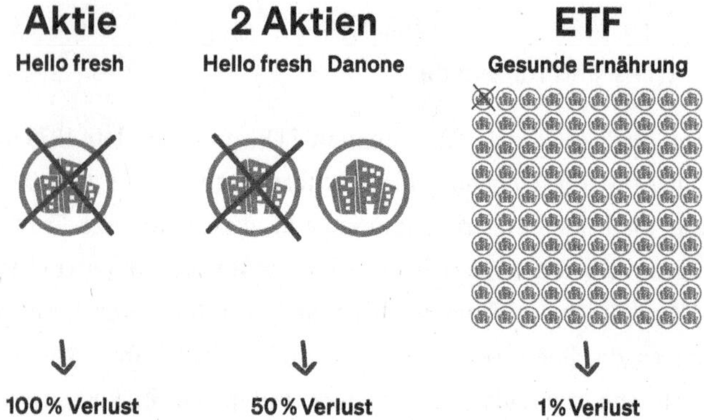

ETFs sind also flexibel, risikoarm, leicht verständlich, günstig und damit eine gute One-fits-all-Geldanlage – zum Missfallen einer ganzen Finanzindustrie, die ihre Produkte verkaufen will.

In ETFs kannst du ohne Knebelvertrag individuell mit Einmalzahlungen oder regelmäßigen Sparplänen investieren. Die Höhe und der Zeitpunkt der Transaktionen lassen sich nahezu beliebig aussuchen. Du kannst die Beträge jederzeit anpassen, die Besparung pausieren bzw. stoppen und das investierte Geld in Teilen oder sogar komplett jederzeit wieder entnehmen. Im Vergleich zu jahrzehntelangen Zahlungsverpflichtungen und Vertragsbindung bei klassischen Bausparverträgen oder Kapitallebensversicherungen sind ETFs eine selbstbestimmte Alternative.

Auch wenn du dich bei DIY-Geldanlagen um alles selbst kümmerst, brauchst du für ETFs keinen Abschluss in Wirtschaftswissenschaften, Spaß an Mathe oder eine Ausbildung an der Börse, denn ihre Handhabung ist verständlich und transparent. Andererseits bist du aber nicht ready, wenn du die Grundlagen noch nicht verstanden hast. Was ein ETF ist, wie Kursveränderungen entstehen und wie du eine grobe Risikoeinschätzung vornimmst, sollte einigermaßen klar sein.

Zugegeben, ETFs haben auch *Nachteile*. Durch Investitionen in einen Markt anstatt in ein Unternehmen bekommst du auch nur die Durchschnittsrendite dieses Marktes und keine Überperformance. Wenn du Lust auf Zocken oder große Renditen hast, kommen Einzelaktien, kleinere Themen-ETFs oder risikoreichere Anlagen eher für dich infrage. Das kannst du natürlich auch alles miteinander kombinieren. Du bist dann eher im Bereich des aktiven abenteuerfreudigen Tradings unterwegs denn als vorsichtige Investorin.

Auch wenn du jederzeit Zugriff auf das Geld hast, solltest du wie gesagt mindestens zehn Jahre dabeibleiben, um einen Kurseinbruch entspannt aussitzen zu können. ETFs fordern außerdem als Teil der selbstbestimmten Geldanlage mehr Eigenverantwortung von dir. Du hast keine Bank oder Finanzdienstleister:in zwischengeschaltet, die sich um Sparplanausführungen und Depotzusammensetzungen mit anderen Wertpapieren kümmert. Das kann für manche überfordernd sein.

Hier noch mal der Überblick über die *Vor- und Nachteile von ETFs.*

Vorteile:

- Bei der richtigen Handhabe sind ETFs risikoarm.
- Du kaufst Anteile an einem ganzen Markt statt nur Anteile eines Unternehmens.
- Sehr geringe Gebühren.
- Einzahlungen lassen sich flexibel ändern oder einstellen.
- Du kommst jederzeit an dein Geld.
- Du kannst werteorientiert investieren.
- ETFs sind als Sondervermögen der Bank geschützt.
- Einfache Handhabe und Transparenz.

Nachteile:

- Durch Investieren in einen ganzen Markt bekommst du auch nur die Durchschnittsrendite. Eine Überperformance ist nicht möglich.
- Ein langfristiger Investitionszeitraum von mindestens zehn Jahren ist wegen Kursschwankungen dringend ratsam.
- Mehr Eigenverantwortung. Du hast keine Vermittler:innen, die alles für dich regeln.

Der ETF-Code: Zahlen und Namen entschlüsseln

Lass dich bloß nicht von den kryptischen ETF-Namen oder den Angaben rund um den ETF verunsichern, denn wenn du einmal weißt, worauf es ankommt, kannst du den Code knacken. Du musst auch nicht jede Abkürzung verstehen, aber einige grundlegende, die für dich und deine Strategie interessant und wichtig sind.

Beispiel:
Vanguard FTSE All-World UCITS ETF (Dist)
Fondsgröße: 14,27 Mrd. €
Fondsauflage (Alter): 22.05.2012
TER: 0,22 %
Indexabbildung: physisch
Ausschüttung: ausschüttend (distributing, auch: acc)
Anteil Top 10:21,94 %
Anzahl Positionen: 3673

Vanguard ist in diesem Fall der Herausgeber oder Anbieter (Börsensprech: *Emittent*) des ETF.

FTSE All-World ist der eigentliche Name des ETF und für dich als Anleger:in von Bedeutung. Es zeigt, welchen Index der ETF abbildet. Du erkennst meist die abgebildete Region. In unserem Beispiel sind das Aktien aus Industrie- und Schwellenländern weltweit.

UCITS ETF: Das ist eine Abkürzung für einen europäischen Sicherheitsstandard für ETFs. Es steht für *Undertaking for Collective Investments and Transferable Securities.* Dieser Standard soll für eine bestimmte Diversifikation sorgen. In UCITS ETFs darf z. B. keine Position mehr als 20 % betragen. Das im ETF angelegte Geld muss vom Vermögen der Depotbank getrennt sein, und der ETF muss eine Liquiditätsgarantie aufweisen, da es ja keine Laufzeit gibt und damit wirklich alle Anleger:innen jederzeit ihre Anteile verkaufen können.

Die **Fondsgröße** oder das Fondsvolumen zeigt, wie viel Vermögen bereits in einen ETF investiert wurde. Je höher das Fondsvolumen ist, umso liquider und damit etablierter ist der ETF. Außerdem ist ein volumenstarker ETF oft günstiger. Als Richtwert gilt ein Fondsvolumen von mindestens 100 Millionen Euro. Bei kleineren ETFs besteht die Gefahr, dass sie wieder vom Markt genommen werden. Zwar wäre dein Geld in diesem Fall geschützt, es käme jedoch unnötige Verwaltungsarbeit auf dich zu.

Beim **Fondsalter** solltest du darauf achten, dass der ETF seit mindestens drei Jahren auf dem Markt ist. Durch einen längeren Verlauf stehen mehr Daten zur Verfügung, und du kannst die Performance des ETFs besser mit anderen vergleichen. Außerdem ist das Fondsalter – genau wie die Fondsgröße – ein Zeichen dafür, dass der ETF bereits am Markt etabliert ist. Bei jüngeren ETFs ist die Gefahr größer, dass sie wieder vom Markt genommen werden und du erneut umschichten musst.

Die **Gesamtkostenquote** TER (*Total Expense Ratio*) gibt den Großteil der jährlichen Kosten des ETFs in Prozent an. Bei einem gleichen oder ähnlichen Index unterscheiden sich die Kosten meist nicht groß. Trotzdem lohnt es sich hier, den kostengünstigsten ETF (z. B. unter 0,5 Prozent) auszuwählen.

An der **Indexabbildung**, auch *Replikationsmethode* genannt, erkennst du, auf welche Art und Weise der ETF den Index abbildet. Dafür gibt es drei Möglichkeiten: *physisch, physisch sampling* oder *synthetisch*. Bei der physischen Art werden die Aktien tatsächlich 1:1 gekauft, während beim physisch sampling nur ein repräsentativer Anteil der Aktien gekauft werden. Bei der synthetischen (swap) Variante findet kein echter Handel mehr statt, sondern es besteht nur ein Tauschvertrag mit einer Bank.

Wenn du wirklich wissen willst, welche Industrien und Unternehmen in deinem ETF enthalten sind, nimm die physische Methode. Wichtig ist das vor allem, wenn dir Nachhaltigkeit am Herzen liegt oder du genau wissen willst, in welche Unternehmen du investierst. Bei der synthetischen Replikation ist das nämlich nicht wirklich transparent. Bedenke andererseits, dass es bei einem ETF mit mehreren Tausend Unternehmen sowieso schwierig ist, alle zu sichten und auf Nachhaltigkeit zu überprüfen.

Bei der **Dividendenverwendung** gibt es zwei Möglichkeiten, wie mit den Ausschüttungen verfahren wird. Mit mehreren ETFs oder Aktien im Depot kannst du natürlich auch kombinieren.

Ausschüttende ETFs: Hier findest du die Abkürzung **Dist** (auch D oder Dis), was für *distributing*, ausschüttend, steht. Die Dividenden werden dir also auf dein Verrechnungskonto ausgezahlt. Du entscheidest dann selbst, ob du das Geld reinvestieren oder ausgeben willst. Je nach Höhe der ausgeschütteten Dividenden kannst du damit ein passives, aber unter Umständen in der Höhe schwankendes Einkommen generieren. Die Vorteile von ausschüttenden ETFs: Du siehst direkt die Erträge, die auf deinem Konto eingehen. Das sorgt für Motivation und ein besseres Verständnis, warum Investieren sinnvoll ist. Alle Auszahlungen an dich werden versteuert, so auch Dividenden. Daher sind die reinvestierten Beträge dann schon für die Zukunft steuerbereinigt. Das Reinvestieren beinhaltet etwas Organisation und lohnt sich eigentlich erst ab einer gewissen Dividendenhöhe. Weil ausgeschüttete Dividenden nicht automatisch dafür sorgen, dass dein investierter Betrag steigt, wird auch der Zinseszinseffekt nicht optimal ausgenutzt, und der Vermögensaufbau fällt unter Umständen geringer aus. Dividenden sind zudem nicht garantiert jedes Jahr gleich hoch und nur schwer planbar. Damit die Vorteile gegenüber den Nachteilen von ausschüttenden Dividenden überwiegen, ist diese Form erst ab einer bestimmten Höhe interessant.

Beispiel: Wenn du 1000 Euro investierst und eine Ausschüttungsquote von 2 % pro Jahr hast, sind das entsprechend nur 20 € Dividenden jährlich.

Thesaurierende ETFs: Hier findest du die Abkürzung **Acc** (auch C). Sie steht für *accumulation* bzw. im Börsensprech: *thesaurierend*. Unter Thesaurierung versteht man den Vorgang, Dividenden automatisch wieder in das ETF-Vermögen zu reinvestieren. In diesem Fall profitierst du viel mehr vom Zinseszinseffekt und baust nach und nach dein Vermögen weiter aus. Die Reinvestition geschieht direkt durch die Fondsgesellschaft, sodass du dich um nichts kümmern musst. Allerdings erhältst du so auch kein kleines passives Einkommen.

Die Kombi-Alternative: Oder du besparst einen ausschüttenden *und* einen thesaurierenden ETF – why not? Im Laufe der Zeit kannst du ja einen mehr oder weniger besparen, falls du dich für eine Seite entschieden hast.

Entscheide dich bei der ETF-Auswahl unbedingt entsprechend deiner Strategie (regelmäßiger Dividenden-Money-Rain oder optimierter Zinseszinseffekt?), denn du kannst den ETF – und damit die Dividendenverwendung – später nur über den Verkauf und erneuten Kauf von Anteilen wechseln. Wenn es um deine Rentenlücke oder eine andere große Summe in weiter Ferne geht, ist meine Empfehlung, das Depot mit automatisch reinvestierenden Dividenden weiterlaufen zu lassen, um wenig Arbeit damit zu haben. Deshalb entscheide ich mich für thesaurierende ETFs und verkaufe höchstens bei Bedarf mal Gewinnanteile. So hast du mit den Dividenden keine Verwaltungsarbeit und nutzt den Zinseszinseffekt optimal für den Vermögensaufbau. Keep it easy!

ETF-Kombinationen

Nachdem du dir das grundlegende Wissen über ETFs angeeignet und Auswahlhilfe erhalten hast, geht es jetzt darum, eine ETF-Zusammenstellung zu bauen – oder auch mit einem einzigen *happily ever after* zu leben, was völlig ausreicht! Je nach Risikolust und Anlagestrategie gibt es viele Möglichkeiten, ETFs, Aktien und natürlich auch andere Anlageklassen sicherheits- oder abenteuerorientiert zu kombinieren. Ich stelle ein paar Beispiele klassischer Depotzusammensetzungen vor, die sich gut für Einsteigerinnen eignen. Ich habe bei allen die nachhaltigen Varianten gewählt, soweit sie vorhanden und kostengünstig waren. Die Kombinationen bieten eine solide Basis für Einsteigerinnen, lassen sich aber auch jederzeit individuell ändern, wenn sich dein Plan ändert oder du mehr Erfahrung hast.

Das Welt-Portfolio

In dieser Zusammensetzung werden Unternehmen etablierter Industrieländer mit den etwas unsichereren, dafür aber aufstrebenden Schwellenländern (= *Emerging Markets*, z.B. China, Indien, Brasilien, Südafrika) kombiniert.

Eine Aufteilung könnte sein: 70–80 % Welt-ETFs und 20–30 % ETFs aus Schwellenländern.

Beispiel-ETFs:

Industrieländer

- iShares MSCI World SRI UCITS ETF

- Lyxor MSCI World ESG Leaders UCITS ETF

Schwellenländer

- iShares MSCI EM SRI UCITS ETF
- Lyxor MSCI EM ESG Leaders UCITS ETF

Die weltweite All-in-one-Lösung

Wer keinen Bock auf Puzzeln und Kombinieren hat, kann es sich ganz einfach machen mit einem ETF, in dem schon die meisten Industrie- *und* Schwellenländer enthalten sind. Mit dieser Strategie deckst du fast den gesamten globalen Aktienmarkt ab. Ein späteres Re-Balancing ist nicht nötig (und nicht möglich), wenn du dich nur für diesen einen Index entscheidest.

Beispiel-ETFs:

- iShares MSCI ACWI SRI UCITS ETF
- Vanguard FTSE All-World UCITS ETF
- Vanguard ESG Global All Cap UCITS ET
- iShares ACWI IMI ETF (beinhaltet zusätzlich *Small Caps*, also kleinere Unternehmen, und bildet damit ca. 99 % des globalen Aktienmarktes ab)

Weltweit und Europa

Weil die beiden eben genannten Klassiker sehr USA-lastig sind, kannst du mit einer Beimischung eines Europa-ETFs noch weiter diversifizieren. Eine Beispielaufteilung könnte sein: 50 % Welt-ETFs, 30 % Schwellenländer ETFs (bzw. 80 % einer All-in-one-Lösung) und 20 % eines Europa-ETFs.

Beispiel-ETFs:

- iShares MSCI Europe SRI UCITS ETF
- Lyxor MSCI Europe ESG Leaders UCITS ETF

Weltweit und Small Caps

Weil in den klassischen Welt-ETFs die kleineren, aber ggf. Erfolg versprechenden Unternehmen fehlen, kannst du statt Europa auch *Small Caps* mit dazunehmen.

Beispiel-ETFs:

- SPDR MSCI World Small Cap UCITS ETF
- iShares MSCI EM IMI ESG Screened UCITS ETF

Die 70/30-Strategie

Ein klassisches Weltportfolio mit einer 70/30-Aufteilung bedeutet, dass man 70 % global gestreute Aktien mit 30 % Anleihen für Stabilität und Risikoreduktion kombiniert. Natürlich gibt es auch Anleihen in ETF-Form.

Beispiel-Anleihen-ETFs:

- iShares Core Global Aggregate Bond UCITS ETF (weltweit gestreute Investment Grade, Staats- und Unternehmensanleihen)
- Xtrackers II Eurozone Government Bond 1–3 UCITS ETF (kurz laufende Staatsanleihen aus der Eurozone)

Alle genannten ETFs sollten bei fast jedem Onlinebroker zu finden sein. Falls nicht, gibt es dort für jeden sicher gute Alternativen.

Viele Welt-ETFs bestehen zu einem Großteil aus Unternehmen der USA. Das liegt daran, dass diese Unternehmen (wie Meta, Google usw.) einen großen Anteil am Weltmarkt ausmachen. Für die eine ist das nicht wichtig, weil diese Unternehmen immerhin global wirtschaften, die andere will diese Konzentration lieber auflösen. Die Kombination mit einem ETF, der Unternehmen aus den Schwellenländern abbildet, bietet dir die Möglichkeit, aufstrebende, aber auch risikoreichere Unternehmen mit Wachstumspotenzial in dein Depot zu holen. Beide Punkte sind beliebte Streit- und Glaubensthemen unter Investor:innen, auf die es keine klare Antwort gibt.

Die Satelliten-Strategie

Wenn du im Laufe der Zeit mehr Herausforderung suchst, kannst du dein Basis-ETF-Depot noch beliebig erweitern. Das hat tendenziell eher spielerischen Nutzen, denn selbst erfahrene Investor:innen mit ausgetüfteltem Riesen-Portfolio können einen schnöden Welt-ETF eher selten übertrumpfen. Kannst du dich an die Sonne-Mond-und-Sterne-Strategie für deine Altersvorsorge erinnern? Die *Core-Satellite-Strategie* ist dann quasi dein Wertpapier-Portfolio innerhalb dieses galaktischen Themenbereiches. Diese Strategie besteht aus einer Kombination des Welt-Portfolios bzw. eines All-World-ETF mit Einzelinvestments aus kleineren Bereichen oder speziellen Nischen. Eine Beispielaufteilung könnte sein: 80 % Welt-ETFs und 20 % Themen-ETFs oder vier Einzelaktien à 5 %. Wenn du überhaupt Lust hast, mit Satelliten zu erweitern, stehen dir hier alle Möglichkeiten offen.

Als erfahrenere Investorin kannst du auf diese Art etwas mehr Risiko in dein Depot bringen, aber auch mehr Unübersichtlichkeit. Fang also lieber klein an und steigere dich mit wachsender Lust und Erfahrung. Die Strategie hat den Vorteil, dass du deine Interessen und z. B. deinen Bedarf an Nachhaltigkeit besser abbilden kannst. Bei diesem Portfolio ist ein regelmäßiger Check nötig, um zu prüfen, ob noch alles zu dir passt, was du vielleicht aufstocken willst oder wann ein Re-Balancing (siehe Kapitel *Final Destination*) vorgenommen werden muss.

Roadmap: In ETFs investieren

Anlageziel und Risikolust überlegen: Willst du langfristigen Vermögensaufbau, um in ein paar Jahrzehnten eine bestimmte Summe für deine Rente zur Verfügung zu haben? Oder regelmäßige Ausschüttungen mit einer Dividenden-Strategie und damit sogenanntes passives Einkommen, das du auch für die Aufstockung der Rente nutzen kannst?

Den richtigen Index/Markt/Sektor finden: Vielleicht sind für dich bestimmte Länder oder Regionen besonders interessant. Vielleicht ist dir Nachhaltigkeit wichtig, oder manche Branchen sind dir sympathischer als andere, und du willst speziell nach diesen suchen. Bei der Wahl deiner ETFs stehen dir alle Möglichkeiten offen. Das ist einerseits gut, kann einen andererseits aber auch etwas überfordern.

Depot-Zusammenstellung überlegen (nur bei Bedarf): z. B. Welt-Portfolio, All-in-one-ETF oder Core-Satellite-Strategie

Deine Auswahlkriterien: Fondsgröße (größer als 100 Mio.), Fondsalter (mindestens 3 Jahre auf dem Markt), Dividendenverwendung (ausschüttend oder thesaurierend), Art der Indexabbildung (physisch/ehrlich oder synthetisch/«künstlich») und falls wichtig für dich: Nachhaltigkeit.

Kosten-Ranking: Bei der ETF-Suche werden dir auch nach Eingabe deiner Auswahlkriterien mehrere ETFs verschiedener Anbieter angezeigt. Jetzt kannst du noch die jährlichen Kosten vergleichen. Die Gesamtkostenquote TER (*Total Expense Ratio*) gibt den Großteil der jährlichen Kosten in Prozent an.

Unter *Websites & Tools* findest du Onlineportale, auf denen du nach einem (oder mehreren) passenden ETF suchen kannst. Wenn du am Ende bei der Auswahl noch unsicher bist, vergleiche die Wertentwicklung der letzten fünf Jahre mehrerer thematisch gleicher ETFs miteinander: Du wirst sehen, dass sie sich kaum voneinander unterscheiden. Hier ist es wie beim Shampoo-Angebot in der Drogerie: Viele Anbieter wollen dir ihren ETF verkaufen, die Unterschiede für die Käufer:innen sind aber minimal.

YOLO oder 08/15? Deine Risikostrategie

Zurück zu deiner allgemeinen Geldanlage, also die Kombination von Konto, Depot, Wallet (für Kryptos)[15] und wo du ansonsten noch dein Geld verwahrst. Wie man damit umgeht, ist eine sehr individuelle Entscheidung. Während die eine Sicherheit braucht und mit einem niedrig-, aber dafür kalkulierbar festverzinsten Konto glücklich ist, ist die andere bereit, an der Börse höhere Risiken einzugehen, um größere Renditen zu erzielen. Im besten Fall solltest du beides haben.

Die Gewichtung hängt neben deiner persönlichen Risikobereitschaft von weiteren Faktoren ab: finanziellen Ressourcen, Zielen, Zeithorizont, aber auch der eigenen emotionalen Reaktion auf Marktschwankungen. In diesem Kapitel geht es darum, dein eigenes Risikoempfinden zu reflektieren und eine passende Anlagestrategie zu entwickeln, mit der du dich wohlfühlst. Ob sicherheitsorientiert, ausgewogen oder abenteuerreich – es gibt für jede Strategie eine sinnvolle Kombination aus Anlageklassen. Und die kannst du im Laufe der Zeit und der Erfahrungen, die du machst, jederzeit anpassen.

Strategische Aspekte

Für deine Geldanlage ist es hilfreich, eine bestimmte Strategie zu verfolgen, also ein Ziel und einen groben Ablaufplan zu haben. Das Ziel kann dich motivieren dranzubleiben und dir in Krisenzeiten die notwendige Sicherheit geben, indem du dich an deine *langfristige* Vorsorge erinnerst. Mach dich aber auch nicht verrückt, wenn du einfach erst mal ohne großen Plan starten willst. Ich habe beides ... und mehr: einerseits eine grob durchgerechnete ETF-Strategie für die Altersvorsorge und spätere Finanzierung von Führerschein und Co. für meine Kinder. Andererseits besitze ich aber auch *random* Aktien und Kryptowährungen, mit denen ich auf Gewinn spekuliere und – wenn es klappt – Gewinne mitnehme, um mir etwas zu gönnen oder Urlaub zu bezahlen. Für mittelfristige Ziele habe ich ein Festgeldkonto und solidarisch in Genossenschaften investiert. Das sind im Übrigen keine riesigen Summen; es spiegelt eher wider, dass ich Spaß am Investieren habe, abhängige Familienmitglieder aka Kinder versorgen muss und mir ein schnödes ETF-Depot einfach zu langweilig wäre. Nimm mich also am besten nicht als Vorbild.

Folgende strategische Gedanken kannst du dir selbst vorab machen, um deine individuelle Risikobereitschaft besser einschätzen zu können:

1. **Dein Ziel:** Wenn du dein Ziel kennst, kannst du auch eine bestimmte Summe abschätzen. Du kannst dich im Kapitel *Lifestyle-Check* noch mal orientieren, wie das gehen kann. Das hilft dir, nicht einfach blindlings draufloszuinvestieren.
2. **Wie viel Geld hast du zur Verfügung:** Haben kommt von behalten? Wohl eher nicht. In unserer Welt gilt vielmehr,

dass Reichtum und Wohlstand leichter noch mehr Vermögen generieren kann. Risiko und damit Rendite muss man sich leisten können. Beim Investieren in ETFs geht es um einen langfristigen Anlagehorizont, um das Risiko von Kursverlusten zu senken und die Durchschnittsrendite des Marktes mitzunehmen. Wenn du finanziell so aufgestellt bist, dass du sichere *und* risikoreichere Töpfe gut füllen kannst, setz am besten Prioritäten, um darauf zu achten, dass das Geld z.B. für die Altersvorsorge strategisch eingeplant ist.

3. **Deine Risikotoleranz:** Dein Risiko- oder Sicherheitsprofil setzt sich aus deinem ganz persönlichen Risikoempfinden und deinen finanziellen Möglichkeiten zusammen. Kühler Kopf schlägt heißes Herz, wenn du eine Krise einfach aussitzt und gar nicht erst ins Depot schaust. Welcher Typ bist du? Überlege dir vorab, wie viel Geld du über Jahre hinweg entspannt im Depot lassen kannst.

Sorry not sorry: Das größte Risiko beim Investieren bist leider du selbst. Mit überstürzten Aktionen oder fehlenden Reserven jenseits der Börse sorgst du selbst für die größten Verluste. Daher ist es wichtig, sich ein paar Gedanken über das eigene Risikoprofil zu machen. Wie gut fühlst du dich damit, ein Risiko bei Investitionen zu tragen und Krisenzeiten am Aktienmarkt in Form von Kurseinbrüchen auszuhalten? Diese Frage kannst du beantworten, indem du dir anschaust, wie tragfähig deine finanzielle Situation ist und wie tolerant du gegenüber Risiken bist. Das ist wichtig, da du sonst durch emotionale Überreaktionen Geld vorschnell aus dem Depot ziehen oder bei einem finanziellen Engpass ungeplant verbrauchen könntest. Panikverkäufe an der Börse sind oft ein teurer Fehler, während die Chance ab zehn bis 15 Jahren deutlich steigt, Verluste auszugleichen und starke Rendite zu erreichen.

Um deine persönliche Risikotragfähigkeit einzuordnen, kannst du dir folgende Fragen zu deiner finanziellen Situation stellen:

- Wie hoch sind deine Ersparnisse?
- Stehen diesen Ersparnissen Schulden entgegen?
- Wie hoch und sicher ist dein monatliches Einkommen?
- Wie lange kannst du auf angelegtes Vermögen verzichten?
- Was ist für dich eine große Summe – eher 1000 Euro oder 100 000 Euro?

Im zweiten Schritt geht es um deine Gefühle, wenn du an Risiken denkst. Stell dir folgende Fragen in Bezug auf dein persönliches Risikoempfinden:

- Wie geht es dir persönlich, wenn Kursschwankungen auftreten?
- Wirst du bei fallenden Kursen ungeduldig und überlegst sogar, dein Geld aus der Anlageform wieder zu entnehmen?
- Gehst du eher vorsichtig vor und recherchierst lange, bevor du investierst?
- Leuchtet dir das Prinzip der Langfristigkeit beim Investieren ein, und verstehst du den Begriff *Buchwert* (falls nicht, lies noch mal im Glossar nach)?

Übrigens: Keine Geldanlage ist ohne Risiko. Denn selbst wenn du dein Geld auf dem Girokonto parkst, verlierst du damit langsam, aber sicher Geld durch Inflation. Es wird also mit der Zeit weniger wert, und das ist auch ein Risiko. Es ist aber ein kalkulierbares Risiko, und viele fühlen sich damit trotzdem noch wohler, als in etwas Unbekanntes zu investieren.

Mit der Beantwortung der oben genannten Fragen kannst du dich vielleicht besser in einen dieser drei Risikotypen einordnen:

Die vorsichtige Planerin
Dir geht es mehr um langfristigen Inflationsschutz deines Geldes als um dicke Rendite. Mit dem höheren Risiko am Aktienmarkt fühlst du dich eher unsicher, da du nicht weißt, ob du in Krisenzeiten wirklich cool bleiben kannst. Fleißiges Sparen passt besser zu dir, denn Investieren fühlt sich irgendwie wie Glücksspiel an. Du konzentrierst dich lieber auf risikoärmere (Zins-)Anlageprodukte.

Die chillaxte Optimistin
Du informierst dich regelmäßig und wirst immer sicherer im Umgang mit deinem Aktiendepot. Dein Portfolio (du weißt, was dieses Wort bedeutet), das fifty-fifty aus Zinsanlagen (Festgeld- und Girokonto) und Depot mit einem Welt-ETF besteht, ist für deine gemäßigte Risikobereitschaft genau das Richtige. Du möchtest eher passiv investieren und dich nicht mit deiner Geldanlage beschäftigen müssen.

Die Abenteurerin
Du kennst dich bereits mit dem Aktienmarkt aus und kannst gut mit dem Risiko umgehen. Kursschwankungen lassen dich kalt, weil du sowieso nicht ständig deinen Depotkontostand checkst. Du bist bereit, für höhere Rendite auch mehr Risiko einzugehen und neben ETFs und Einzelaktien auch experimentelle Geldanlagen wie Kryptowährungen oder Crowdinvesting auszuprobieren.

Es kann übrigens gut sein, dass du als vorsichtige Planerin startest und dich irgendwann zu Abenteurerin entwickelst! Denn DIY-Geldanlage ist – anders als der Sparvertrag mit der Bank – herrlich flexibel bzw. lässt sich jederzeit umbauen oder erweitern. Aber wie kann man überhaupt den etwas risikoreicheren Depotanteil mit dem risikoarmen Kontoanteil kombinieren?

Wenn du noch skeptisch Aktieninvestitionen gegenüber bist, kannst du eine Watchlist auf vielen Finanzwebsites oder Apps anlegen und die Aktienkurse von Wertpapieren, die dich interessieren, erst mal beobachten. Noch besser ist ein Musterdepot, mit dem du virtuell anlegen und risikofrei üben kannst.

Dein Portfolio-Mix

Portfolio ist einer der Begriffe, die mir immer noch schwer über die Lippen gehen, weil ich sofort an seelenlose Schlipsträger denke. Ein Portfolio ist von der Wortbedeutung her eine Sammelmappe, im finanziellen Zusammenhang aber einfach die Zusammensetzung unterschiedlicher Anlageklassen. Manchmal fällt in diesem Zusammenhang auch der Begriff *Allokation*, was die Verteilung von Ressourcen meint. Die Finanzwelt kennt also eine Menge Begriffe für angehäuftes Geld. Ich nenne es auch gern Cross-Finanz-Mix.

Ich bin mir sicher: Jede hat ein Portfolio, selbst wenn es nur aus Sparschwein und Girokonto besteht und bei Partys oder auf dem Spielplatz eher selten darüber gesprochen wird. Vielleicht hast du aber auch ein umfangreiches Portfolio, das beispielsweise aus einer Riester-Rente, einem Aktiendepot, einem Festgeldkonto und einem Bausparvertrag besteht.

Ein einfaches Portfolio ist einerseits übersichtlicher – immerhin musst du auch in ein paar Jahren oder Jahrzehnten noch den Überblick behalten, nicht nur hier und jetzt, wenn du Lust hast, dich mit deinen Finanzen auseinanderzusetzen. Andererseits bist du mit einer breiten Palette an Anlagen schön breit aufgestellt und flexibel in verschiedenen Situationen. Theoretisch ist es aber völlig ausreichend, wenn dein Portfolio (neben einem Alltags-Girokonto) aus zwei Bausteinen besteht:

1. Ein Depot mit ETFs für die langfristige Anlage (länger als zehn Jahre)
2. Ein Tages- oder Festgeldkonto als Zinsanlage für die mittel- und kurzfristigeren Ziele

Je nach Risikolust lassen sich beide Bausteine unterschiedlich stark gewichten. Risikoscheue Anleger:innen nehmen keine 50/50-Aufteilung vor, sondern legen einen höheren Betrag in unaufgeregte Zinsanlagen auf das Konto und investieren eine geringere Summe in ETFs. Risikofreudige Anleger:innen machen genau das Gegenteil.

- **Vorsichtiges Portfolio:** 25 % Aktien und ETFs und 75 % Zinsanlagen
- **Ausgeglichenes Portfolio:** 50 % Aktien oder ETFs und 50 % Zinsanlagen
- **Abenteuerliches Portfolio:** 75 % Aktien und ETFs und 25 % Zinsanlagen

Auch diese Zusammenstellungen kannst du jederzeit durch Neukäufe oder Umschichtungen an deine Lebenssituation und Erfahrung mit dem Thema anpassen.

Evergreen-Regeln beim Investieren

Beim Investieren gibt es ein paar einfache, aber goldene Regeln, die das Risiko erheblich verringern und dich vor Verlusten schützen.

1. **Investiere langfristig:** Sitze Krisenzeiten durch einen langen Investitionszeitraum gezielt aus. Dein Anlagehorizont sollte mindestens zehn Jahre sein. Je mehr Aktien du in deinem Depot hast, umso geringer ist das Verlustrisiko.
2. **Diversifiziere deine Investitionen:** Investiere in verschiedene Anlageklassen, die unterschiedlich verfügbar und rentabel sind. Innerhalb der Anlageklasse *Aktien* diversifizierst du z. B. schon mit ETFs, die möglichst viele Aktien enthalten. Eine Ebene höher diversifizierst du dann wiederum bei den Anlageklassen, beispielsweise mit einem Festgeldkonto und einem Aktiendepot.
3. **Back-up haben:** Wenn du keine verfügbaren, also liquiden Geldreserven auf einem Konto hast und dein Auto kaputtgeht, müsstest du in krisenhaften Zeiten ungeplant Geld aus dem Depot holen. Deine Geldentnahme sollte aber nicht von finanziellen Engpässen oder Spontankäufen bestimmt werden.

Don't panic! Risikomanagement

Man spricht von einem Börsencrash oder einer Krise, wenn die Kurse vieler Unternehmen in kurzer Zeit stark einbrechen. Dabei sind Kursverluste von mindestens 30 % und mehr gemeint. Die Gründe dafür können vielfältig sein. Vielleicht ging eine Spekulationsblase voraus, welche die Kurse vorher zu sehr nach oben getrieben hat, oder ein äußerer Schock, also ein Krieg oder eine Rezession bei einem wichtigen Player der Weltwirtschaft, erschüttert den Markt. Manche Ereignisse (z.B. die Corona-Pandemie) haben einen so großen Einfluss auf uns, dass viele Anleger:innen aus Unsicherheit zur gleichen Zeit ihre Aktien und Anlagen verkaufen. Das passiert auch bei politischen Ereignissen, wie bei der Zollpolitik von US-Präsident Trump oder anderen seiner Ad-hoc-Entscheidungen, bei denen in jüngster Zeit Kurse einbrachen. Politische Ereignisse haben aber oft nur kurzzeitige Auswirkungen auf Finanzmärkte und werden noch dazu durch tägliche Kursberichte drastischer wahrgenommen. Kursschwankungen von 10 bis 15 % werden dagegen *Kurskorrekturen* genannt und sind schon fast normale Reaktionen auf vorhergegangene Trends und Überbewertungen von Aktien. Schwankungen unter 10 % gelten sogar als normale *Volatilität* der Börse.

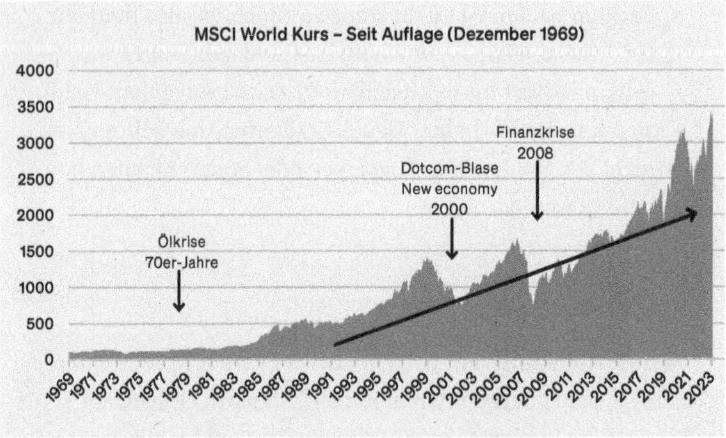

Krisen und Crashs sind Phänomene, die an der Börse eher normal statt die Ausnahme sind. Je nach globaler Wirtschaftslage und äußeren Ereignissen kam es in der Vergangenheit immer wieder zu Börsencrashs: Es gab die Ölpreiskrise in den 70er-Jahren, die geplatzte Dotcom-Blase nach dem ersten großen Internethype 2001 und die globale Rezession während der Weltwirtschaftskrise von 2007 bis 2010. Alle diese Krisen haben aber auf dem Weltmarkt eines gemeinsam: Auf ihre fallenden Kurse folgen irgendwann auch immer wieder steigende.

Was also tun in Kursdumping-Zeiten? Bevor du überstürzt deine ETFs mit Verlusten verkaufst, mach erst einmal gar nichts. Ein Depotwert im roten Bereich ist tatsächlich noch kein Verlust. Es handelt sich hierbei lediglich um einen Theoriewert. Erinnerst du dich? Erst wenn du deine Anteile verkaufst, wird der Verlust *real*. Warte ab und sieh dir die Kursverläufe aus der Vogelperspektive an. Sind die Kurse wirklich auf einem Allzeittief? Oder handelt es sich um einen Knick auf einem ansonsten aufwärtsführenden Graphen? In diesem Fall kann es sogar sinnvoll sein, jetzt in bestimmte Aktien und ETFs neu einzusteigen und diese zu einem günstigen Preis (nach) zu kaufen. Spätere Kursgewinne werden dadurch dann deutlich höher ausfallen, als wenn du wartest, bis die Kurse sich wieder erholt haben.

Was du in Krisenzeiten an deiner Strategie ändern solltest: nichts!

Friendly reminder bei Crash oder Krise:

- **Relax:** Bewahre Ruhe in Krisenzeiten, bleibe deiner Strategie treu und lass dich nicht von Angst oder Gier leiten. (Be-)Halte deine Aktien/ETFs im Depot.
- **Lerne loszulassen:** Du hast eine ganze Weile, ohne einen Finger krumm zu machen, deinem Vermögen beim Wachsen zugesehen. Die Werte sind bis zum Verkauf erst mal

nur digital und nicht real auf deinem Konto. Akzeptiere jetzt auch Verluste, die gleichermaßen «nur auf dem Papier» stattfinden.

- **Hausaufgaben machen und kritisch bleiben:** Nicht ständig dein Depot checken oder zu viele Wirtschaftsnews lesen. Halte dich fern von Crash-Gurus und lies lieber noch mal in diesem Buch nach. *You know better!*
- **Neue Welten erforschen:** Nutze den Anlass, dich mit Anlageformen zu beschäftigen, die weniger mit dem Aktienmarkt korrelieren, z. B. Aktien vs. Anleihen vs. Kryptowährungen vs. Rohstoffe vs. Zinsprodukte.
- **«Sale» nutzen:** Durchstöbere jetzt beim Kursdumping deine Wunschliste oder Watchlist und kaufe Aktien/ETFs zu guten Kursen ein oder nach. So günstig kommst du vielleicht nie wieder an Wertpapiere.

Forbidden Sins

Für ein gutes Krisenmanagement kannst du schon im Vorfeld für Sicherheit sorgen und dich darin üben, Emotionen aus der Geldanlage rauszuhalten.

- **Wankelmut:** Nachbarin Wiltrud hat dir von ihrem Welt-ETF erzählt, der in einer Woche um 5 % gestiegen ist. Deiner aber nur um 4 %, OMG! Unsicherheit kann dich zu Käufen oder Verkäufen verleiten, obwohl du dir vorher alles gut überlegt hattest. Das passiert meistens, wenn wir «Tipps» oder Warnungen von anderen bekommen. Lass dich hier nicht beirren und bleib dir treu.
- **FOMO** (Fear Of Missing Out): Gerade bei einzelnen Wachstumsaktien von gehypten Unternehmen liest du vielleicht, dass man hier schnelles Geld machen kann. Oder der Welt-

markt an der Börse boomt schon eine Weile, und die Kurse steigen, während du noch dabei bist, dieses Buch zu lesen. Lass dir Zeit, denn in der Welt der ETFs gibt es keinen perfekten Zeitpunkt, um anzufangen. Die Kurse werden auch in Zukunft schwanken, und du hast (hoffentlich) einen langen Anlagezeitraum und nicht nur ein kurzes Gambling-Zeitfenster.

- **Home Bias:** In der Tagesschau werden jeden Abend die Kurswerte des einheimischen Deutschen Aktienindexes verkündet, der die 40 größten deutschen Unternehmen abbildet. Das ist eher lokalpatriotisch und daher einseitig fokussiert. Es sagt nicht wirklich etwas über die deutsche Wirtschaft aus und suggeriert gleichzeitig, dass alle Welt in diesem Bereich investiert oder es tun sollte. Wir glauben durch den «Wohlfühlfaktor Zuhause» oft, dass Dinge, die uns bekannt sind, besser und sicherer sind. Der DAX ist aber ein bescheidener nationaler Index, der das sogenannte *Klumpenrisiko* mit sich bringt, wenn das entsprechende Land in eine Wirtschaftskrise gerät.
- **Emotionen:** Du hast es jetzt schon mehrfach gelesen, aber ich kann es nicht oft genug wiederholen: Ein großer Anfängerinnenfehler besteht darin, Kurssteigerungen abzufeiern und -senkungen mit Schrecken und Reue zu betrachten. In 15 Jahren wird dir dieser Bruch in der Kurve recht egal sein, weil du von der Frosch- in die Vogelperspektive gewechselt bist und dich über langfristiges Wachstum freuen kannst.
- **Gier:** Investieren macht Spaß, vor allem, wenn du Geld verdienen kannst, indem andere arbeiten. Wir machen keinen Finger krumm für unsere Rendite und Dividenden. Und das kann süchtig machen. Die durchschnittliche Rendite eines Welt-ETF, die dich am Anfang begeistert hat, kommt

dir im Vergleich zur Performance einer Technologie-Unternehmensaktie vielleicht plötzlich zu lahm vor – da geht doch mehr, oder? Ich selbst merke das, wenn ich mir eine Benchmark setze, also einen bestimmten Kurs oder ein prozentuales Wachstum einer Aktie, an dem ich auf jeden Fall verkaufen und Gewinne mitnehmen will. Wenn es dann so weit ist, komme ich oft in einen Rausch und denke eher «Da geht doch noch was!». Risikoreiche Anlageklassen, die einen Performancesprung hinlegen, können aber genauso schnell wieder abstürzen.

Roadmap: Risikomanagement

Risikoempfinden und finanziellen Background reflektieren.

Portfolio-Mix: Überlege dir deine Kombi aus sicheren Zinsanlagen wie Konten, und deinem Investitionsanteil. Allround-Blick behalten, um Ballungen oder Lücken zu vermeiden.

Evergreen-Regeln beachten: Back-up haben, langen Anlagehorizont und Geldanlage diversifizieren.

Panikregulation: Nichts an der Anlagestrategie ändern, nichts ungeplant verkaufen, sondern lieber zu guten (niedrigen) Kursphasen nachkaufen.

Nachhaltig und solidarisch investieren

Nachhaltigkeit ist für viele beim Investieren ein wichtiges Bedürfnis. Hier wird vielleicht sogar strenger darauf geachtet als in anderen Bereichen, z. B. beim alltäglichen Konsum. Das liegt auch an der Formulierung «*investieren in* XY», die eine direkte Unterstützung einer Sache, in dem Fall eines Unternehmens oder Marktes, impliziert, was in Bezug auf Geldanlage mit Wertpapieren eigentlich irreführend ist. Denn tatsächlich supportest du beim Kauf einer Aktie gar nicht das Unternehmen, beim Kauf eines Produktes aber schon. Aber erst mal der Reihe nach.

Was bedeutet Nachhaltigkeit überhaupt? Die Weltkommission für Umwelt und Entwicklung hielt 1987 fest: Nachhaltigkeit heißt, «[...] die Bedürfnisse der Gegenwart so zu befriedigen, dass die Möglichkeiten zukünftiger Generationen nicht eingeschränkt werden».[16]

Im Finanzbereich wurden leider gesetzlich keine klaren oder einheitlichen Kriterien für Nachhaltigkeit festgelegt. Je nachdem, von wem du dich beraten lässt oder welche Informationen du liest, wirst du feststellen, dass die gesetzlichen Vorgaben ganz unterschiedlich interpretiert werden, im Zweifelsfall moralisch aufpoliert und verkaufsorientiert.

Ethisch und moralisch korrekt investieren – wie soll das also gehen? Nachhaltigkeit bedeutet nicht immer nur, auf CO_2-Neutralität und erneuerbare Energien zu achten, damit uns der Planet nicht/erst später um die Ohren fliegt. Es heißt auch, gesellschaftlich und sozial Stellung zu beziehen und Verantwortung zu übernehmen.

Lerne dich und deine Werte besser kennen

Wenn du nachhaltig investieren willst, kommt die Frage auf: Welche umwelttechnischen, ethischen und moralischen Fragen sind mir wichtig? Oder sind mir solche Ansprüche an dieser Stelle wumpe, weil ich an mich und meine Altersvorsorge denken muss? Die einen wollen nicht in spezielle Unternehmen wie Nestlé oder Rheinmetall investieren, die anderen nicht in bestimmte «Schurkenstaaten». Und wieder andere möchten einfach nur die größtmögliche Rendite für ihre Geldanlage, weil sie Nachhaltigkeit an der Stelle für Augenwischerei (aka *Greenwashing*) halten. Bei Beratungen lasse ich meine eigenen Werte außen vor: Da muss ja jede:r selbst entscheiden, was ihr / ihm wichtig ist.

Wie geht man also am besten an das Thema heran? Leider sind viele einzelne Unternehmen oder auch ganze Branchen bei großen ETFs schwer auszuschließen. Hier musst du in begrenztem Maß Kompromisse hinnehmen. Das ist mit den meisten werteorientierten Ansprüchen so: ETFs decken ja einen ganzen Markt ab, und je diversifizierter ein ETF ist, umso mehr Unternehmen, die du ggf. nicht magst, sind in dem großen Aktientopf mit dabei. Das ist beim *Stock-Picking,* also dem Auswählen einzelner Aktien, anders, denn dabei hast du die Möglichkeit, ein einzelnes Unternehmen auf Herz und Nieren zu prüfen.

Ich gebe dir zwei Beispiele in Bezug auf meinen persönlichen Wertekanon, von denen du vielleicht etwas mitnehmen kannst. An erster Stelle meiner persönlichen No-Gos stehen für mich z. B. Immobilieninvestitionen. Große Immobilienkonzerne gehen regelmäßig auf vielfältige Weise gegen Mietspiegel vor und versuchen diese aus ihrer Sicht mit guten Gründen (= Profit und zum Gefallen der Aktionär:innen) höchstmöglich zu überschreiten. Denn Investor:innen brauchen stetig Wachstum, und das ist auf dem Wohnungsmarkt fast nur mit immer höheren Mieten (Mietzins) zu bekommen. Wohnungsnot ist in aller Munde und die Forderung «Wohnen muss bezahlbar bleiben» in Großstädten längst lächerlich veraltet. Vor allem Familien mit geringem Einkommen, Menschen mit Migrationserfahrung, Behinderung oder mit Bezug von Sozialleistungen werden strukturell bei der Vergabe von Wohnungen diskriminiert. Für alle anderen wird Wohnen immer mehr zum Luxus. Der Wohnbedarf ist elementar und hat – wenn es so weitergeht – große soziale, politische und wirtschaftliche Folgen. Nachhaltigkeit bezieht sich für mich immer auch auf soziale Gerechtigkeit und damit die *gesellschaftliche* Umwelt.

Ein anderes Beispiel: Gold fliegt beim Thema Nachhaltigkeit immer unter dem Radar. Dabei gibt es kein «grünes» Gold. Da Goldressourcen weltweit begrenzt sind, wird es – obwohl es natürlich ebenso risikobehaftet und schwankungsanfällig ist – immer einen Wert behalten und ist somit eine populäre Wertanlage. Oder man besitzt es in Schmuck- oder Münzenform. Was viele nicht wissen (wollen): Der Abbau von Gold ist eine Katastrophe für Mensch und Umwelt und geprägt vom Einsatz hochgiftiger Chemikalien, Abbau in Krisenregionen, Landraub und Kinderarbeit. Selbst im nachhaltigen MSCI World SRI Index ist die Aktie eines Goldminenbetreibers enthalten. Für Gold als Geldanlage interessiere ich mich daher nicht. Das Problem: Du findest Gold auch an vielen anderen Stellen in der Produktionskette. Vor allem Unternehmen der Informationstechnologie wie Intel, Nvidia, IBM, Sony usw. benötigen Gold für die Herstellung ihrer Produkte. Diese Unternehmen gehören wiederum indirekt durch «moderne» Kriegsführung und Drohneneinsatz zur Rüstungsbranche. Wenn du das alles durchscannst und konsequent Immobilien, Gold oder auch nur alle Unternehmen, die Profit über die Interessen von Menschen und den Erhalt des Planeten stellen, vermeiden willst, wirst du irre. Na toll, und jetzt? Ist es böse, am Aktienmarkt zu investieren?

«Ha!», rufe ich. «Den kenn ich! Den hab ich mal bei Herta getroffen. Der ist Datenschutzbeauftragter bei Google Deutschland.» «Ernsthaft?», fragt das Känguru. «Klingt wie Abrüstungsexperte bei Heckler & Koch.»[17]

Der Wunsch, bestimmte Unternehmen zu boykottieren, ist gerade im Bereich Investieren und Geldanlage groß. Meta, Amazon, Apple und Google bzw. ihre CEOs haben jeweils große Summen für Trumps Wahlkampf gespendet, drücken sich vor Steuerzahlungen und monopolisieren ihre Marktmacht. Wieso soll man denen auch noch Geld geben!?

Der Secondhand-Markt

Aktien und Aktienfonds, also auch ETFs, kaufst du bis auf seltene Ausnahmen immer *secondhand*, und zwar durch Handel an der Börse mit derjenigen Person, die das Wertpapier vorher besessen hat. Die eigentliche Kapitalbeschaffung – also der direkte Verkauf von Aktien – von Unternehmen findet über die Erstausgabe von Aktien an bestimmte Unternehmen, Banken, Gesellschaften und Privatanleger:innen statt. Das geschieht erst mal nur bei der Gründung einer Aktiengesellschaft (*AG*) und kann später unter Umständen ein weiteres Mal erfolgen, wenn das Unternehmen Kapitalerhöhungen vornimmt, also neue Aktien auf den Markt wirft. Nur wenn du also bei einem Börsengang des Unternehmens dabei bist (*IPO = Initial Public Offering*), kaufst du die Aktie direkt vom Unternehmen und «unterstützt» es so bei der Kapitalbeschaffung.

Nachdem die Aktien zuerst von einem ausgewählten Käufer:innenkreis erworben wurden, können die Anteile danach über den sogenannten *Sekundärmarkt* weiter gekauft und verkauft werden. Du als Privatinvestorin kaufst und verkaufst in der Regel auf diesem Sekundärmarkt und bist eben nicht bei der exklusiven Erstausgabe eines Unternehmens dabei. So ist es überhaupt erst für alle möglich, Anteile an einem Unternehmen zu besitzen und am Börsenhandel teilzuhaben.

Weil du Aktien und ETFs also secondhand von anderen Anleger:innen kaufst, hast du einen deutlich geringeren Impact auf die Bilanz des Unternehmens, als wenn du dir z.B. einen Schokoriegel von Nestlé kaufst (oder es eben vermeidest).

Wenn du ein iPhone kaufst, hat das Unternehmen Apple Einnahmen durch den Handel. Wenn du eine Apple-Aktie kaufst, hat nur Vorbesitzerin Oma Kasupke Einnahmen durch den Verkauf (falls sie sie mit Gewinn verkauft).

Wenn du bei Amazon ein Buch bestellst, verdient das Unternehmen ebenso direkt. Amazon versucht, die Buchpreisbindung zu kippen, verlagert Buchzentren in Länder, in denen kein bzw. weniger Widerstand in Bezug auf Arbeitsrecht vorhanden ist, und versucht, durch Preissenkungen eine Monopolstellung zu erreichen. Nachhaltigen Einfluss hättest du an dieser Stelle, wenn du deine Bücher im lokalen Handel kaufst und nicht durch den Verzicht auf den Kauf eines Welt-ETFs, weil er Amazon enthält.

Indirekte kleine Effekte kannst du aber trotzdem mit deinem Portfolio bewirken. Durch den Handel von Wertpapieren sorgen Investor:innen dafür, dass der Kurs einer Aktie bei höherer Nachfrage steigt. Dadurch steigt auch die Bonität und damit der Wert des Unternehmens. Dieses kann dann einfacher weiteres Kapital beschaffen. Außerdem geben Kurssteigerungen ein positives Signal an die Öffentlichkeit und weitere Investor:innen. Hier «unterstützt» man das Unternehmen indirekt, allerdings fällst du als Kleinaktionärin kaum ins Gewicht und bewirkst keine Kurssteigerung. Kurse werden durch große Kauf- und Verkaufsbewegungen von Finanzdienstleister:innen, Banken, Staaten, Großinvestoren usw. beeinflusst, nicht durch Privatanleger:innen.

Egal, ob du an der Börse handelst, ein Konto führst oder ein Smartphone kaufst – du nimmst immer am Markt teil.

Entscheide selbst, was für dich okay ist. Ich finde den Begriff «unterstützen» in keinem Fall passend, da wir alle einem Sachzwang unterliegen und nun mal sowohl ein Konto als auch Klopapier brauchen. Auch die nachhaltigen Varianten von Konsumgütern genügen vielen Ansprüchen eher nicht. Du hilfst der Umwelt nicht, wenn du auf deine Altersvorsorge verzichtest. Es ist außerdem unlogisch, Käufer:innen und Konsument:innen am Ende eines kapitalistischen Prozesses zur Verantwortung zu ziehen und damit Macht und Möglichkeiten von oben nach unten zuzuschieben. Wichtiger ist die Frage, warum beim Produktionsprozess der Unternehmen nichts passiert oder entsprechende politische Entscheidungen nicht getroffen werden.

Die Antwort auf die Frage, ob Investieren «böse» ist, ist wohl ein klares Jein. Es ist jedenfalls nicht unethischer, als ein Girokonto zu führen oder ein Handy (Ausnahme Fairphone) zu kaufen. Du bist bei jeder monetären Transaktion Teil unseres Wirtschaftssystems und hast diesbezüglich auch gar keine andere Wahl. Wenn du überlegst, ob Investieren unethisch ist und du damit z.B. Ölfirmen und Kriegstreiber unterstützt, solltest du wissen, dass deine Bank genau das mit dem Geld, das du dort «einlagerst» (= Einlagen- und Kreditgeschäfte), tut. Es sei denn, du hast ein Konto bei einer nachhaltigen Bank ausgewählt. Hast du doch, oder? ;-) Wenn dir dieser Punkt also wichtig ist, fang nicht erst an, bei deinem Aktiendepot päpstlich zu sein, sondern bei deinem Girokonto, das du tagtäglich nutzt.

Grüne Banken

Banken sind nicht dazu verpflichtet, Nachhaltigkeitskriterien einzuhalten oder dich darüber zu informieren, was im Hintergrund mit deinem Geld passiert. Sie lagern dein Geld nicht im Tresor oder geben es an andere private Kreditnehmer:innen weiter, sondern investieren es selbst am Aktienmarkt – mit Fokus auf die größte Rendite, welche vorrangig mit umwelt- und sozialschädlichen Anlagen wie Öl, Rüstung oder Immobilien gemacht wird. Gesellschaftliche Verantwortung wird hier in der Regel kleingeschrieben. Banken und Finanzdienstleister:innen sind unter Umständen selbst Aktienunternehmen und dementsprechend auf Wachstum und Profit angewiesen. Außerdem nutzen Banken das Geld auf deinem Konto, um Kredite an andere Unternehmen zu vergeben. Da hier direkt Kapital in Bereiche fließt, mit denen gewirtschaftet wird, bist du ungefragt an der Finanzierung beteiligt.

Hier kannst du dich über grünes Banking informieren:

- **Fair Finance Guide:** Die unabhängige Initiative vergleicht die Richtlinien verschiedener Banken und Finanzinstitute in Deutschland und erstellt ein Ranking in Bezug auf Ethik und Nachhaltigkeit.
- **Stiftung Warentest:** Die Stiftung vergleicht regelmäßig die Anlagekriterien und Kosten von Banken.
- **Verbraucherzentralen:** Im Rahmen ihrer Initiative «Geld bewegt» werden umfangreiche Informationen über nach-

haltige Geldanlagen (Banken, Konten, Sparanlagen und Investmentfonds) zur Verfügung gestellt und Beratung angeboten.
- **Faire Fonds:** Die Datenbank von Facing Finance e.V. listet Investmentfonds auf, die danach überprüft wurden, ob und welche kontroversen Unternehmen in den Portfolios enthalten sind.

Nachhaltige Aktien und ETFs

Bei ethischer Geldanlage gibt es wie gesagt keine allgemeingültigen Parameter. In Bezug auf Rüstungskonzerne sind sich fast alle einig, aber was ist mit Firmen, die Kinderarbeit nutzen, Bodenschätze ausbeuten oder Tierversuche durchführen? Persönliche Erfahrungen und Schwerpunkte lassen dich vielleicht Amazon hassen, aber mit Coca-Cola hast du keine Probleme. Durch die Entwicklungen seit Trumps zweiter Amtszeit sind Meta oder Tesla ein guter Aufhänger, um mal ins Depot zu schauen und zu scannen, in was du alles so investierst. In einem klassischen Welt-ETF sind Meta und Tesla sicherlich mit einem großen Anteil dabei. Aber eben auch viele andere wirkmächtige, unethische Player, die du leider an der Stelle nicht individuell aussortieren kannst. Volkswagen verdankt seine Entstehung den Nazis, aber heute ist das in Vergessenheit geraten.

Hier sind einige Unternehmen, die mir spontan in den Sinn kommen und nach deren Boykottmöglichkeit ich regelmäßig gefragt werde:
- **Nestlé:** Kinderarbeit, Grundwasser-Raubbau, Marketingskandale bei Babynahrung
- **Shell, BP:** Verwicklung in Umweltkatastrophen, Verletzung von Menschenrechten

- **Coca-Cola:** Ausbeutung und Kinderarbeit, Ablehnung von Gewerkschaften
- **Rheinmetall:** Waffenherstellung, Kriegstreiberei
- **Adidas, Nike:** Kinderarbeit, Lohndumping trotz Rekordgewinn
- **Meta (Facebook, Instagram, WhatsApp):** Überwachungswahn, Missachtung von Datenschutz, Abschaffung von Faktenchecks und Diversitätsanspruch, Förderung von Hass & Hetze

In eine *Hall of Shame* gehören bei genauerer Betrachtung eine viel größere Anzahl an Unternehmen als in eine *Hall of Fame*. Das liegt schon allein daran, dass es schwer ist, als menschenfreundliches, umweltbewusstes Familienunternehmen ausreichend Marktkapitalisierung zu erreichen, um ein wichtiger Player auf dem Weltmarkt und dementsprechend am Aktienmarkt zu werden.

Wie findet man jetzt also trotzdem einen nachhaltigen ETF? Über Nachhaltigkeitsfilter kannst du bestimmte Rüstungsfirmen, Tabak, Glücksspiel oder fossile Energien ausklammern. Um den Grad der Nachhaltigkeit zu klassifizieren, gibt es in der Investitionswelt verschiedene Abkürzungen. Ist Nachhaltigkeit für dich ein wichtiger Wert, kannst du dich z.B. an den beiden Abkürzungen **ESG** oder **SRI** orientieren.

ESG steht für *Environmental Social Governance* (Umwelt, Soziales, Unternehmensführung) und schließt Unternehmen der Waffen-, Tabak- und Kohleindustrien aus. SRI bedeutet *Socially Responsible Investing* (sozial verantwortliches Investieren) und kennzeichnet ETFs, die neben Unternehmen der Waffen-, Tabak- und Kohleindustrien auch Unternehmen der Pornografie- und Glücksspielbranche ausschließen sowie Unternehmen, die mit genetisch veränderten Materialien arbeiten. Übliche Nachhaltigkeits-Klassifizierungen auf einen Blick:

- SDG = Sustainable Development Goals
- ESG = Environmental, Social, Governance
- SRI = Socially Responsible Investing
- die Richtlinien des UN Global Compacts[18]
- individuelle nachhaltige Siegel des jeweiligen Anbieters

Enthält die Bezeichnung eines ETFs eine der beiden Abkürzungen, erkennst du daran, dass der ETF zumindest bemüht ist, nachhaltige Kriterien zu erfüllen.

Um abzuchecken, ob ein als nachhaltig klassifizierter ETF wirklich zu deinem Wertekanon passt, kannst du im nächsten Schritt die ISIN-Nummer auf einer ETF-Website eingeben (siehe *Websites & Tools*) oder direkt auf der Website des Indexanbieters nachschauen. Hier bekommst du Informationen über die Investitionsbereiche, Sektoren genannt, oder die zehn größten Unternehmenspositionen. Überlege, ob diese Aspekte für dich passen. Es kann auch einen ETF geben, der nicht explizit als nachhaltig klassifiziert ist und trotzdem zu deinen Ansprüchen passt.

Und die Rendite? Es gibt oft die Vorstellung, dass nachhaltige ETFs schlechter bei der Wertentwicklung abschneiden, da sie einige große Player ausschließen und noch nicht so lange am Markt vertreten sind. Bislang kann das nicht bestätigt werden. Im Gegenteil, der MSCI World SRI hat im Zeitraum von 2019 bis 2023 mit seiner Rendite den klassischen MSCI World sogar geschlagen.

Nachhaltige Themen- und Branchen-ETFs

Du kannst nachhaltige ETFs natürlich auch an Begriffen wie *Green, Sustainable* und *Climate* oder an einem entsprechenden Branchennamen wie Solar, Wind usw. erkennen. Der Vorteil, unter Tausenden von ETFs auswählen zu können, ist sicherlich, dass für jedes Interesse und jeden Wunsch etwas dabei ist. Der Nachteil ist, dass die meisten Begriffe nicht geschützt sind und Nachhaltigkeitsversprechen oft ein verkaufsorientiertes Lippenbekenntnis bleiben. Themen-ETFs bieten dir diesen Fokus, beinhalten aber dementsprechend weniger Unternehmen, in der Regel weniger als 100, und sind daher viel weniger diversifiziert als ein Welt-ETF. Dafür ist es aber möglich, die einzelnen Unternehmen in diesem Themen-Topf besser zu überblicken.

Die hier vorgeschlagenen ETFs dienen der Inspiration und stellen keine Anlageempfehlung dar – denn du solltest deine ETFs, wie du bereits weißt, individuell zu dir und deiner Anlagestrategie passend auswählen. Themen- und Branchen-ETFs sind risikoreicher und sollten dein Portfolio nur ergänzen, statt seinen Schwerpunkt zu bilden.

Beispiele nachhaltiger Themen-ETFs:

Klimawandel – *Amundi MSCI Global Climate Change UCITS ETF*
Der ETF beinhaltet Unternehmen, die vom Übergang zu einer kohlenstoffärmeren Wirtschaft profitieren.

Schutz der Meere – *BNP Paribas Easy ECPI Global ESG Blue Economy UCITS ETF*
Der ETF beinhaltet Unternehmen, die Vorreiter im Bereich der nachhaltigen Nutzung von Meeresressourcen sind. Bei der Titel-

auswahl werden weitere ESG-Kriterien und die Richtlinien des UN Global Compact berücksichtigt.

Solar- und Windenergie – *Invesco Wind Energy UCITS ETF und Global X Solar UCITS ETF*
Der Wind-Energy-ETF beinhaltet Unternehmen, die in der Windenergie-Industrie tätig sind. Der Global X Solar ETF beinhaltet diejenigen, die sich mit der Bereitstellung von Solarenergie beschäftigen und ESG-Kriterien erfüllen.

Geschlechtergerechtigkeit – *Amundi Global Gender Equality UCITS ETF Acc.*
Der «Feminismus»-ETF beinhaltet Unternehmen, in deren Unternehmenspolitik Gleichberechtigung eine besonders große Rolle spielt.

Kreislaufwirtschaft – *BNP Paribas Easy ECPI Circular Economy UCITS ETF*
Der ETF beinhaltet Unternehmen, die sich für eine nachhaltige Form des ressourcenschonenden Wirtschaftens engagieren.

Nachhaltige Lebensmittel – *Rize Sustainable Future of Food UCITS ETF*
Der ETF beinhaltet Unternehmen, die im Bereich der Entwicklung und Erzeugung nachhaltiger Lebensmittel tätig sind. Die enthaltenen Titel werden nach ESG-Kriterien gefiltert.

Impact-ETF – *Rize Environmental Impact 100 ETF*
Der ETF beinhaltet Unternehmen, die mit innovativen Lösungen gezielt Klima- und Umweltprobleme angehen.

Solidarisch investieren

Auf direktem Weg hast du – anders als auf dem Sekundärmarkt – mehr Möglichkeiten, etwas Sinnvolles mit deinem Geld zu tun. Viele Anleger:innen möchten im Rahmen von Nachhaltigkeit auch sozial verantwortlich investieren und nicht einfach profit- und renditeorientiert. Klar soll im Idealfall auch etwas dabei rumkommen, aber man kann Geld in eine gute Sache stecken, von der alle etwas haben. Der Reiz daran ist die Chance, spannende Projekte zu unterstützen, die sonst vielleicht keine Finanzierung bekommen würden. Crowdinvesting, Genossenschaften und andere soziale Projekte werden meiner Ansicht nach total unterschätzt – sowohl, was den gesellschaftlichen Nutzen, als auch, was den Wert angeht. Kein Wunder, die Projekte sind viel weniger sichtbar, weil sie sich selbst verwalten und auch die Vermittlung der Investitionen übernehmen. Es ist schließlich keine Finanzdienstleister:in oder Bank dazwischengeschaltet, die daran mitverdienen könnte. In der verkaufsorientierten Finanzbranche wird hier also nicht für Sichtbarkeit gesorgt. Durch das neue *Bürokratieentlastungsgesetz* (*let's talk alman*), das den Verwaltungsaufwand reduzieren soll, wird der Weg für Genossenschaften und Co. hoffentlich in Zukunft einfacher werden. Hier eine kleine Auswahl an Investitionsmöglichkeiten:

1. Crowdinvesting

Crowdinvesting ist eine Art moderner Schwarm-Finanzierung. Hier geht es nicht um Aktienunternehmen, sondern um Projekte, die viele kleine Beträge von ganz normalen Leuten wie dir und mir sammeln. Du bist ebenfalls Investorin, gibst aber im Gegensatz zum Kauf von Aktien auf dem Sekundärmarkt direkt unterstützend Geld an das Projekt. Es ist damit möglich, aus einer Vielzahl an Projekten etwas Passendes auszusuchen und entsprechend den eigenen Werten und Ansprüchen zu investieren.

Und wie funktioniert das? Du kannst online auf speziellen Plattformen (wie *Seedmatch* oder *Companisto*) nach Projekten suchen, die deinen Werten oder Interessen entsprechen. Das kann eine interessante Geschäftsidee, ein Start-up oder ein soziales Projekt sein. Wenn du investieren willst, steckst du einen Betrag rein, das ist oft schon mit kleineren Summen (z. B. 100 Euro) möglich. Im Gegenzug bekommst du eine Art Beteiligung: Das kann ein Anteil am Gewinn oder auch eine Rückzahlung mit Zinsen sein.

Aber Vorsicht: Crowdinvesting ist relativ riskant. Wenn das Projekt scheitert, ist dein Geld oft weg – es gibt keine Garantie oder Einlagensicherung. Setz also nicht deine ganze Altersvorsorge darauf, sondern nimm es als risikoreichere Beimischung.

2. Genossenschaften

Für eine solidarische Unterstützung eignen sich auch Genossenschaften, Vereine oder Baugemeinschaften, die du über Direktkredite mitfinanzieren kannst. Eine Genossenschaft ist ein Zusammenschluss von Personen zum Zweck der wirtschaftlichen oder sozialen Förderung der Mitglieder durch gemeinschaftlichen wirtschaftlichen Geschäftsbetrieb. Es gibt z. B. Produktiv-, Bau- oder Kreditgenossenschaften. Prominente Beispiele: die Tageszeitung TAZ, der Softwareanbieter Datev, der FC St. Pauli oder die Raiffeisenbank. Die Mitglieder einer Genossenschaft haben gemeinsame Ziele, deren Umsetzung du mit deiner Investition unterstützt:

- gemeinsame Anschaffung und Nutzung von Gütern und Ressourcen, also ökologische Belange,

- Förderung kultureller Belange,
- soziale Gerechtigkeit und Inklusion.

Als Genossenschaftsmitglied stellst du der Genossenschaft Geld zur Verfügung, indem du Anteile zeichnest. Einige Anbieter, bei denen die Dividenden und Zinsen im Vergleich hoch sind, nehmen nur vor Ort lebende Personen oder eigene Mitglieder und Mieter:innen auf. Durch die von dir gehaltenen Anteile erhältst du feste Zinsen und ggf. jährliche Dividenden. Wie bei einer Aktie bist du am Unternehmen – in diesem Fall der Genossenschaft – beteiligt und hast ein Mitbestimmungsrecht. Die Zinsen sind nicht so hoch wie am Aktienmarkt, aber oft besser als bei anderen Sparprodukten (die außerdem hohe Gebühren verursachen). Und hier soll ja gar nicht der Fokus auf Rendite und Profitmaximierung liegen.

Überprüfe eine Genossenschaft immer nach folgenden Kriterien:

- Die Satzung steht zur Verfügung.
- Mitglieder erhalten Daten und Zahlen zum Geschäftsverlauf.
- Ziele und Inhalte sind transparent.
- Mitgliederversammlungen finden regelmäßig statt.
- Die Wirtschaftlichkeit wird regelmäßig geprüft.
- Sei skeptisch bei hohen Renditeversprechen!

3. Solidarische Darlehen

Bei der Kreditvergabe herrscht ein großes Ungleichgewicht zugunsten großer Investoren, die als finanzstarke Teilnehmer des Marktes günstige Kredite bekommen, während soziale Projekte oft keine oder nur Darlehen zu schlechten Bedingungen erhalten. Das fördert soziale Ungleichheit und bremst z.B. die Schaffung von bezahlbarem Wohnraum oder nachhaltige Stadtentwicklung aus.

Solidarische Darlehen können unabhängig von Bonität und Sicherheiten den Zugang zu Finanzierungen ermöglichen. Es gibt diverse Möglichkeiten, gemeinwohlorientierte Personen, Gruppen oder Projekte zu unterstützen. Ein Beispiel sind *Direktkredite für Hausprojekte und Baugemeinschaften*. Die Mitglieder einer Baugemeinschaft wollen günstig selbst genutzten Wohnraum schaffen und bieten somit eine Alternative zum kommerziellen Immobilienmarkt. Für dich als Kreditgebende ist es die Möglichkeit, auch mit kleinen Beträgen ein konkretes Projekt zu unterstützen, das du magst und das gestaltet ist von Menschen, die du ggf. kennst. Du erfährst im Gegenzug in der Regel, was mit deinem Geld geschieht, und erhältst einen Bericht über die Verwendung. Außerdem bekommst du vielleicht Einladungen zu Versammlungen oder Feiern. Weitere Vorteile:

- Kein Umweg über eine Bank.
- Direktkredite sind transparent, im Vergleich zu institutionellen Anlageprodukten gut verzinst und individuell verhandelbar.

Die Konditionen der Direktkredite werden individuell je nach Projekt vertraglich festgelegt werden. Dies umfasst folgende Punkte (Beispielvertrag):

- Mindestbetrag: 500 Euro
- Zinsen: 0,1 bis 1,5 Prozent pro Jahr
- Mindestlaufzeit: 3 Jahre
- Kündigungsfrist: 6 Monate

Weil diese Investitionsform nicht über Finanzdienstleister:innen angeboten wird, muss du dich selbst bei lokalen Initiativen oder Ämtern informieren oder schaust auf Onlineportalen (z. B. bei www.bv-baugemeinschaften.de, www.netzwerk-nachbarschaft.net, www.bring-together.de).

Genau wie beim Crowdinvesting gibt es bei Direktkrediten höhere Risiken als bei der traditionellen Geldanlage. Du hast keine Einlagensicherung, daher ist ein Totalverlust bei Insolvenz möglich. In diesem Fall werden erst der Bankkredit und die Forderungen aller anderen, nicht nachrangigen Gläubiger:innen bedient. Es muss außerdem kein Geld an die Direktkreditgeber:innen zurückgezahlt werden, falls damit die Zahlungsfähigkeit der Kreditnehmerin gefährdet ist.

Überprüfe eine Baugemeinschaft immer nach folgenden Kriterien:

- Ist das Projekt allein oder in einem Dachverband (allein = muss genauer von dir überprüft werden)?
- Steht eine Vereinssatzung zur Verfügung?
- Erhalten Kreditgeber:innen Daten und Zahlen zum Geschäftsverlauf?
- Kann dir die Finanzplanung erklärt werden, und ist sie nachvollziehbar (soweit du das einschätzen kannst)?
- Sind Ziele und Inhalte transparent?
- Warnsignal: hohe Renditeversprechen.

Ich selbst habe in meiner Studienzeit in einem Hausprojekt gewohnt, das die Bewohner:innen selbst kaufen wollten, als sich die Gelegenheit bot. Das Ziel war, das Haus der Spekulation des Immobilienmarktes zu entziehen und es für zukünftige Generationen selbstverwaltet zu erhalten. Wir haben dies über die Gründung eines Vereins und das Akquirieren von Direktkrediten im sozialen Umfeld geschafft. Die Verwaltungsarbeit und die Organisation vieler kleiner Kredite sind natürlich enorm.

Hausprojekte, die dafür Unterstützung brauchen, können das *Mietshäuser Syndikat* (MHS) nutzen, ein Netzwerk selbstverwalteter Hausprojekte. Seit seiner Gründung 1992 in Freiburg hat sich das Syndikat auf über 200 Hausprojekte und 24 Projektinitiativen ausgeweitet. Das Hauptziel des MHS ist die langfristige Sicherung von bezahlbarer Miete und Wohnraum als Gemeingut. Dabei stehen Selbstorganisation, Solidarität und der Verzicht auf Eigentumsprofit im Mittelpunkt. Durch die dezentrale Struktur bleiben die Projekte autonom, während das Syndikat als übergeordnetes Bindeglied fungiert. Die Finanzierung der Projekte erfolgt, wie bei meinem Hausprojekt, hauptsächlich durch Direktkredite von Unterstützer:innen, Freund:innen und Familienmitgliedern. Diese zinsgünstigen Darlehen ermöglichen es auch Menschen ohne großes Eigenkapital, Teil eines Hausprojekts zu werden. Zusätzlich werden Bankkredite genutzt, wobei die Kombination beider Finanzierungsformen die Mieten auf einem fairen und günstigen Niveau hält.

Wenn du solidarisch in ein Hausprojekt des Mietshäuser Syndikats investieren willst, findest du auf der Website viele Informationen:

- eine ausführliche Erklärung, wie Direktkredite funktionieren,
- rechtliche Hinweise (z.B. zur Ausgestaltung eines Kreditvertrags),
- Beispiele für mögliche Zinssätze und Laufzeiten,
- Informationen, wie man ein konkretes Hausprojekt findet, das aktuell auf der Suche nach Krediten ist.

Nachhaltigkeitsansprüche überlegen: Sollen Branchen oder Unternehmen ausgeschlossen werden? Sollen Branchen oder Unternehmen gezielt dabei sein? Soll die Investition eine messbare Wirkung (Impact) haben?

Deine **Ziele** und deine **Risikoaufteilung** sollten immer vorrangig vor Nachhaltigkeitsansprüchen sein.

Angebote immer auf **Kosten** und **Ertrag** vergleichen.

Diversifikations- und Risikomanagement auch bei Nachhaltigkeit nicht vernachlässigen.

Geldanlage to go

Du weißt jetzt, welche Anlageformen es gibt, worauf du grundsätzlich beim Investieren achten musst, und kennst die wichtigsten Begriffe, die dir dabei begegnen werden. Wie legst du jetzt also konkret los?

Dein Aktiendepot

Um mit dem Investieren in Aktien oder ETFs zu starten, brauchst du ein Depot, also ein Konto für Wertpapiere. Ich habe häufig erlebt, dass Leute bei diesem Schritt schon zu viel grübeln und recherchieren und dabei irgendwann die Lust verlieren, überhaupt anzufangen. Dabei ist es heutzutage supereinfach, ein gutes, günstiges, besser noch kostenloses Depot zu finden. Die Eröffnung ist nicht komplizierter als bei einem Bankkonto.

Ein Depot kannst du bei einer Filialbank, Direktbank, wie z. B. ING, Consorsbank oder Comdirect, abschließen oder bei einem sogenannten *Neo-Broker* (so neu sind die inzwischen auch gar nicht mehr), wie z. B. Scalable oder Trade Republic. Neo-Broker bieten unschlagbar günstig Depotführung und Wertpapierhandel an, da sie, anders als Banken, keine Filialen und weniger Personal unterhalten. Das Angebotsspektrum in Bezug auf andere Finanzdienstleistungen ist dafür kleiner als bei einer Bank. Eine Bank kann dir dafür eben genau diese Infrastruktur bieten, wenn sie dir denn wichtig ist, von der Filiale für die persönliche Beratung bis hin zur breiten Produktpalette, falls du Girokonto und Hauskredit unter einem Dach haben willst. Meine Empfehlung ist das allerdings nicht. Denn auch wenn das praktisch scheint, sind die Angebote deiner Hausbank nicht unbedingt die günstigsten. Neo-Broker, aber auch Direkt- oder Onlinebanken arbeiten überwiegend online und stehen dir per App zur Verfügung, was dich zwar zum Zocken an der Bushaltestelle verlocken kann, dafür aber viel günstiger ist als eine traditionelle Bank. Sie sind aber übrigens auch an eine Bank angebunden, du musst dir da also keine Sorgen um die Seriosität oder gesetzliche Regelungen wie die Einlagensicherung machen: Pro Bank sind deine Konten und Wertpapier-Depots in der EU bis zu 100 000 € abgesichert. Das schützt dein Geld bei einer Insolvenz der Bank, gilt jedoch nicht für Wertschwankungen oder Verluste an der Börse.

Ich selbst habe alles querbeet angelegt, entsprechend meinen Bedürfnissen. Ein Bankdepot für meine monatlichen ETF-Sparpläne, an denen ich über einen langen Zeitraum nichts ändern möchte, weil ich mir hier langfristig Geld fürs Alter aufbauen will. Bei der gleichen Bank habe ich auch die Depots für meine Kinder, denn die gab es bisher nur bei Banken, seit Kurzem aber auch endlich bei Neo-Brokern. Zusätzlich habe ich ein Depot bei einem Neo-Broker. Das ist mein Depot, mit dem ich regelmäßig aktiv (*you know what it means*) Aktien und ETFs handle und durch diese Transaktionen bei einer Bank einfach zu hohe Kosten hätte. Mein Girokonto habe ich bei einer nachhaltigen Bank und das Geschäftskonto wiederum traditionell, weil ich hier noch kein bezahlbares nachhaltiges Angebot entdeckt habe.

Achte bei der Depotauswahl auf folgende Kriterien:

- **Kosten für die Depotführung:** Das Depot sollte kostenlos sein. Depots, die von einer Bank vermittelt und verwaltet werden, sind in der Regel – na, rate mal – mit Kosten verbunden.
- **Kosten für den Kauf und Verkauf von Wertpapieren oder die Ausführung von Sparplänen:** Meiner Meinung nach ist das der wichtigste Punkt bei der Auswahl, denn die Kosten wirken sich auf deine Rendite aus. Wenn eine Sparplanausführung jeweils 1 € kostet, kommt dir das vielleicht wenig vor, aber du investierst ja im Idealfall über Jahrzehnte, und der Euro hätte dir – wäre er investiert geblieben – Gewinn gebracht. Wenn du regelmäßig hohe Summen investierst, ist 1 € wiederum besser als 1 %. Logisch, oder? Nur als kleines Beispiel: Wenn du über 25 Jahre monatlich einen Euro für die Sparplanausführung zahlst, sind das Kosten von insgesamt 300 €. Wenn du diesen Euro aber investiert hättest, hättest du bei 7 % Rendite nach 25 Jahren fast 800 € im Depot (= 300 € eingezahlt und 488 € Rendite).
- **Auswahl der Wertpapiere:** Gibt es die Aktien oder ETFs, die du dir ausgesucht hast, überhaupt bei dem Depotanbieter?
- **Service, Community, Wohlfühlfaktor:** Vielleicht hast du schon ein Konto bei einer Bank, mit der du sehr zufrieden bist. Du bist an die Nutzer:innenoberfläche gewöhnt und

weißt, dass der Support gut erreichbar ist. Dann check doch, ob diese Bank ein gutes Depotangebot hat, und bleib dort. Voraussetzung: niedrige Kosten. Mach aus der Depotauswahl keine Wissenschaft, denn erstens ändern sich deine Investitionsgewohnheiten vielleicht mit der Zeit. Zweitens kannst du, genau wie bei einem Konto, einen Wechsel vornehmen und die Investitionen von den Banken übertragen lassen, wenn dir das Angebot mal nicht mehr in den Kram passt.

Depot eröffnen

Bei der Depoteröffnung gibt es eine Angemessenheitsabfrage, da Banken dazu verpflichtet sind zu fragen, wie viel Erfahrungen du mit risikobehafteten Anlagen hast. Sie wollen dich damit auf die Risiken einer Kapitalanlage aufmerksam machen. Wer noch keine Erfahrungen gemacht hat, erhält in der Regel einen Hinweis oder auf Wunsch auch eine Beratung (eher ein Verkaufsgespräch). Dies sollte dich nicht verunsichern, da du dich ja vorher informiert hast.

Es folgt dann ein sogenanntes *Ident-Verfahren* – auf dem Postwege oder per Videoident –, mit dem du nachweist, dass du du bist und nicht jemand anders deine Identität benutzt. Du gehst dann mit den ausgefüllten Unterlagen und deinem Personalausweis entweder in eine Postfiliale und bestätigst dort am Schalter deine Identität. Wahlweise kannst du dies online in einem Videogespräch mit einer Person der Bank oder eines Subunternehmens machen. Hier zeigst du dein Gesicht und deinen Personalausweis in die Kamera.

Sobald du die Depotunterlagen von der Bank erhalten hast, kannst du dich online anmelden und dein Depot aktivieren.

Dein Depot ist dann startklar, und du kannst z. B. einen Sparplan für einen ETF einrichten.

Vergiss nicht, bei jeder Konto- oder Depoteröffnung gleich einen Freistellungsauftrag für jährliche steuerliche Freibeträge einzurichten. Was das ist und wie das geht, kannst du im Kapitel *Steuern* nachlesen.

Sparplan einrichten

Für die Einrichtung des Sparplans musst du die WKN- oder ISIN-Nummern des ETFs, den du dir ausgesucht hast, bereithalten. (WKN steht für *Wertpapierkennnummer*. Der sechsstellige Code wird primär in Deutschland zur Identifizierung von Wertpapieren verwendet. ISIN ist die Abkürzung für *International Securities Identification Number*, also die internationale Wertpapierkennnummer. Sie ist zwölfstellig und dient weltweit der einheitlichen Identifizierung von Wertpapieren.)

Als Nächstes loggst du dich in dein Onlinedepot ein und klickst auf «Sparplan erstellen». Im nächsten Schritt kannst du die Sparrate pro Monat eingeben, wie lange der Sparplan laufen soll und ob du jährlich automatisch eine kleine Erhöhung (Dynamisierung) haben willst. Das funktioniert genauso wie ein Dauerauftrag, und du kannst die Angaben jederzeit ändern!

Zuletzt entscheidest du noch, von welchem Konto die Sparrate abgebucht und wohin Dividenden oder Verkäufe ausgezahlt werden sollen. Dies geht entweder von deinem Girokonto oder von einem von der Bank / dem Broker angebotenen Verrechnungskonto. Verrechnungskonten sind meistens umsonst und vereinfachen die Steuerabrechnung. Außerdem sind die Buchungen der Bank schneller. Zu guter Letzt landen Gewinne bzw. Verkäufe nicht auf deinem Alltags-, sondern auf einem Extra-Konto. Dadurch bist du weniger versucht, das «gewonnene» Geld gleich wieder auszugeben.

Du bestimmst beim Investieren selbst, für welchen Betrag du ein Wertpapier kaufen willst. Hier geht es oft um kleine Anteile einer Aktie oder eines ETFs. Wenn eine Apple-Aktie z. B. bei 250 $ steht, heißt das nicht, dass du eine ganze Aktie zu dem Preis kaufen musst. Bei einer Investition von 10 € über deine Broker-App kaufst du eben auch nur diesen Bruchteil. Der Mindestbetrag ist in der Regel 1 €, du solltest aber schauen, was sich in Bezug auf die jeweiligen Kaufgebühren eines Brokers lohnt.

Wenn eine größere Summe zur Verfügung steht, sind viele unsicher, ob sie gleich alles oder lieber peu à peu investieren sollen. Tatsächlich kann dir nur investiertes Geld Rendite bringen. Es ist also in der Theorie am besten, direkt alles, was sowieso dafür vorgesehen ist, in das Depot zu legen. Für Anfängerinnen kann das aber durchaus scary sein, wenn sich die eingezahlten 1000 € bei einer anfänglichen Kursschwankung nach unten erst mal auf 820 € verringern. Wir sprechen hier aber wohlgemerkt nur vom *Buchwert*, den du in deiner Depot-App siehst – erinnerst du dich? Dein Geld ist nicht wirklich weg. Genauso, wie du nicht um 500 € reicher bist, wenn der Kurs nach oben geht. Du bist erst dann ärmer oder reicher, wenn du den Verlust oder eben den Gewinn *realisierst*, das heißt deine Aktien- oder ETF-Anteile verkaufst und in Cash umwandelst. Zu Beginn deiner Börsenkarriere kann es also beruhigender sein, mit einem Sparplan anzufangen und dich langsam ranzutasten. Als Zwischenlösung könntest du die Beispielsumme von 1000 € in Tranchen à 100 € über 10 Monate einzahlen. Du sparst dir in diesem Fall die für Einmalzahlungen üblichen höheren Gebühren, wenn du einen Sparplan über 100 € einrichtest. Denn Sparpläne sind oft kostenlos. Denk aber dran, ihn nach zehn Monaten wieder abzustellen.

Roadmap: ETF-Start

Hier hast du noch mal alle Schritte aus dem epischen Investitionskapitel im Überblick:

Risikoprofil bestimmen.

Status-quo-Check: Einnahmen und Ausgaben tracken. Sparquote bestimmen.

Größere **Schulden abbezahlen.**

Verfügbares **Back-up** parat haben: deine flüssige Geldreserve für schlechte Zeiten auf einem extra Konto.

Ziel der Anlage überlegen und Sparrate bestimmen: Wie hoch ist deine Rentenlücke? Welche mittel- oder langfristigen Ziele willst du erreichen?

Passende ETFs (und Aktien?) finden und Kombination überlegen, angepasst an deine Risikolust.

Broker finden und **Depot eröffnen**, Freistellungsauftrag nicht vergessen!

Sparplan einstellen oder Einmalzahlung vornehmen.

Automatisieren und Tools einrichten.

Über die Jahre **Depotgewichtung** im Blick behalten: Ist ein Wertpapier o. Ä. überproportional gewachsen? Willst du mittlerweile mehr Risiko oder das Depot ergänzen? Regelmäßiges Re-Balancing!

Final Destination

Deine Strategie steht und die Sparpläne laufen automatisiert, während du dich als Buy-and-Hold-Investorin entspannt zurücklehnen kannst. In diesem Kapitel soll es darum gehen, wie du deinen Anlageplan in Zukunft aktualisierst oder abschließt, Gewinne mitnimmst, Auszahlungen strategisch planst und die Steuern nicht aus dem Blick verlierst.

Re-Balancing

Die Wertpapiere in deinem Depot, genauso wie andere Geldanlagen oder Konten, entwickeln sich im Laufe der Jahre unterschiedlich stark. Beim Re-Balancing stellst du die ursprüngliche Gewichtung deiner ETFs oder anderer Anlageklassen wieder her und überprüfst, ob deine Depotzusammensetzung noch den ursprünglich geplanten Anlagezielen und deinem Risikoprofil entspricht. Du kannst auch darauf verzichten, wenn sich deine Risikobereitschaft passend zu deiner Geldanlage geändert hat. Vielleicht hast du z.B. ursprünglich ganz unschuldig mit einem ausgeglichenen Portfolio halb Festgeldkonto, halb ETF-Depot angefangen, hast jetzt aber Bock auf eine 25/75 Aufteilung mit mehr Risiko. Da würde es gut passen, dass das ETF-Depot in den letzten Jahren stärker gewachsen ist als das verzinste Konto. Das klingt komplizierter, als es ist. Du begegnest der Frage aber sowieso, wenn du mal einen größeren Betrag in dein Depot einzahlen willst und dich fragst: Stecke ich das Geld in meine Überflieger-Aktie, oder stocke ich meinen 08/15-Altersvorsorge-ETF auf?

Ein Re-Balancing kannst du innerhalb deines Depots, im Rahmen deiner gesamten Geldanlage und auch im Risikoverhältnis sicherer Zinsanlagen wie Konten und risikoreicherer Renditeanlagen machen.

Um ein Re-Balancing innerhalb des Depots vorzunehmen, hast du folgende Möglichkeiten, die Werte im Depot, auf dem Konto oder in der Wallet umzuschichten:

- Teilverkäufe und Gewinnentnahmen (Achtung, das kann Gebühren oder Steuern auslösen),
- Sparpläne stilllegen oder verringern,
- andere Wertpapiere oder Anlageklassen vermehrt bespa-ren (Risiko rauf: mehr Aktien usw., Risiko runter: mehr auf das Konto).

Wenn du einen aktiven Aktienfonds einer Bank besparst, wird diese das Re-Balancing übernehmen. Das klingt zwar verlockend für Sicherheitsorientierte, bedeutet aber auch, dass du selbst keinen Einfluss nehmen kannst und immer jemanden zwischen dir und deinem Geld stehen hast.

Du kannst dich zeitbasiert (z. B. jährlich bei einem Frühjahrsputz deiner Finanzen), ab einer bestimmten Schwelle (z. B. wenn ein ETF oder eine Aktie um 20 % gestiegen ist) oder bei Einmalzahlungen und Sparplanänderungen darum kümmern. Bei mir kommt es übrigens eher vor, dass ich mich nach überschwänglichen Investitionen in neue spannende Aktien bremsen und meinen ETF-Anteil vernünftigerweise wieder aufstocken muss. Oder dass ein risikoreicher Teil überproportional gewachsen ist und ich umschichten muss. Ich bin hier also selbst nicht sehr vorbildlich und leiste eher Feuerwehrarbeit. Manchmal ist es gar nicht so leicht, sich von einer gut laufenden Anlage zu verabschieden, nur weil man vernünftig seiner Strategie treu bleiben will.

Beispiel: Umschichtung

Ich hatte in der Vergangenheit das Luxusproblem, dass Kryptowährungen, vor allem Bitcoin, immer mal wieder so stark im Wert gestiegen sind, dass sie plötzlich einen zu großen Anteil in meiner Geldanlage eingenommen haben. Während für Einsteiger:innen oft empfohlen wird, nur bis zu 10 % des Portfolios in Kryptowährungen zu investieren, können daraus durch Kurssteigerungen schnell viel mehr werden. Das kann dir natürlich auch mit Aktien «passieren». Vielleicht denkst du, dass das doch super ist. Gerade bei hochriskanten Investitionen wie Kryptowährungen kann das aber genauso gut wieder abwärtsrauschen. Du solltest dich immer bewusst entscheiden, ob du Gewinne mitnehmen oder deine Risikolust (und damit deine Strategie) anpassen willst.

Variante 1

Übe dich im Loslassen, wenn du nicht der gerade hypenden Investition die Kontrolle über dein Risikoprofil überlassen willst. Wenn durch den Kursanstieg plötzlich 50 % deines investierten Geldes in Krypto bzw. Bitcoin stecken, kannst du umschichten: Dabei verkaufst du Kryptoanteile und reinvestierst sie z.B. in deinen Welt-ETF, parkst sie auf einem risikoarmen Festgeldkonto oder oder oder ...

Variante 2

Du bist mittlerweile geübter im Investieren, verstehst die entsprechende Geldanlage (hier: Kryptowährungen), und sie überzeugt dich als riskante Investition? Dann bleib dabei und passe deine Risikostrategie entsprechend an. Im Idealfall setzt du dir allerdings einen Grenzwert, bei welchem Kurs du, ohne zu zögern, Gewinne mitnehmen willst. Mitten in einem Kursaufschwung könntest du Angst haben, was zu verpassen, und ins Gambling verfallen.

Entnahmeplan: So kommst du wieder an dein Geld

Genauso wichtig wie die Frage, wann und wie viel Geld ins Depot kommt, ist die Überlegung, wann und wie viel wieder rauskommt. Diesen Vorgang nennt man Entsparen oder Entnehmen. Du kannst dies durch (Teil-)Verkäufe, Umschichten oder das Generieren von passivem Einkommen, z. B. über Dividenden, umsetzen. Die schlechte Nachricht ist mal wieder: Du musst beim DIY-Investieren alles selber machen. Die gute Nachricht: Du kannst alles bestimmen und hast die Kontrolle über dein Geld. Du solltest dir nur vorab ein paar Gedanken machen, denn ohne Strategie und Zielsetzung ist die Gefahr groß, dass das Geld nicht zweckmäßig eingesetzt, sondern wahllos ausgegeben wird. Andererseits hast du aber auch immer die Möglichkeit, dir eine größere Summe geplant auszuzahlen.

Wenn es um die Rente geht, haben viele die Vorstellung, dass man zum Renteneintrittsalter diese riesige Summe aus dem Depot holt und damit die Rentenlücke schließt. Das sollte aber peu à peu stattfinden, indem du z. B. Teile verkaufst, während der Rest im Depot noch Rendite bringen kann. Der Aktienmarkt ist schwankungsanfällig und kann nicht einfach berechnet werden. Hier gibt es keinen perfekten Zeitpunkt (bzw. kennst du ihn nicht), denn wenn du zu früh verkaufst, verschenkst du Rendite. Aber bis die Kurse auf einem *All-time-High* (der höchste verzeichnete Wert dieser Anlage) sind, kannst du auch nicht warten, weil du das Geld ja brauchst. Bei der Entnahme geht es also um folgende Aspekte:

- **Wie viel** willst (musst?) du jährlich oder monatlich entnehmen?
- **Wie lange** soll das Geld reichen?
- **Wie risikoreich** ist deine Geldanlage noch, wenn du älter bist?
- Willst du dein angespartes Geld, also deinen Depotwert, **verbrauchen oder erhalten?**

Zum Glück hast du in der Rentenphase etwas mehr Zeit, denn jetzt musst du dir – nach einer hoffentlich jahrzehntelangen entspannten Aufbauphase – wieder einige Gedanken um dein Erspartes machen. Z. B. ist ein Re-Balancing auch dann noch nötig, weil du vielleicht als Granny weniger Risiko eingehen willst. Du möchtest in dem Fall also eher mehr Geld auf dem Tagesgeld- oder Festgeldkonto haben, als es risikoreich in Aktien zu investieren. Das macht Sinn, wenn du alle paar Jahre eine größere Entnahme vom Depot auf ein Konto planst. So hast du immer einen soliden Puffer verfügbar, falls dein Aktiendepot mal von einem Crash gebeutelt ist.

Bei Verkäufen solltest du deinen Freistellungsauftrag im Blick haben, der deine Gewinne (nicht das Geld, das du selbst eingezahlt hattest) unversteuert lässt und jährlich genutzt werden kann – dazu gleich mehr im Steuerkapitel. Außerdem muss bei den Entnahmebeträgen wie immer die inflationsbedingte Geldentwertung bedacht werden. Beim Onlinebanking oder in Berechnungstools wird das *Dynamisierung* genannt. Ich rechne wie in vorherigen Beispielen mit einer Dynamisierung von 2 %.

1. Variante : Dein DIY-Entnahmeplan (low budget friendly)

Bei der klassischen Variante entnimmst du regelmäßig, z. B. jährlich, etwas aus deinem Depot und zahlst es dir entweder direkt aus oder schichtest es als Rücklage auf ein Konto um. Du kannst auch einen monatlichen Verkauf von ETF-Anteilen automatisieren, hast also in dem Fall statt eines bisherigen Sparplans einen *Ent*sparplan. Bei einer monatlichen Entnahme hast du genau wie in der Ansparphase den durchschnittlichen Kurswert. Wenn du dagegen jährlich oder mit noch längerem Abstand Geld vom Depot auf ein Konto schichtest, um dann davon wiederum monatlich etwas auszuzahlen, lohnt es sich schon eher, auf die Marktlage zu achten.

Als grobe Entnahmereihenfolge gilt: erst Cash auf dem Konto, dann verzinster Sicherheitspuffer auf dem Festgeld- oder Tagesgeldkonto und zuletzt Aktien. Alle drei Töpfe können dann wiederum von oben (Aktien) nach unten (Konto) regelmäßig wieder aufgefüllt werden, damit du im Alter versorgt und flüssig bleibst.

- Monatliche Entnahmen (z. B. 1000 €) direkt vom Tagesgeld- oder Girokonto
- Alle ein bis drei Jahre Entnahmen (z. B. 12 000 €) vom Festgeldkonto auf das Tagesgeld- oder Girokonto
- Alle drei bis fünf Jahre Entnahmen (z. B. 36 000 €) vom Depot auf ein Festgeldkonto

Beispiel:

Depotgröße: 100 000 €
- Entnahmezeitraum: 25 Jahre
- Monatliche Entnahme: 500 €
- Jährliche Steigerung (Dynamisierung): 2 %

- Durchschnittliche jährliche Rendite: 6 %
- Ziel am Ende: Depot aufgebraucht (Restwert = 0 €)

Du kannst selbst wieder mit einem Onlinerechner und deinen eigenen Zahlen etwas herumspielen (siehe *Websites & Tools*).

2. Variante: Die 4 %-Regel
Der Liebling der Finfluencer:innen, die von finanzieller Freiheit träumen und glauben, dass du die nötige Geldsumme schon in jungen Jahren anhäufen kannst, um dann, statt zu arbeiten, nur noch von den Depotentnahmen zu leben. Bei dieser Variante entnimmt man jährlich 4 % der Investitionssumme, in der Hoffnung, dass das Wachstum eines hauptsächlich aus Aktien/ETFs bestehenden Depots wiederum bei 6–7 % liegt. Man hat dabei die Chance, durch die Abschöpfung des Renditewachstums den Depotwert zu erhalten und sich über einen Entnahmehorizont von 30 Jahren oder mehr gut zu versorgen. Der utopische Part: Du brauchst eine sehr große Investitionssumme, und du kannst dich bei einer mehrjährigen schlechten Marktlage nicht auf konstanten Cashflow verlassen.

Beispiel:
- Depotgröße: 300 000 €
- Entnahme: 12 000 € pro Jahr (1000 € pro Monat, Dynamisierung nicht vergessen!)

Als Alternative kannst du auch unterschiedlich hohe Beträge entnehmen, zeitlich abhängig von der Marktlage, z. B. 3–5 % des aktuellen Depotwerts pro Jahr. Der Vorteil dabei ist, dass sich das Depot langfristig besser erholen kann, weil du in guten Phasen mehr Geld, in schlechten Phasen weniger Geld entnimmst.

3. Variante: Die Cashflow-Rente

Bei dieser Variante investierst du in dividendenstarke Aktien/ETFs, um eine regelmäßige Ausschüttungsrendite zu haben. Im Idealfall hast du dich ganz am Anfang deines Investitionsstarts entschieden, einen ausschüttenden ETF (oder mehrere) zu besparen, anstatt die thesaurierende Variante zu wählen. Nachträglich kannst du die Dividendenverwendung bei einem ETF nämlich nicht mehr wechseln.

Mit der Variante hast du die Möglichkeit, nur das Renditewachstum deines Depotwertes abschöpfen. Weil Verkäufe natürlich möglich, aber nicht notwendig sind, kann die Substanz im Depot erhalten bleiben. Dafür musst du aber auch eine entsprechende Depotgröße haben. Diese ist wiederum bei Dividenden-ETFs nicht so groß wie bei denjenigen, die die Dividenden reinvestieren und so das Vermögenswachstum mehr fördern. Die Ausschüttungen finden z.B. quartalsweise oder jährlich statt, was einerseits angenehm sein kann, andererseits Tüfteln erfordert, wenn du monatlich Beträge brauchst oder mehrere ausschüttende ETFs hast, deren Dividenden kombiniert werden müssen. Die Ausschüttungen können je nach Marktlage und Wertpapier allerdings auch schwanken und sind nicht festgelegt.

Beispiel:

Angenommen, du möchtest 1000 € / Monat rein durch Dividenden bekommen.

- Dividendenrendite eines globalen Dividenden-ETFs: ca. 3,5 % pro Jahr
- Jahresbedarf: 12 000 €
- Kapitalbedarf: 12 000 € / 0,035 ≈ 343 000 €

Also müsstest du rund 343 000 € in einen Dividenden-ETF investieren, um diese Entnahme zu decken – ohne die Substanz deines Depots zu verbrauchen. Dies ist also auch eher ein Modell für *rich girls*.

Alternativ kannst du auch kombiniert durch Dividenden und gezielte Teilverkäufe Geld entnehmen, um Schwankungen abzufedern und mehr Flexibilität zu haben.

Cashback fürs Gemeinwohl: Steuern

Okay, lass es uns einfach hinter uns bringen! Die prozentuale Zahlenschlacht kannst du dir noch mal anschauen, wenn du wirklich Gewinne versteuern musst. Alles andere solltest du aber schon mal gehört haben. Vorab ist es wichtig, sich daran zu erinnern, dass du erstens nur *Gewinne* versteuern musst und nicht das Geld, das du eingezahlt hast (das ist deine *Substanz*). Ein Gewinn ist im Investitionsbereich ein Ertrag aus Kapitalvermögen, also eine Dividende oder Kurssteigerung. Zweitens musst du diese Gewinne erst dann versteuern, wenn du deine Investition inklusive Gewinn verkaufst, also in Geld zurück umwandelst. Wenn man in der Banking-App den gesamten Depotwert sieht, könnte man versucht sein zu denken, dass von diesem Gesamtbetrag ja noch die Steuern abgehen. Tatsächlich musst du aber immer Investitionsbetrag und Gewinn auseinanderdröseln. Die Steuer wird übrigens direkt vom Depotanbieter eingezogen, daher musst du selbst nichts unternehmen.

Es gibt aktuell einen *Steuerfreibetrag* (aka *Sparer-Pauschbetrag*) über 1000 € pro Person und Jahr, mit dem du für Gewinne unter diesem Betrag keine Steuern zahlst. Der Steuerfreibetrag muss als Freistellungsauftrag bei deinen Banken/Brokern eingerichtet werden. Obwohl du das meist unkompliziert online erledigen kannst, kann es unübersichtlich werden, wenn du mehrere Konten oder Depots hast und den Betrag splittest. Schreib dir daher am besten die Beträge als Notiz auf. Du kannst die Freistellungsaufträge bei jedem Finanzinstitut jederzeit ändern und anpassen. Wer ihn vergessen hat, kann sich die gezahlte Steuer auch mit der Steuererklärung erstatten lassen. Ich persönlich finde die nachträgliche Variante zwar etwas komplizierter – Steuererklärung halt, mäh! –, aber dafür hast du hier alle Zinsen, Erträge und Gewinne besser im Überblick, wenn du ein Onlineprogramm nutzt.

Neben dem Steuerfreibetrag gibt es auch Steuerermäßigungen für Geringverdienende über eine sogenannte *Nichtveranlagungsbescheinigung*. Diese wird vom Finanzamt für ein bis drei Jahre ausgestellt und verhindert einen Steuerabzug. Dafür musst du die Bescheinigung bei deinen Banken abgeben. Als Voraussetzung darf dein jährliches Einkommen einschließlich der Kapitalerträge den steuerlichen Grundfreibetrag in Höhe von 11 784 € (2025) nicht übersteigen. Für Geringverdienende, aber auch z. B. für Kinder, bedeutet das, dass sie steuerfreie Kapitalerträge und Einkünfte in Höhe des Grundfreibetrages und zusätzlich des Steuerfreibetrages von 1000 € haben können. Diese Personengruppen können also, wenn sie ansonsten kein Einkommen haben, relativ hohe Kapitalgewinne unversteuert bekommen.

ETFs und Steuern

Bei einem ETF gibt es ein paar steuerliche Besonderheiten. Durch die sogenannte *Teilfreistellungsquote* sind z. B. 30 % der Erträge generell schon mal steuerfrei, das heißt, nur auf 70 % der Gewinne müssen Steuern gezahlt werden. Das gilt allerdings nur für ETFs, die zu 51 % oder mehr aus Aktien bestehen. Es fallen dann von diesen 70 % eine Kapitalertragsteuer von 25 % und davon wiederum 5,5 % Solidaritätszuschlag (insgesamt also 26,375 %) an – und ggf. Kirchensteuer, wenn du Mitglied in einer bist. Lange Rede, kurzer Sinn: Du kannst von deinen Gewinnen mehr als 80 % behalten.

Beispiel:

Du hast für 500 € ETF-Anteile gekauft. Durch Kurssteigerungen dieser Anteile steigt dein Depotwert innerhalb eines Jahres um 100 €. Sobald du den gesamten Depotwert inklusive des Gewinns von 100 € (= gesamt 600 €) verkaufst, wird der nun realisierte Gewinn – also die 100 € – versteuert. Bei Aktien-ETFs müssen nur 70 % des Gewinns von dir versteuert werden, also 70 €. Auf diese 70 € musst du dann 26,376 % Steuern zahlen – easy, oder? 😊

Bei thesaurierenden ETF, die die Dividendenausschüttungen ja automatisch wieder anlegen, fallen unter Umständen unbemerkt Steuern an, selbst wenn du keine Anteile verkaufst. Um zu verhindern, dass zukünftig beim Verkauf allzu hohe Steuern anfallen, wird hierfür jährlich automatisch eine kleine *Vorabpauschale* eingezogen. Die Vorabpauschale orientiert sich am Basiszins der Bundesbank und ist daher tendenziell eher gering. Sie fällt natürlich nicht an, wenn es bei deinem ETF keinen Wertzuwachs oder sogar einen Verlust gibt.

Bei einem ausschüttenden ETF oder Aktien werden die Dividenden ja gleich auf dein Konto gezahlt und müssen dementsprechend auch direkt versteuert werden. Einmal versteuerte und reinvestierte Gewinne gehören dann zu deiner Substanz, also der Investitionsmasse, und müssen natürlich später nicht noch mal versteuert werden. Du kannst den jährlichen Grundfreibetrag von 1000 € übrigens auch durch den gezielten Verkauf und Re-Kauf nutzen. Wenn du z.B. am Jahresende einen Teil des Freibetrages nicht ausgeschöpft hast, kannst du entsprechend über den Verkauf von ETF- oder Aktienanteilen Gewinne realisieren und den Betrag im Anschluss sofort wieder reinvestieren. Die Anteile solltest du direkt nach dem Verkauf wieder kaufen, da die Kurse ggf. steigen könnten und du in diesem Fall Kursgewinne verpasst. Vergiss nicht, dabei die Transaktionskosten deiner Bank/ deines Brokers gegenzurechnen.

Das Fifo-Prinzip

Bei einem komplexeren Depot, das länger läuft, wird der Überblick über die Gewinne irgendwann kompliziert. Sobald du nicht eine komplette Position verkaufst, sondern nur kleinere ETF- oder Aktienanteile, gilt *Fifo* (= First in, first out). Das bedeutet, es werden automatisch die zuerst gekauften Anteile verkauft – und dementsprechend die frühen Gewinne versteuert. Gerade bei Sparplänen, die über einen langen Zeitraum laufen, ist es schwer, die Gewinne der ersten gekauften Anteile nachzuvollziehen. Hierfür musst du den Kurswert am Kauftag und die Kursverläufe kennen, was für Beginner schwer sein kann. Egal ob du denkst, dass das Fifo-Prinzip später für dich wichtig sein könnte oder auch komplett irrelevant – ein Onlinetool, das von Anfang an deine Käufe und Verkäufe trackt und dir eine gute Übersicht gibt, macht immer Sinn. Empfehlungen dafür findest du im Kapitel *Websites & Tools.*

Disclaimer: Alle Angaben und Gesetze können sich jederzeit ändern. Richte deine Strategie nicht nach den Steuern aus.

#financialawareness

Steuern sind beim Investieren oft ein heißes Thema. Neoliberale oder konservative Anleger:innen regen sich in der Regel über die Kapitalertragsteuer von ca. 25 % auf. Sie geben Tipps, wie man diese umgehen kann, fordern von der Politik Steuersenkungen und sorgen für einen Aufschrei, wenn diese die Steuern erhöhen will. Ein paar ihrer Argumente möchte ich gern demontieren:

Man investiert in die Wirtschaft und geht dabei auch noch ein Risiko ein: Den begrenzten Einfluss in Form einer monetären Unterstützung von Investor:innen an Unternehmen habe ich bereits im Kapitel über nachhaltiges Investieren versucht zu erklären. Uneigennützig werden vor allem Großinvestor:innen niemals an den Aktienmarkt gehen, sondern um Geld für ihr Unternehmen zu akkumulieren oder sich privat zu bereichern. No front, wir wollen bzw. müssen das im Kleinen ja selbst auch. Aber warum sagt man dann nicht einfach, wie es ist: An der Börse kann man durch Nichtstun aus seinem Kapital mehr Kapital machen. Passiv verdientes Geld wird über die Kapitalertragsteuer von 25 % (plus Soli und ggf. Kirchensteuer) niedriger versteuert als Einkommen aus «echter» Arbeit, bei dem der Spitzensteuersatz bei 45 % liegt. Und das Risikolevel bestimmt man dabei letztlich selbst.

Es gibt eine Doppelbesteuerung, weil man Geld, das aus einer bereits versteuerten Einnahme, Tätigkeit oder Anstellung kommt, investiert: Die Logik des deutschen Steuersystems lautet: Wenn Geld fließt, fallen Steuern an. Warum sollte es hier also anders sein? Unternehmen machen Gewinne, versteuern diese und zahlen dir dein Gehalt, für das du wiederum Einkommensteuer zahlen musst. Du selbst kaufst mit deinem Nettogehalt im Supermarkt ein und zahlst Mehrwertsteuer. Der Supermarkt zahlt dann wieder Umsatzsteuern usw. Beim Investieren werden außerdem nur Gewinne versteuert, nicht die Substanz, also das, was du eingezahlt hast. Diese Erträge wurden also noch gar nicht vorher irgendwo versteuert, weil sie noch nicht existent waren.

Steuern gefährden die Erträge des Altersvorsorgedepots der armen Kleinanleger:innen: Egal, ob es um Immobilien oder Steuerzahlungen geht – immer muss die arme, von der Politik gebeutelte Oma Kasupke herhalten. Diese Aufmerksamkeit für die kleinen Leute bleibt in der Finanzwelt normalerweise aus und ist auch an dieser Stelle Heuchelei. Denn die Besteuerung trifft vor allem große Vermögen, während kleine Gewinne über Freibeträge geschützt werden. Wer wiederum viel Kapitel am Finanzmarkt macht, sollte auch gerechter daran beteiligt werden. Steuern bringen für die Allgemeinheit, aber auch für dich persönlich großen Nutzen mit sich. Durch einen regelmäßigen Beitrag bekommst du Gesundheit, Bildung und soziale Absicherung quasi als Gesellschafts-Flat. Steuern sind eine wichtige Umverteilungsmethode, um diejenige Infrastruktur aufzubauen oder zu erhalten, die letztlich ja auch Unternehmen brauchen, um wirtschaften zu können: Verkehrswege für Güter, ein Gesundheitswesen für leistungsfähige Arbeitskräfte oder Schulen für den Nachschub an Fachpersonal. Natürlich hast du nichts zu verschenken und solltest deine Freibeträge nutzen. Wenn du auf Instagram oder beim Familientreffen mal wieder Steuer-Bashing hörst, hast du jetzt vielleicht noch eine andere Perspektive parat.

Roadmap: Steuern

Nur abgeschöpfte **Gewinne** (Kurserträge oder Dividenden) werden versteuert.

Kapitalertragsteuer = 25 % plus Soli (plus ggf. Kirchensteuer).

Freistellungsauftrag über den Freibetrag von 1000 € auf Konten und Depots aufteilen oder Kapitalerträge bei der Steuererklärung zurückholen.

Bei niedrigem Einkommen eine **Nichtveranlagungsbescheinigung** beim Finanzamt abholen und bei Bank oder Broker vorlegen.

Outro

Unbezahlte Care-Arbeit, der Gender-Pay-Gap und viele weitere Ungerechtigkeiten, mit denen wir in Bezug auf Finanzen alltäglich struggeln, nehmen uns das finanzielle Selbstbewusstsein und sorgen für ein hohes Risiko, in (Alters-)Armut zu landen. Ich hoffe, dass ich dir eine Roadmap durch unsere patriarchal geprägte Gesellschaft an die Hand geben konnte, um dir Zukunftssorgen und Null-Bock-drauf-Stimmung (zumindest etwas) zu nehmen. Denn eine Haltung à la «Die Zivilisation wird vor meinem Rentenalter untergehen und Geld sowieso keinen Wert mehr haben» ist keine zufriedenstellende Altersvorsorge. Finanzielle Unabhängigkeit steht nicht für einen Millionenbetrag exklusiv für Überreiche, sondern beinhaltet viele Facetten deiner persönlichen Lebensrealität, die du ganz oder teilweise erreichen kannst; auch ohne das Bullshit-Bingo, das wir oft aus der Finanzwelt hören, denn: Finanzen? Kannst du jetzt selbst!

Dieses Buch sollte dir zeigen, dass

- du nicht viel Geld brauchst, um etwas zu sparen oder mit dem Investieren zu starten,
- du keine komplizierte Expertise brauchst, um dich mit deinem Geld zu beschäftigen,
- es niemals zu früh, aber auch nicht zu spät ist, deine finanzielle Situation zu verstehen und zu verändern.

Für die konkrete Umsetzung deines Finanzwissens gebe ich dir noch ein paar praktische Tools auf den Weg, mit denen du an deiner finanziellen Unabhängigkeit feilen kannst.

Websites & Tools

Ich habe keine umfangreichen Produkttests gemacht, möchte dir aber zum Abschluss noch einige hilfreiche Programme und Apps empfehlen, die ich selbst nutze oder ausprobiert habe und gut finde. Wenn du recherchierst, achte darauf, dass es viele und überwiegend gute Bewertungen für das Tool gibt, die Kosten transparent gemacht werden und mit deinen sensiblen Finanzdaten DSGVO-konform umgegangen wird (bei amerikanischen Anbietern ist das oft nicht der Fall).

Websites

Vorsorgerechner: www.zinsen-berechnen.de

Beratungsstelle der Deutschen Rentenversicherung: www.deutsche-rentenversicherung.de/DRV/DE/Beratung-und-Kontakt/Beratung-suchen-und-buchen/beratung-suchen-und-buchen_node.html

Beratungsstelle Sozialverband (SoVD) für Sozialleistungen, wie Bürgergeld, Wohngeld, Renten u.v.m.: www.sovd.de/sozialberatung

Tagesgeld- und Festgeldkonto-Vergleich: www.weltsparen.de (mit direktem Zugang über die Onlineplattform)

Unabhängige Finanzratgeber: www.finanztip.de, www.finanzfluss.de
Podcast: Aktiengram, How I Met My Money

Finanzkritik: www.finanzwende.de, www.hartmutwalz.de
Podcast: Wohlstand für alle, 99zueins

Wirtschafts- und Börseninformationen (auch als App):
www.handelsblatt.com, www.onvista.de

ETF-Suche: www.justetf.com, extraetf.com

Budgetierung und Haushaltsbuch

Finanz-Apps bieten dir einen Überblick über deine Ein- und Ausgaben und helfen dir so beim Budgetieren und Sparen.

- Finanzblick (Haushaltsbuch und Vermögen tracken)
- Money Manager (Einnahmen und Ausgaben tracken)
- Bank-Apps – viele Apps von Banken und Brokern, die du ggf. sowieso nutzt, haben mittlerweile richtig gute Funktionen
- Finanzrechner Pro: Lite (Rendite und Zinsen virtuell berechnen)

Vermögensüberblick

Hier werden deine Konten, Depots und Wallets getrackt (zur Erinnerung: u.a. wichtig für die Steuer später!) und auf einer übersichtlichen Bedienoberfläche analysiert und visualisiert. Diese drei Tools, die es als App oder im Browser gibt, finde ich richtig gut, und sie sind leicht zu bedienen:

- Parqet
- ExtraETF Finanzmanager
- Finanzfluss Copilot

Glossar

Anlageklassen / Assets – verschiedene Geldanlagen und Vermögenswerte.

Börse – Marktplatz, auf dem Anleger:innen Aktien handeln, also kaufen und verkaufen, auch: Secondhandmarkt.

Buchwert – der Wert in deinem Depot ist kein echter Reichtum (oder Verlust), sondern nur der in der Theorie verfügbare Wert. Sobald du diese Theoriewerte verkaufst, werden Gewinne (oder Verluste) *realisiert*.

Core-Satellite-Strategie – Deine stabile Hauptgeldanlage (z. B. ein ETF-Depot) ist der Kern; kleinere risikoreichere Anlagen werden *beigemischt* und sind die Satelliten.

Einlagensicherung – angelegte Guthaben, sind für Bankkund:innen bei einer Bankpleite bis 100 000 € gesetzlich abgesichert.

ETF – Wenn du an dieser Stelle noch nicht weißt, was das ist, solltest du noch mal das ETF-Kapitel anschauen ;-).

Gewinnentnahme / Gewinne realisieren – Dividenden oder verkaufte Werte, Aktien usw., die du in Guthaben umwandelst, auch: Money Rain.

Intersektionalität – die ganzheitliche Betrachtung von Erfahrungen verschiedener Formen von Diskriminierung und Benachteiligung.

Kapitalertragsteuer – Für Gewinne aus deiner Geldanlage gibt es einen Steuerabzug von 25 % plus Solidaritätszuschlag von 5,5 %.

Klumpenrisiko – ein hohes Konzentrationsrisiko, das auf einer Anlage liegt, die bei einem Ausfall oder schlechten Verlauf für einen erhöhten Verlust sorgen könnte.

Motherhood Lifetime Penalty – Einkommensverluste, Karrierenachteile und Arbeitsplatzunsicherheit, die Frauen im Vergleich zu Männern erleiden, wenn sie Kinder bekommen.

Portfolio – dein persönlicher Cross-Finanz-Mix aus verschiedenen Anlagen wie Cash, Sparbuch, Depot, Kunst usw.

Re-Balancing – die Umgewichtung innerhalb deines Geldanlage-Portfolios, um das ursprüngliche, zu deinem Risikoprofil passende Verhältnis wiederherzustellen.

Shareholder Value – Aktionär:innen haben ein finanzielles Interesse am Unternehmen und werden von diesem mit positiver Rendite durch Kurssteigerungen und Dividenden belohnt.

Sparer:innen-Pauschbetrag – Steuerfreibetrag, der dir jährliche unversteuerte Gewinne von bis zu 1000 € gewährt.

Thesaurierend vs. ausschüttend – Bei diesen Varianten entscheidest du dich, ob die Erträge deiner Geldanlage, also Dividenden und Gewinne, automatisiert reinvestiert werden (thesaurierend = geboosteter

Zinseszinseffekt) oder direkt auf dein Konto ausgezahlt werden sollen (ausschüttend = passives Einkommen/Cashflow).

Umschichtung / Umgewichtung – das Verlagern von Geld innerhalb einer Anlage (z. B. eine Aktie verkaufen und in einen ETF mit dem Gewinn einzahlen) oder von einer Anlage in eine andere (z. B. von einem Konto in ein Depot).

Volatilität – eine hohe Volatilität steht für starke Kursschwankungen, eine niedrige für einen stabilen Kursverlauf.

Wertpapier – dein verschriftlichtes Recht auf eine Beteiligung an einem Unternehmen (Aktie) oder einem Schuldverhältnis (Anleihe).

Danke

Finanzbücher werden in der Regel von Krawatten-Karrieristen ohne Care-Verantwortung geschrieben. Als Dreifach-Mom mit einer marginalisierten Perspektive brauchte ich die Unterstützung eines ganzen Dorfes dafür:

Mein besonderer Dank gilt Matti, meiner Muse Judith, Coco und Alex fürs Cheerleading, meiner Lektorin Julia Vorrath, den alten Göttinger Genoss:innen und den öffentlichen Bibliotheken dafür, dass sie allen einen Raum zum Lesen und Schreiben geben.

Anmerkungen

Intro

1 Ich verwende in diesem Buch die Bezeichnung *Frauen*. Die Ansprache bezieht sich aber auf alle queeren und non-binären Personen, die sich als weiblich identifizieren. Wissenschaft, Fachliteratur und Statistiken behandeln leider größtenteils nur Frauen im traditionellen Verständnis.

2 Es hat sich eingebürgert, von Care-Arbeit zu sprechen, wenn es um die unbezahlten Tätigkeiten von Frauen rund um Familie und Haushalt geht. Ursprünglich meint Care-Arbeit aber «nur» Pflege- und Erziehungstätigkeiten, die es jeweils in der bezahlten und der unbezahlten Variante gibt. Im feministischen Diskurs ist der Begriff eigentlich zu kurz gegriffen, und passender wäre der Begriff *Reproduktionsarbeit*, der wiederum alle unbezahlten Tätigkeiten, wie Care (=Sorge)-Arbeit, aber eben auch Waschen, Putzen, Einkaufen, Orga, emotionale und letztlich auch sexuelle Arbeit beinhaltet. Weil der Begriff *Reproduktionsarbeit* aber oft für fragende Blicke sorgt, nutze ich im Buch den Begriff Care-Arbeit und meine damit sämtliche unbezahlte Sorge- und Versorgungsarbeit.

3 Der Mutter-Begriff dieses Buches beinhaltet sowohl weiblich als auch queer oder non-binär gelesene Elternteile, Erziehungspersonen und Sorgeberechtigte. Da ich bei Beziehungen in der Regel heterosexuelle Partnerschaften meine (entsprechend dem traditionellen Verständnis von Wissenschaft, Statistik und Fachliteratur), übernehme ich die binäre Einteilung von *Frau* und *Mann* oder *Partner* und *Partnerin*.

Teil I: **Feministische Ökonomie**

1 Silvia Federici, *Caliban und die Hexe: Frauen, der Körper und die ursprüngliche Akkumulation*, Wien Berlin: Mandelbaum, 2022.

2 Gerda Lerner, *Die Entstehung des Patriarchats*, Frankfurt/Main: Campus, 1991.

3 Das Bürgertum stand im Feudalismus zwar unter dem Adel, aber über dem einfachen Landvolk. Als bessergestellte Klasse hatte es – im Prinzip wie heute noch – eine höhere Reichweite und damit mehr Einfluss auf Politik, Kultur und Wirtschaft. Obwohl der bürgerliche Lifestyle nicht von allen gelebt werden konnte, wurde er als erstrebenswertes Vorbild angesehen.

4 Evke Rulffes, *Die Erfindung der Hausfrau: Geschichte einer Entwertung*, Hamburg: HarperCollins, 2021.

5 Vgl. Evke Rulffes 2021.

6 Bundesministerium für Bildung, Familie, Senioren, Frauen und Jugend, *Gender Care Gap – Ein Indikator für die Gleichstellung*, bmfsfj, 6. Juni 2025, www.bmfsfj.de/bmfsfj/themen/gleichstellung/gender-care-gap/indikator-fuer-die-gleichstellung/gender-care-gap-ein-indikator-fuer-die-gleichstellung-137294.

7 Vgl. Goldin, Claudia, *Karriere und Familie. Der jahrhundertelange Weg der Frauen zu mehr Gleichberechtigung*, Berlin: Ullstein, 2024, S. 28.

8 Presse- und Informationsamt der Bundesregierung, *Gleichstellung von Frauen und Männern – Ziele nachhaltiger Entwicklung*, www.bundesregierung.de, 16. August 2023, www.bundesregierung.de/breg-de/schwerpunkte/rechtliche-gleichstellung-841120.

9 Statistisches Bundesamt, *Teilzeitquote erneut leicht gestiegen auf 31 % im Jahr 2023*, Pressemitteilung N017, Destatis, 26. April 2024.

10 Uta Meier-Gräwe, *40 Stunden Arbeit für alle heißt 80 Stunden Arbeit für Frauen*, Handelsblatt, 14. Juni 2024, www.handelsblatt.com/meinung/homo-oeconomicus/arbeitszeit-40-stunden-arbeit-fuer-alle-heisst-80-stunden-arbeit-fuer-eine-frau-05/100037636.html.

11 Prognos Paper, *Der unsichtbare Wert von Sorgearbeit*, 28. Februar 2024, www.prognos.com/de/meldung/der-unsichtbare-wert-von-sorgearbeit.

12 Irene Pimminger, *«Wie unabhängig sind Frauen in Deutschland?»*, Studie des Deutschen Gewerkschaftsbundes, September 2024.

13 Michaela Kreyenfeld, *Alleinerziehend – allein gelassen? Was Betroffenen helfen könnte*, Deutschlandradio, 22. Mai 2024, www.deutschlandfunkkultur.de/alleinerziehend-allein-gelassen-was-betroffenen-helfen-koennte-dlf-kultur-98dd3d99-100.html.

14 Statistisches Bundesamt, *Gender Pay Gap 2023*, Pressemitteilung N027, Destatis, 18. Januar 2024.

15 Dietmar Hobler, Svenja Pfahl, Maike Wittmann, *Durchschnittliche Rentenhöhe von Frauen und Männern 2023*, WSI GenderDatenPortal, Wirtschafts- und Sozialwissenschaftliches Institut, September 2024, www.wsi.de/de/einkommen-14619-durchschnittlicher-rentenzahlbetrag-von-frauen-und-maennern-14916.htm.

16 Statistisches Bundesamt, *Gender Pension Gap*, Pressemitteilung N015, Destatis, 7. März 2023.

17 Dorothee Frings, Catharina Conrad, *BSG Studie Geschlechtergerechtigkeit im Aufenthaltsrecht*, Bundesstiftung Gleichstellung, Berlin, 2024.

18 Oliver Decker u.a., *Vereint im Ressentiment*, Leipziger Autoritarismus Studie, Heinrich-Böll-Stiftung, Leipzig, 13. November 2024.

19 Bundeslagebilder – Geschlechtsspezifisch gegen Frauen gerichtete Straftaten, Bundeskriminalamt 2023.

20 Statistisches Bundesamt, *Bei 10,3 % der Paare ist die Frau die Haupteinkommensperson*, Destatis, 4. März 2025.

21 Vgl. Goldin 2023.

22 Miriam Beblo und Marion Koch, *Paare und Geld*, Tagesspiegel, 27. März 2022, www.tagesspiegel.de/wirtschaft/geld-und-liebe-wer-mehr-verdient-der-entscheidet-auch-mehr-435940.html.

23 Bundesministerium der Justiz und für Verbraucherschutz, *Bürgerliches Gesetzbuch (BGB) § 1360 Verpflichtung zum Familienunterhalt*, 2025.

24 Till Hein, *Warum Senioren sich häufiger scheiden lassen*, Frankfurter Allgemeine, 02.07.2023.

25 Sheyda Weinrich, *Repräsentanz und Teilhabe von Frauen in der Politik*, Bundesstiftung Gleichstellung, Berlin, 2025. www.bundesstiftung-gleichstellung.de/static/47091416634b0fbaf628ad84109555 f5/250311_BSG_Studie_Geschlechtergerechtigkeit_Web.pdf.

26 Deutscher Bundestag, *Der Bundestag wird weiblicher und jünger*, 29. September 2021, www.bundestag.de/dokumente/textarchiv/2021/kw39-wahlstatistik-863722.

27 Marc Röhlig, *Ganz normale Millionäre*, Der Spiegel, 15. November 2018.

28 Obwohl politische Entscheidungen Einfluss auf Aktienkurse haben, gibt es in Deutschland keine Offenlegungspflicht für Regierungsmitglieder. Bekannt ist, dass Friedrich Merz 2019 z. B. Anteile am Zughersteller Stadler Rail im Wert von 5,7 Millionen Euro besaß. Aktuell lehnt er Auskünfte diesbezüglich ab. www.abgeordnetenwatch.de/recherchen/interessen konflikte/friedrich-merz-und-ministerinnen-verweigern-angaben-zu-aktienbesitz.

29 *Noch nie arbeiteten so viele Rentner*, Der Spiegel, 07.06.2025, www.spiegel.de/wirtschaft/rente-in-deutschland-zahl-arbeitender-rentner-hat-sich-seit-2004-vervierfacht-a-cd105 f0c-34e7–4643-adff-fbaa56a7ba7d?sara_ref=re-xx-cp-sh.

30 Marlen Hobrach, *Jagen, Fischen, Bücherschreiben? Was Christian Lindners Vaterzeit-Pläne wirklich zeigen*, der Freitag, 29. Oktober 2022, www.freitag.de/autoren/marlen-hobrack/mit-christian-lindner-in-vaterzeit-wer-geld-hat-kann-auch-fischen-gehen.

31 Jörg Leine, *Freibeträge und Steuerklassen: Steuern auf Dein Erbe*, Finanztip, 18. Februar 2025, www.finanztip.de/erbschaftssteuer/.

32 Asha Hedayati, *Die stille Gewalt: wie der Staat Frauen alleinlässt*, Hamburg: Rowohlt, 2023, S. 40.

33 Hilfetelefon «Gewalt gegen Frauen»: 116 016. Opfer-Telefon Weisser-Ring e.V.: 116 006. Männerhilfetelefon.de: 123 9900. www.frauenhaus-suche.de. www.frauen-gegen-gewalt.de. Gemeinnützige Schuldnerberatungen und Sozialberatungen in deiner Nähe.

34 Tabea Bucher-Koenen u.a., *Fearless Woman: Financial Literacy and Stock Market Participation*, Global Financial Literacy Excellence Center, März 2021.

35 Matt Koppenheffer, *Warren Buffett: Nach seinem Tod soll seine Frau sein gesamtes Vermögen in dieses Wertpapier investieren*, Onvista, 19. Februar 2021, www.onvista.de/news/warren-buffett-nach-seinem-tod-soll-seine-frau-sein-gesamtes-vermoegen-in-dieses-wertpapier-investieren-435428785.

36 Norddeutscher Rundfunk, Panorama – Die Reporter, *Abzocke Maschmeyer*, 8. September 2010.

37 Die Welt, *Frank Thelen entschuldigt sich nach Aussage zu Sterilisierungen in Afrika*, 1. September 2021, www.welt.de/wirtschaft/article233497050/

Frank-Thelen-entschuldigt-sich-nach-Aussage-zu-Sterilisierung-in-Afrika.html.

38 Martyna Berenika Linartas, *Unverdiente Ungleichheit: wie der Weg aus der Erbengesellschaft gelingen kann*, Hamburg: Rowohlt, 2025.

39 @the.language.nerds, Instagram, 17. Juni 2025.

40 Die Wall Street ist eine Straße im New Yorker Stadtteil Manhattan, in dem sich einige Kreditinstitute und die weltgrößte Börse, die *New York Stock Exchange* (NYSE), befinden.

41 s. Video u. a. auf www.youtube.com/shorts/Yi9yJId5LFE, 22.07.2025.

42 Mathias Brandt, *Die Kosten eines Periodenlebens*, 14. April 2021, https://de.statista.com/infografik/24622/ausgaben-fuer-menstruations produkte-und-verhuetungsmittel/.

43 Eva Müller, *Diana zur Löwen provoziert mit feministischer Werbung*, Watson, 5. September 2024, www.watson.de/unterhaltung/meinung/492885876-diana-zur-loewen-provoziert-mit-feministischer-werbung.

44 Emilia Roig: *Unlearn Liebe* in: Lisa Jaspers, Naomi Ryland, und Silvie Horch, Hrsg., *Unlearn Patriarchy*, Berlin: Ullstein, 2022.

Teil II: **Die Finanzplanerin**

1 Eine Studie der Bertelsmann-Stiftung von 2020 zu den Auswirkungen von *Motherhood Penalty* zeigt, dass Mütter in Deutschland im Laufe ihres Lebens durchschnittlich rund 40 Prozent weniger verdienen als Frauen ohne Kinder. Mit jedem weiteren Kind kann die Zahl bis zu 70 Prozent steigen. s. Michaela Hermann, Luisa Kunze, *Gleichstellung am Arbeitsmarkt, Bertelsmann Stiftung*, 2023.

2 Ein Ehe- oder Partnerschaftsvertrag muss notariell beurkundet werden. Beratung gibt es bei Fachanwält:innen für Familienrecht, Verbraucherzentralen, Mediationsstellen oder Online-Rechtsportalen.

3 Deutsche Rentenversicherung, *Renten für Hinterbliebene*, 19. Juni 2025, https://www.deutsche-rentenversicherung.de/DRV/DE/Rente/Allgemeine-Informationen/Rentenarten-und-Leistungen/Renten-an-Hinterbliebene/renten-an-hinterbliebene_node.html.

4 Beim Kindesunterhalt für minderjährige Kinder beträgt der notwendige Selbstbehalt für Erwerbstätige 1450 € und für Nicht-Erwerbstätige 1200 €. Beim Ehegattenunterhalt beträgt der Selbstbehalt für Erwerbstätige 1600 € und für Nicht-Erwerbstätige 1475 €. In bestimmten Fällen können erhöhte Wohnkosten oder besondere Bedürfnisse des Unterhaltspflichtigen (z. B. aufgrund von Krankheit oder Behinderung) zu einer Erhöhung des Selbstbehalts führen (Stand September 2025).

5 Bundesministerium für Bildung, Familie, Senioren, Frauen und Jugend, *Alterseinkommen und zusätzliche Vorsorge*, bmfsfj, 17. April 2025, www.bmas.de/DE/Soziales/Rente-und-Altersvorsorge/Fakten-zur-Rente/Alterseinkommen-und-zusaetzliche-Vorsorge/alterseinkommen-und-zusaetzliche-vorsorge.html.

6 In dem Beispiel investiert die Person in einen All-World-ETF mit einer angenommenen Rendite von durchschnittlich 7 %. Die zukünftige Rendite schwankt und kann nicht verbindlich vorausgesagt werden. Alle Auszahlungen müssen noch versteuert werden.

7 *Fuck-you-Money* (amerik.) werden verfügbare Ersparnisse genannt, die es dir ermöglichen, deinen Job oder Partner zu verlassen und dich eine Zeit lang unabhängig zu finanzieren.

8 Tagesschau.de, *Die Eine-Million-Euro-Rentenlücke*, 20.02.2025, www.tagesschau.de/wirtschaft/finanzen/rentenluecke-altersvorsorge-finanztip-100.html.

9 Sozialgesetzbuch (SGB) Zwölftes Buch (XII) – Sozialhilfe – hilfsbedürftige Personen, die die Altersgrenze erreicht haben oder wegen einer bestehenden vollen Erwerbsminderung auf Dauer ihren Lebensunterhalt nicht aus eigener Erwerbstätigkeit bestreiten können.

10 Statistisches Bundesamt, *1,9 % mehr Empfängerinnen und Empfänger von Grundsicherung im Alter und bei Erwerbsminderung Ende 2023*, Pressemitteilung 134, Destatis, 3. April 2024.

11 www.bmas.de/DE/Soziales/Sozialhilfe/Grundsicherung-im-Alter-und-bei-Erwerbsminderung/grundsicherung-im-alter-und-bei-erwerbs minderung.html.

12 Finanzanlagenvermittlungsverordnung, FinVermV, *§ 18 Anfertigung einer Geeignetheitserklärung*, (1) Der Gewerbetreibende muss dem Anleger,

der Privatkunde im Sinne des § 67 Absatz 3 des Wertpapierhandelsgesetzes ist, auf einem dauerhaften Datenträger vor Vertragsschluss eine Erklärung über die Geeignetheit der im Rahmen der Anlageberatung gegebenen Empfehlung (Geeignetheitserklärung) zur Verfügung stellen. Die Geeignetheitserklärung muss die erbrachte Anlageberatung nennen und erläutern, wie sie auf die Präferenzen, Anlageziele und die sonstigen Merkmale des Anlegers abgestimmt wurde.

13 Es gibt eine Website der Deutschen Instituts für Altersvorsorge, auf der du deine Lebenserwartung testen kannst: https://wie-alt-werde-ich.de/.

14 Es gibt zwei klassische, aber komplizierte Methoden, um Aktien zu analysieren. Die *Fundamentalanalyse* bewertet das Unternehmen anhand seiner finanziellen Lage, wie Gewinne und Vermögenswerte, seiner Verortung in der entsprechenden Branche und der Marktposition. Bei der *technischen Analyse* werden Kurscharts, das Handelsvolumen und Muster angeschaut, um daraus Trends und zukünftige Kursentwicklungen vorherzusagen.

15 Mit einer Wallet kannst du deine Kryptowährungen speichern, senden oder empfangen. Eine *hot* Wallet ist eine mit dem Internet verbundene digitale Geldbörse, während eine *cold* Wallet ein offline Speicherstick ist, der besser vor Zugriffen schützt.

16 UN Secretary General und World Commission on Environment and Development, *Report of the World Commission on Environment and Development: note / by the Secretary-General,* New York, 4. August 1987.

17 Marc-Uwe Kling, *Die Känguru-Apokryphen*, Berlin: Ullstein, 2018, S. 50.

18 United Nations Global Compact, *The Ten Principles of the UN Global Compact*, https://unglobalcompact.org. Unternehmen sollen z. B. den Schutz der internationalen Menschenrechte unterstützen und achten, sicherstellen, dass sie sich nicht an Menschenrechtsverletzungen mitschuldig machen, oder im Umgang mit Umweltproblemen bilden und entsprechendes Bewusstsein fördern.